JN212190

Swift

グローバル金融ネットワークの全貌

Encyclopedia of
Society for Worldwide Interbank
Financial Telecommunication

Masashi Nakajima

中島真志

東洋経済新報社

はじめに

　本書は、「Swift」の機能や仕組み、そしてその変貌や変革について幅広く論じた1冊である。Swiftは、金融機関の金融取引に関するメッセージ通信を国際的なネットワークによって提供する組織である。ベルギーに本部を置く非営利の協同組合として設立されており、世界の210カ国以上の約1万1700行を結んで金融メッセージの通信サービスを行っている。これに加えて、市場インフラのネットワークとしてもSwiftは幅広く用いられており、全世界の100カ国以上で資金決済や証券決済のための市場インフラを支える存在となっている。

　金融業界に対して、これだけの規模と内容の通信サービスを提供しているのは、世界的にみてSwiftが唯一の存在であり、このためSwiftは、国際決済銀行（BIS）によって、金融業界に対する「極めて重要なサービス・プロバイダー」として認定されている。

　さて、金融機関の関係者であれば、Swiftと言えば、少なくとも「国際送金で使われているあれのことだ」というくらいの知識はお持ちであることと思う。一方で、一般人が使うものではないため、一般の人々にはまったく馴染みがない存在であったものとみられる。ところが2022年3月に、ロシアの大手行が突然、Swiftのネットワークから切断されるという出来事が起き、排除された銀行は事実上国際決済ができなくなった。この事件によって、一般の人々もSwiftの存在を知ることになり、にわかに関心が高まった。この切断措置は、ロシアのウクライナ侵攻に対する西側諸国の制裁として行われたものであり、当時、ウクライナ情勢が世界を揺るがしていた時期であっただけに、新聞などではこの制裁について大きく取り上げ、当方にもマスコミ関係者から数多くの問い合わせが殺到した。そこでまず聞かれたのは「で、Swiftっていったい何ですか？」という質問であり、その都度、一から順を追ってSwiftについて説明をするのには大変苦労した覚えがある。

　筆者は、日本銀行や国際決済銀行（BIS）を経て、長年、大学で教鞭をとっ

ている。日銀時代から、一貫して、資金決済システムや証券決済システムなどの決済インフラに関する分野に興味を持ち、研究分野として取り組んできた。こうした決済インフラの研究を進めるうえで、避けて通れないのがSwiftである。上記のように、多くの決済インフラでは、Swiftを通信ネットワークとして使ったり、Swiftの市場インフラ用サービスを使ったりして、決済システムを構築している。また、国際的な送金や外為決済の世界では、Swiftを抜きにしては話が進まない。このため、決済インフラの研究と並行して、Swiftについても研鑽に努めることとなった。

こうした方策の1つとして、Swiftが主催して毎年開催される「Sibos」（サイボス）という国際会議に継続的に参加し、Swift関連の情報収集に努めてきた。Sibosへの参加回数は20回を超え、おそらく日本の中では最多記録ではないかと推測される。このように「Swiftウォッチャー」的な活動を行いつつ、日本のSwiftコミュニティに対しては、Sibosの内容をフィードバックする「ポストSibos報告会」を毎年続けてきており、Swiftの動向についてのわが国関係者の理解促進に少しは貢献できているのではないかと考えている。

実は、Swiftについては、2009年7月に『SWIFTのすべて』という単著を上梓している（当時は、SWIFTの表記が大文字であった）。この本にはその後も類書が現れず、これまで長年にわたり、わが国におけるSwiftに関する唯一の書籍となっていた（海外でもこうした本はあまり見かけない）。このため、各金融機関やベンダーにおいては、Swiftの担当者が必ず読むべき「必読書」となっていたようである。

その後、Swiftのサービスが大きく発展・変革を遂げる中で、多くの方から内容のアップデートの要望を頂いていたが、決済インフラ研究の延長線上で取り組んだ、ビットコイン、仮想通貨（暗号資産）、ステーブルコイン、中央銀行デジタル通貨（CBDC）などが刻々と変貌を遂げる中で、そうした新領域の調査・研究に多忙を極め、なかなか着手することができなかった。

当初、本書は『SWIFTのすべて』の改訂版として準備を始めたが、この間のSwiftの変貌のあまりの大きさから、作業を進める中で到底「改訂」の枠には収まりきらないことがわかり、書名を『Swift』として、新たな書籍として執筆を進めることになった。それだけ、この15年間におけるSwiftの変化が著しかっ

たということであり、このため内容的にはほぼ新規の書下ろしとなっている。

　本書の構成と内容は、以下の通りであり、全部で「5部立て」の構成となっている。

　まず、第1部は『Swiftの基礎的理解』であり、「Swiftの概要」（第1章）、「Swiftの設立と発展の経緯」（第2章）、「Swiftの参加資格とガバナンス」（第3章）など、Swiftを理解するうえでの基本的な事項について述べている。

　第2部は『Swiftの仕組みとメッセージング・サービス』であり、「Swiftのネットワークとアクセス方法」（第4章）、「Swiftのメッセージング・サービス」（第5章）、「Swiftのメッセージ標準」（第6章）、「Swiftメッセージに使われるコード体系」（第7章）など、Swiftへの接続方法やメッセージング・サービスの内容、メッセージ電文などについて解説している。

　第3部は『Swiftの業務の広がり』であり、「証券業務におけるSwiftの利用」（第8章）、「市場インフラにおけるSwiftの利用」（第9章）、「事業法人によるSwiftの利用」（第10章）など、Swiftがもともとの国際送金業務から、証券業務、市場インフラ、事業法人の利用などへとサービスを拡大してきた経緯や現状のサービス内容について述べている。

　第4部は『Swiftの変革』であり、「国際送金の改善に向けたSwiftの対応」（第11章）、「トランザクション・マネージャー（TM）の構築」（第12章）、「Swiftのセキュリティ対策の強化」（第13章）、「Swiftにおけるコンプライアンス対策の強化」（第14章）、「金融制裁におけるSwiftの利用」（第15章）、「CBDCやトークン資産に対するSwiftの取り組み」（第16章）など、変革期を迎えたSwiftのさまざまな動きについて述べている。

　第5部は『Swiftに対するオーバーサイトとコミュニティ活動』であり、「Swiftに対するオーバーサイト」（第17章）、「Swiftのコミュニティ」（第18章）について述べている。

　なお、読者の利便性を図るため、末尾に「略語リスト」と「参考文献」を掲載した。

　本書の執筆にあたっては、Swiftの日本法人である「スイフト・ジャパン」より全面的な支援を受けた。特に、スイフト東アジア統括責任者であるアラン・デルフォッセ氏（Alain Delfosse）には、全体としてのサポートを牽引して頂い

たほか、スイフト・ジャパンの各メンバーからは、それぞれの担当分野について、多くのことを教えて頂き、また原稿にも目を通して頂いた。ただし、本書にありうべき誤りのすべては、著者の責に帰すものである。

　本書が、Swiftに関する「必携書」や「基本書」として、金融機関においてSwiftに関連した部署にいる方々（資金決済部門、証券部門、国際部門、IT部門、企画部門など）や、Swiftパートナーとして金融機関のSwift利用をサポートしている方々など、わが国のSwiftコミュニティにおけるSwift理解の向上に向けた参考となれば幸いである。なお、本書のうち、決済インフラに関する部分は、『決済システムのすべて』『証券決済システムのすべて』『外為決済とCLS銀行』（いずれも東洋経済新報社）などと併せてお読み頂ければ、一層理解が深まるものと思われる。

　最後に、本書の刊行までの過程で多大なるご尽力を頂いた東洋経済新報社・出版局の水野一誠氏に心から感謝の意を表したい。

　2024年9月

中島真志

目 次

第1部 Swiftの基礎的理解

第1章 Swiftの概要 20

第2章　Swiftの設立と発展の経緯　　36

| 第**5**章 | **Swiftのメッセージング・サービス** 89 |

第6章

Swiftのメッセージ標準

114

第7章　Swiftメッセージに使われるコード体系　160

第3部　Swiftの業務の広がり

第8章　証券業務におけるSwiftの利用　182

第9章　市場インフラにおけるSwiftの利用　207

第**12**章 ## トランザクション・マネージャー（TM）の構築 278

第**13**章　## Swiftのセキュリティ対策の強化　290

第**14**章　## Swiftにおける コンプライアンス対策の強化　310

第15章　金融制裁におけるSwiftの利用

第**16**章 | **CBDCやトークン資産に対する Swiftの取り組み** 344

第**5**部 | **Swiftに対するオーバーサイトとコミュニティ活動**

第**17**章 | **Swiftに対するオーバーサイト** 360

第18章 Swiftのコミュニティ

第 1 部

Swift の基礎的理解

第1章

Swiftの概要

　本章では、まずSwiftの全体像を大まかに把握するため、その概要について述べることとする。

1 ｜ Swiftとは何か

　「Swift」（スイフト）は、金融機関の金融取引に関するメッセージ通信（金融メッセージング・サービス）を国際的なネットワークにより提供する組織である。Swiftの正式名称は、"Society for Worldwide Interbank Financial Telecommunication"である。日本語で「国際銀行間通信協会」と訳されることもあるが、関係者の間では「Swift」という名称で呼ばれるのが一般的である。

　Swiftは、自らを「安全な金融メッセージング・サービスのグローバルな提供者」（global provider of secure financial messaging services）と位置付けており、世界の210カ国以上、約1万1700行の金融機関を結んで、「国際的な金融メッセージの伝送サービス」（global financial messaging）を提供している。このことは、Swiftには、以下の2つの特徴があることを意味する。

（1）Swiftの2つの特徴

■サービス・プロバイダーとしてのSwift

1つは、Swiftは「サービス・プロバイダー」であるということであり、世界的なネットワークを構築して、メッセージ通信サービスを提供する役割を果たしている。ただし、単なるネットワークを提供する通信企業（telecommunication company）ではなく、その上にソフトウェアや標準化した電文を載せて、「メッセージ交換業者」（messaging company）となっている点が特徴である。この役割は、「メッセージ・キャリア」（メッセージの運び手）とも言われる。

初めに強調しておくべきことは、Swiftは、それ自体は金融機関ではなく、また決済システムでもない、ということである[1]。すなわち、Swiftは金融機関や決済システムに対して、メッセージ通信のサービスを提供するという位置付けにある。

■金融機関向けに特化したサービス

もう1つが、メッセージ通信サービスの対象が、原則として「金融機関向け」であるということである。つまり、個人や企業など、誰でも自由に使える電気通信事業者（コモンキャリア：たとえばNTT、KDDIなど）とは異なり、「限定されたユーザー」のために「特殊なサービス」を提供しているという点がSwiftの特徴である。

（2）求められる2つの高いセキュリティ

こうした特徴により、Swiftには、2つの意味での高いセキュリティが求められる。

■運用上のセキュリティ

1つ目は、障害に強いネットワーク（システム）であることが必要とされる

---

1) Swiftは、マスコミなどで「国際決済網」と呼ばれることもあるが、Swift自体が決済を行っている訳ではないため、この表現はミスリーディングであると言える。

ことである。世界の金融機関を結ぶSwiftのネットワークが、万が一システム障害などでダウンするようなことがあれば、世界の金融市場や金融取引に深刻な影響を及ぼすことになりかねない。このためSwiftのシステムには、何があってもダウンすることがないような「頑強性」（ロバスト性）が不可欠となる。つまりSwiftには、高い「運用上のセキュリティ」（operational security）が求められるのである。

■ 情報セキュリティ

2つ目に、伝送する内容が金融取引であるため、通信内容に関する機密性が求められることである。ネットワーク上のメッセージの内容（誰が誰あてにいくらの送金を行ったかなど）が第三者に漏洩するようなことがあってはならない。このため、Swiftには高い「情報セキュリティ」（information security）が求められることになる。

なおSwiftでは、従来、社名を「SWIFT」と大文字で表記してきたが、2022年にロゴを変更した際に「Swift」と小文字主体の表記に変更している。このため本書では、以下、原則としてSwiftの表記で統一することとする（表記の変更前の公表物などを除く）。

2 ｜ なぜSwiftが必要か

（1）国内の資金決済システム

ここで、なぜSwiftのような存在が必要なのかについて考えてみたい。各国には、中央銀行などが運営する「資金決済システム」があり、インターバンクの資金決済などを行っている。そうした決済システムでは、運営主体（中央銀行など）のコンピュータセンターと参加銀行のシステムがネットワークで結ばれることによって、「決済指図」（送金指図）のやり取りが可能となっている。

図1-1 各国における資金決済システム

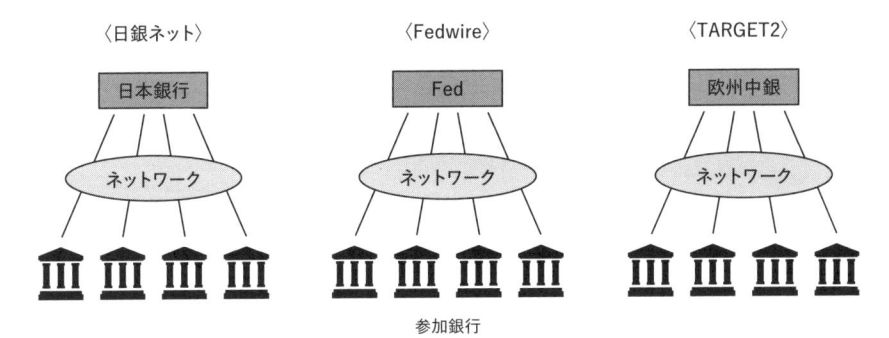

〈日銀ネット〉　　　　〈Fedwire〉　　　　〈TARGET2〉

日本銀行　　　　　Fed　　　　　欧州中銀

ネットワーク　　ネットワーク　　ネットワーク

参加銀行

(出所) 筆者作成

たとえば、日本には「日銀ネット」、米国には「Fedwire」、ユーロ圏には「TARGET2」という各国の中央銀行が運営しているシステムがそれぞれ存在しており、各国通貨（円、米ドル、ユーロ）による銀行間の決済を行っている（図1-1参照）。

(2) クロスボーダー送金におけるコルレス銀行の役割

しかし、国境をまたぐクロスボーダーの資金の受払いについては、中央で決済を行う中央銀行のような機関は存在しない。つまり、海外へ資金を送る「クロスボーダー送金」（「国際送金」ともいう）の世界では、日本における日本銀行のような役割を果たす「世界中央銀行」のような組織は存在しない。

このため、国際送金を取扱う銀行では、お互いに相手行のためにクロスボーダー送金を円滑に処理するための契約（「コルレス契約」という）を個別に結び、相互に「コルレス銀行」（correspondent bank）となって、お互いのために資金の受払いを行うのが一般的である。たとえば、米銀A行が、邦銀B行のために米ドルの受払いを行ったり、欧州C行が米銀A行のためにユーロの受払いを行ったりする（図1-2参照）。

この時に、コルレス銀行間で「送金メッセージ」（送金指図）を送るためのメッセージ通信を行うことが、Swiftの最も基本的な役割である（図1-3参照）。

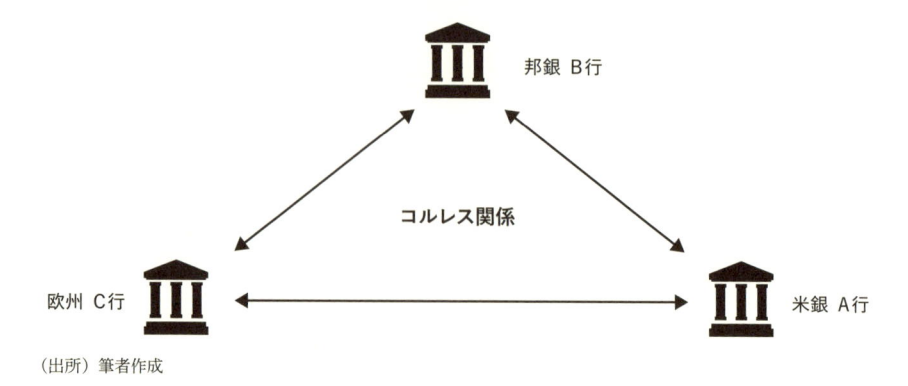

図1-2 国際送金におけるコルレス銀行の関係

邦銀 B行

コルレス関係

欧州 C行

米銀 A行

（出所）筆者作成

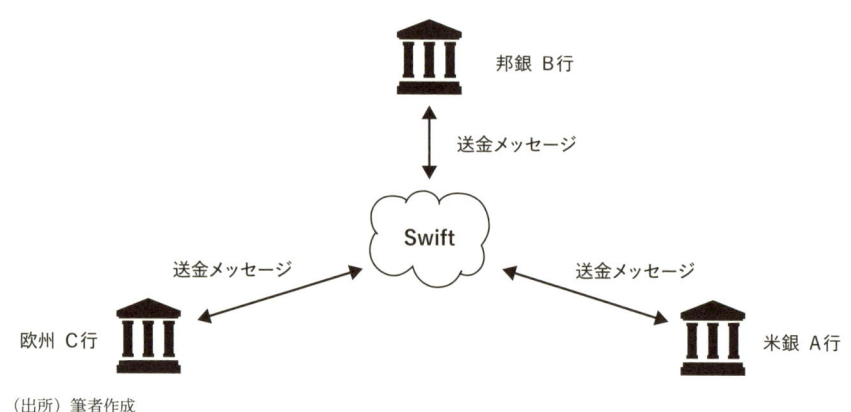

図1-3 コルレス銀行とSwiftの役割

邦銀 B行

送金メッセージ

Swift

送金メッセージ

送金メッセージ

欧州 C行

米銀 A行

（出所）筆者作成

（3）Swiftを通じた送金メッセージの送付

　Swiftを通じた送金メッセージの送付を具体例でみることとしよう（図1-4参照）。

　日本企業A社が、米国企業B社と取引を行って、B社に1万ドルを支払うことが必要になったものとする。この時A社では、取引銀行である邦銀X行に対して、「B社が口座を有する米銀Y行に1万ドルを送金してください」という依

図1-4 Swiftを通じた送金指図

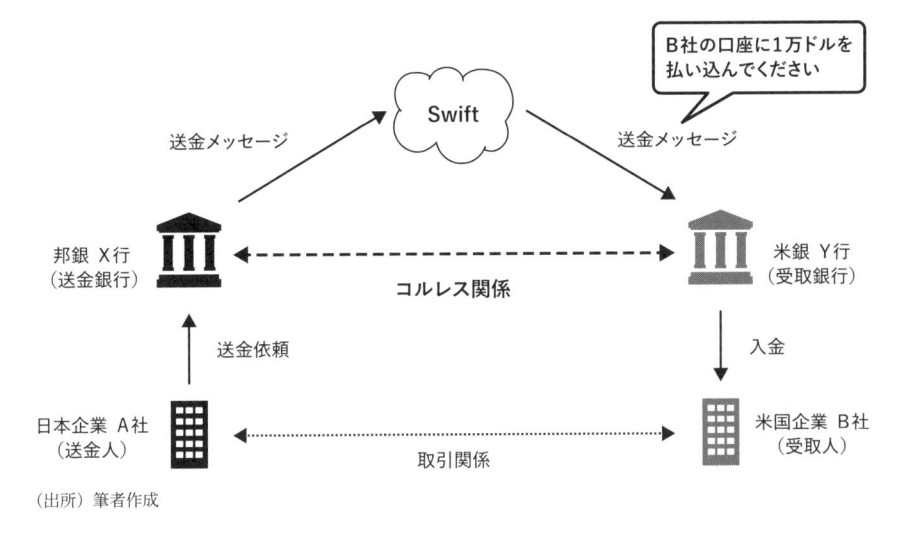

(出所) 筆者作成

頼を行う（それとともに、1万ドル相当の円資金を支払う）。この国際送金の依頼を受けて邦銀X行では、Swiftを使って、米銀Y行に「貴行にあるB社の口座に1万ドルを払い込んでください」という送金メッセージを送る。

　この送金メッセージを受信した米銀Y行では、そのメッセージにしたがって、B社の口座に1万ドルを入金することになる。このようにして、Swiftのネットワークを通じて国境を越えたコルレス銀行間で送金メッセージがやり取りされ、国際的な送金が実行されることになる。

3 | Swiftの国際的なネットワーク

　Swiftは、世界の210カ国以上、約1万1700行の金融機関を結んで、国際的な支払いメッセージの伝送サービスを提供している。このように、Swiftが世界中の金融機関を結んでいることによって、どこの国の銀行からどこの国にある銀行にも送金を行うことができ、またどこの国の銀行からも国内の銀行で送金

図1-5 Swiftの国際的なネットワーク（イメージ）

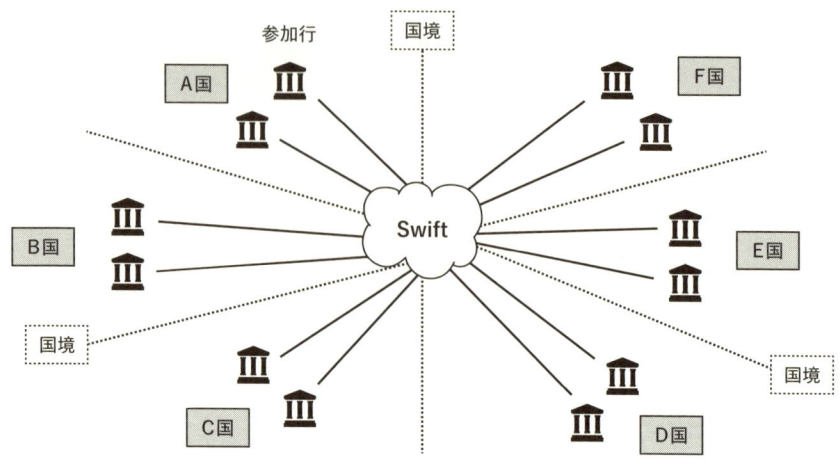

（出所）筆者作成

を受取ることができるようになっている（図1-5参照）。

4 | Swiftの業務の拡大

　Swiftは、1977年に電子的なメッセージの交換業務を開始しており、約50年にわたって、金融メッセージの伝送サービスを行ってきた実績を有している。Swiftでは、当初、銀行間の国際送金に関する「資金メッセージ」のみを扱っていたが、その後、①証券業界における「証券メッセージ」の取扱い、②市場インフラのためのネットワークとしての機能、③金融機関と事業法人とをつなぐ機能、などに業務を拡大させてきた。

（1）証券メッセージの担い手としてのSwift

　Swiftでは、当初は、銀行のみをメンバーとして、国際送金に関する「資金

図1-6 証券業界におけるSwiftの利用

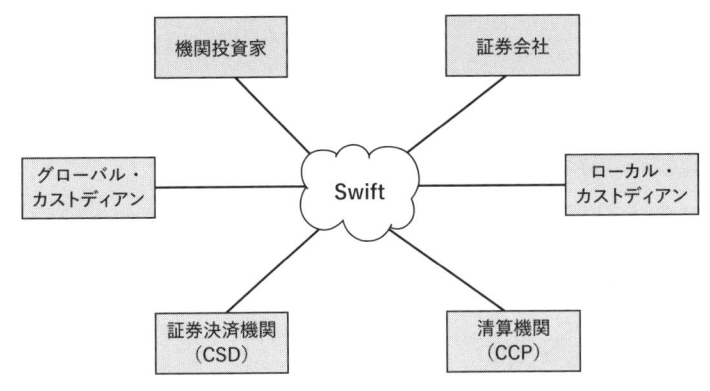

(出所) 筆者作成

メッセージ」だけを取り扱っていた。その後、証券会社などの証券関係者もメンバーとして認めるようになり、国際的な株式投資や債券投資の取引や決済に関する「証券メッセージ」もSwiftのネットワーク上で取扱うようになった。このため現在では、各国の機関投資家、ファンドマネージャー、証券会社、カストディアン、証券決済機関（CSD）、清算機関（CCP）など、証券取引に関係する幅広い主体が、Swiftのネットワークによって結ばれている（図1-6参照）。

　グローバルな証券投資が活発化するにつれて、証券メッセージの件数は高い伸びを示しており、Swiftのネットワークにおいて、資金メッセージを凌駕するほどの大きなウェイトを占めるようになっている。たとえば、米国のファンドが日本の株式に投資を行う場合や、日本の機関投資家が米国の国債を購入するといった場合における、クロスボーダーでの取引通知や決済指図は、Swiftのネットワークを通じて行われている（詳細は第8章を参照）。

(2) 市場インフラのネットワークとしてのSwift

　Swiftは、もともと金融機関の間のメッセージ通信のために設立されたが、その後は、各国における資金決済システムや証券決済システムなどの「市場インフラ」のためのネットワークとしても広く用いられるようになっている。

図1-7 市場インフラにおけるSwiftの利用

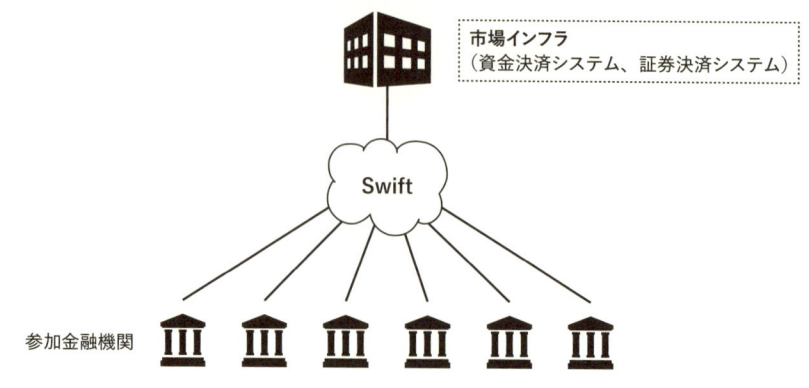

（出所）筆者作成

　この場合、Swiftは、資金決済システムなどの市場インフラと、それに参加する金融機関との間を結ぶための国内ネットワークとして利用される（図1-7参照）。Swiftを利用する市場インフラは、世界で合わせて200以上にのぼっており、欧州をはじめ、米州、アジア太平洋、アフリカ、中東など、各地で利用が拡大している（詳細は第9章を参照）。

（3）事業法人によるSwiftの利用

　Swiftを利用できるのは、当初は、銀行や証券会社などの金融機関に限られていたが、その後、金融機関以外の一般企業である「事業法人」も、一定の限定のもとでSwiftを利用できるようになった。ただし、事業法人が金融メッセージをやりとりできる相手は、金融機関に限られており、事業法人同士がSwiftを通じて直接的な通信を行うことはできない（図1-8参照）。

　世界中でビジネスを展開しているグローバルな企業では、世界各地において数多くの銀行に口座を保有している。Swiftの利用が認められたことにより、こうしたグローバル企業では、世界各国に分散している銀行の口座残高の確認や口座間の資金移動などを、Swiftを通じて行うことが可能となっている。大企業を中心とした世界の約2800社が、Swiftを利用して銀行とのメッセージのやり

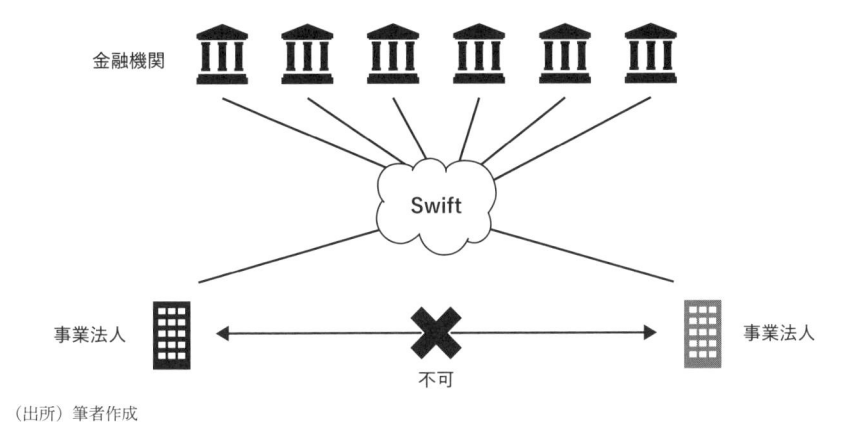

図1-8 事業法人によるSwiftの利用

金融機関

Swift

事業法人　　　　　　　　不可　　　　　　　　事業法人

（出所）筆者作成

取りを行っている（詳細は第10章を参照）。

5 | Swiftの位置付け

(1) 社会的インフラとしてのSwift

　このように、Swiftはそもそも金融機関ではないし、また決済システムそのものでもないが、国際的なコルレス銀行や各国の決済システムを支える基幹インフラとして世界の金融機能を支えている。現在、世界の金融取引において、ここまで重要な役割を果たしているサービス提供者は、ほかには見当たらない。このためSwiftは、BIS（国際決済銀行）などにより、世界の金融機関や金融インフラに対する「極めて重要なサービス提供者」（critical service provider）として認定されている。

　つまり、「多くの決済システムや金融機関は、金融メッセージの通信についてSwiftに依存している」（BIS［2008］）といった状況になっており、今やSwiftは、世界の金融取引の「社会的インフラ」（social infrastructure）として

不可欠な存在となっている。Swiftを抜きにしては、国際的な金融業務が成り立たない状況になっているといっても過言ではないであろう。

(2) 中央銀行によるSwiftへの協調オーバーサイト

このように金融機関の国際業務が、Swiftの機能に大きく依存するようになっている中で、もし、Swiftのシステムやネットワークの運行に支障が生じた場合には、世界の金融システムに重大な影響を及ぼす可能性がある。こうしたSwiftの重要性に鑑み、先進国の中央銀行では、Swiftの安全性や運営体制に対して、共同で「オーバーサイト」を実施している（詳細は第17章を参照）。

(3) 独占的なサービス提供者としてのSwift

このように、グローバルなネットワークを構築し、全世界の多くの金融機関に対して金融メッセージングのサービスを世界的規模で提供しているのはSwiftのみであり、今のところ、Swiftに匹敵するようなネットワークは存在していない。その意味で、Swiftは「世界で唯一無二の存在」となっている。

つまり、Swiftはこの分野において事実上、「独占的なサービス提供者」としての地位を築いている。したがって、Swiftを単なる「通信業者」や「サービス・プロバイダー」の1つとして捉えるのは正しくない。むしろ、「世界の資金決済や証券決済を支える重要なインフラストラクチャー」（世界のインフラ）として捉えるべきであるものとみられる。

ただし、こうした独占的な立場であることを受けて、特定国（イラン、ロシアなど）の銀行をSwiftのネットワークから切断するといったかたちで、国際的な金融制裁のためにSwiftが利用されるといった事例もみられている（詳細は第15章を参照）。

6 | Swiftは誰のものか

（1）Swiftの組織形態

Swiftの組織形態は、「メンバー保有の協同組合」（member-owned cooperative）となっている。すなわち、Swiftは、ベルギー法に基づく協同組合として設立されており、Swiftの利用者である世界各国のメンバー（銀行や証券会社など）が株主となっている。

協同組合であることから、一般の株式会社とは異なる性格を有しており、利益追求ではなく、メンバー全体のメリット（collective benefit）が優先される。また、「金融業界が所有する組織」（industry-owned cooperative）であることから、金融業界の意向が経営に反映されることになる。メンバーは、Swiftに支払う利用料金（＝Swiftでの発信量）に比例して株式を保有する。このため基本的には、大口ユーザーの発言権が大きくなるようなガバナンスの仕組みとなっている（詳細は第3章を参照）。

Swiftでは、しばしば「コミュニティ」（共同体）という用語が用いられる。これは、「Swiftとユーザー全体を含んだ概念」であり、「利用者による共同体」としてのSwiftの性格を表すコンセプトとして用いられ、Swiftを理解するうえで重要な概念となっている（詳細は第18章を参照）。

（2）Swiftは営利機関か

上記のように、協同組合として、メンバーである株主（銀行や証券会社など）が所有し統治する（shareholders own and control）組織であるため、Swiftは、利益追求型の営利団体ではない。もちろん、スタッフの人件費やオペレーション・センターの運営、ネットワークの維持・開発などの必要経費を賄うために、一定の収入を必要とするが、非営利（non-profit）の組織であるため、それを上回る収益が出た場合には、ユーザーに還元される。

ユーザーに対する収益の還元は、①利用料金の引下げ（price reduction）、②払い戻し（rebate）、③機器の無料配布（free distribution）、などのかたちで行われる。Swiftのネットワークを通じたメッセージ量は、毎年かなりのペースで増加しているため、それに応じて、利用料金は徐々に引き下げられてきている。

7 │ Swiftと標準化

Swiftは、金融業務の国際標準化にも深く関与している。

まず第1に、電文のフォーマットである「メッセージ・フォーマット」について、メッセージの標準化や新しいメッセージの作成などに取り組んでいる。第2に、メッセージ内で使われる金融機関の識別コードや証券の銘柄コードなど、各種のコード体系についても、国際標準の作成や維持・管理などに主体的な役割を果たしている。

具体的には、Swiftは自らが国際標準の「作成機関」（standard-setting body）となって、国際標準の開発や作成にあたっているほか、「登録機関」（registration authority）や「維持管理機関」（maintenance agency）として国際標準のメインテナンスにも重要な役割を果たしている。

こうした国際標準化の活動は、「グローバルな金融メッセージの通信を行う」というSwiftの機能と密接に関連している。すなわち、Swift自身が、そうしたメッセージ標準やコード体系を使ってメッセージ通信を行っているため、国際標準の作成や維持・管理を行うことは、Swiftの業務そのものと密接にリンクしているのである。このため、Swiftでは、こうした標準化活動を業務の重要な柱の1つとして位置付け、積極的な関与を行っている（詳細は第6章、第7章を参照）。

8 ｜ 変革期を迎えるSwift

情報通信技術（ICT）の進展やユーザー・ニーズの変化などに対応して、Swiftでは、さまざまな変革を進めている。

（1）メッセージ電文の変更

Swiftでは、長年使ってきた「メッセージ電文」を新たなものに変更するという大きな変革を進めている。従来は、「MT」（メッセージ・タイプ）と呼ばれる固定長のメッセージを使っていたが、これを可変長で「ISO 20022」という金融の国際標準メッセージに準拠した「MX」という新たなメッセージに変更するプロジェクトを進めている（詳細は第6章を参照）。

（2）トランザクション・マネージャーの構築

Swiftでは、サービスの内容を、従来の「メンバー間のメッセージング」から「取引管理サービス」に変更するという「新戦略」（New Platform Strategy）を打ち出し、このために「トランザクション・マネージャー」（TM）という新たなプラットフォームを構築して、その活用を進めている。TMでは、Swiftがすべての取引データを保有することから、Swift側で各種の処理を行うことが可能となる。このため、TMを活用することによって、Swiftの果たす機能や役割が大きく変化する可能性があるものとみられている（詳細は第12章を参照）。

（3）セキュリティ対策の強化

Swiftを使った不正な送金事件が発生したことをきっかけに、Swiftではユーザーのセキュリティ対策の強化に取り組んでいる。この中心となっているのが「顧客安全プログラム」（CSP：Customer Security Programme）であり、各ユー

ザーでは、CSPの定める安全対策基準（コントロール基準）を遵守することが求められている（詳細は第13章を参照）。

（4）クラウドやAPIの活用

金融業界におけるクラウドの利用拡大を受けて、Swiftでは、パブリック・クラウド（マイクロソフト、グーグル、アマゾン）を使ったSwiftへの接続を可能としている。クラウドを採用すると、各行では自社のセンターにSwift接続用のハードウェアを保有する必要がなくなるというメリットがある。このほかにもSwiftでは、API（Application Programming Interface）により、自社のサービスへの接続を進めるなど、新たな接続方法を拡充している（詳細は第4章を参照）。

（5）国際送金の効率化への対応

世界の主要20カ国からなる「G20」では、クロスボーダー送金（国際送金）の改善を優先事項として設定し、コスト、スピード、透明性、アクセスなどについて改善を求めている。

こうしたクロスボーダー送金の効率化・スピードアップを求める国際的な動きに対応して、Swiftでは、①Swift GPI、②Swift Go、③即時クロスボーダー決済（IXB）といった新たなサービスを相次いで導入している（詳細は第11章を参照）。

（6）中央銀行デジタル通貨（CBDC）への対応

世界の中央銀行では、「中央銀行デジタル通貨」（CBDC）の発行に向けて、実証実験などを活発に行っている。Swiftでは、こうした動きに対応して、将来的には、Swiftのネットワークによって各国のCBDCをリンクすることにより、クロスボーダー決済の仕組みを作ることを視野に入れて準備を進めている。このためSwiftでは、異なるCBDCの間をSwiftのネットワークでつなぐという

「インターリンキング実験」を数次にわたって進めている（詳細は第16章を参照）。

　このようにSwiftでは、ここ数年にわたり、さまざまな新サービスや新機軸を打ち出してきており、大きな変革期を迎えつつある。なかでも、メッセージ電文の変更は、すべてのユーザーに対応が求められるものであるため、大きなインパクトを及ぼすものとみられている。こうしたSwiftの変革の背景には、①顧客ニーズの変化、②情報通信技術の発達、③規制環境の変化、などがあり、Swiftが自ら進んで変革を行っている側面と、外部環境の変化により対応を迫られている側面とが混在している。

　いずれにしても、Swiftのユーザーや関連するベンダーでは、こうしたSwiftの大きな変革を確実にフォローし、しかるべきタイミングで適切に対応していくことが求められている。

第2章

Swiftの設立と発展の経緯

　本章では、Swiftの設立の背景と、その後の発展の経緯について概観することとする。

1 ｜ Swiftの設立の経緯

（1）Swift設立の背景

　「Swift」（Society for Worldwide Interbank Financial Telecommunication）は、1973年にベルギーに設立された「有限責任の協同組合」（limited liability cooperative company）であり、本部は、ブリュッセル郊外のラ・ユルプ（La Hulpe）に置かれている。英文名称を直訳すると「国際銀行間通信協会」となるが、一般的には「Swift」または「スイフト」と表記されることが多い。因みに、日本法人の名称も「スイフト・ジャパン株式会社」となっている。

　Swift設立の背景となったのは、1960年代における国際的な金融取引の急拡大であった。当時、ユーロ・ダラー[1]取引の急増などにより、国境を越えた

---

1) 米国以外（主として欧州）の銀行に預けられたドル預金や米国以外の国で流通するドルのこと。

「クロスボーダー送金」（cross-border payment）が急速に拡大した。

　前述のように、各国の国内における資金決済は、中央銀行などが運営する「資金決済システム」を通じて行われるが、こうしたクロスボーダー送金については、中央で決済を集中して行う中央銀行のような機関が存在しないため、銀行間で個別にコルレス契約を結んだ「コルレス銀行」を通じて行われる。たとえば、邦銀が米ドルの決済を米銀に依頼し、米銀はユーロの決済をドイツの銀行に依頼するといったかたちで、相互に海外の銀行との送金や決済を自行に代わって遂行してもらうのが一般的である。

　この当時、こうしたコルレス銀行間の連絡は、主に「テレックス」（Telex）という通信機器を使って行われていた。テレックスは、遠隔地間で使うタイプライター式の通信機器であり、送信側ではタイピストがキーボードに文字を入力し、受信側ではリボン状の用紙に印字されたメッセージを人が読み取る必要があった。また各行が使うフォーマットも、銀行によってまちまちであった。テレックスを使った国際送金では、コルレス先への送金メッセージの送信や海外からの電文の受信は、こうした紙ベースのテレックスを人手で処理するかたちで行われていた。しかし、上記のような国際送金の急拡大により、1日に送受信する送金メッセージの件数が急増すると、人手による手作業では限界が生じ、国際送金のメッセージ量に事務処理が追い付かなくなった。すなわち、コルレス・バンキング業務の電子化・合理化が急務となり、「待ったなし」の状況となったのである。

（2）Swiftの設立と稼働開始

　こうした背景から、国際送金を取扱う銀行関係者の間では、共通のネットワークを使って、標準化されたフォーマットによる、システム化された送金メッセージの通信とその電子的な処理が必要であるとの共通認識が高まっていった。そして、欧州の銀行が中心となって、共通のネットワークの構築、事務処理をコンピュータ化するための電文フォーマットの開発などについて検討が行われた。

　こうした検討を経て、1973年5月に、欧米の15カ国、239行の参加によっ

て、Swiftが設立された。その後、利用ルールの制定（1975年）、オペレーション・センターの開設（1976年）、ソフトウェアの開発などが行われた。こうした準備作業を経て、Swiftのメッセージング・サービスが開始されたのは、1977年5月のことであった。

Swiftが稼働を開始した当初の参加メンバーは、22カ国の518行であった。サービス開始から1年以内に、メッセージ件数は累計1000万件を超え、順調なスタートを切った。

2 ｜ Swiftの発展の経緯

次に、設立後のSwiftの発展の経緯を、①1970〜80年代、②1990年代、③2000年代、④2010年代、⑤2020年以降に分けて、概観してみることとしよう（表2-1参照）。

（1）1970〜80年代の発展

Swiftでは、当初の欧州センターに加えて、1979年には米国にオペレーション・センターを建設し「2センター体制」となった。また、メッセージの範囲も、単純な送金から、取立（collection）、荷為替信用状（documentary credit）、証券関係（securities）などに拡大した。

また、1980年には、アジアで初めて、香港とシンガポールにおいて稼働を開始し、わが国でも1981年3月に稼働を開始した。1982年には、メンバーの拡大と通信量の増大などにより、初めて単年度収支が黒字化し、財政的な基盤も安定した。

1986年には、外為取引の約定照合サービスである「Accordサービス[2]」などの付加価値サービスを開始した。

---

2) その後Accordサービスは、他社との競合などから2017年末に廃止された。

表2-1 Swiftの発展の経緯

年	業務の拡大等
1973 年	欧米 15 カ国の 239 行が、Swift を設立
1975 年	利用ルールを制定
1976 年	最初の欧州オペレーション・センターを開設
1977 年	Swift がサービスを開始
1979 年	米国に第 2 オペレーション・センターを開設
	メッセージの範囲を取立、荷為替信用状、証券関係などに拡大
1980 年	アジアで初めて、香港とシンガポールで稼働を開始
1981 年	日本での稼働を開始
1982 年	初めて、単年度収支が黒字化
1986 年	「Accord サービス」などの付加価値サービスを開始
1992 年	「IFT」(Interbank File Transfer) サービスを開始
1993 年	アクセス用の IC カードと「BKE」(Bilateral Key Exchange) を導入
1998 年	Swift に対する G10 中央銀行による協調オーバーサイトが開始
2001 年	ドイツと英国の市場インフラで SwiftNet が稼働を開始
2002 年	「SwiftNet FIN」が稼働を開始
2003 年	「ISO 15022」への移行を完了
2004 年	「SwiftNet」への移行を完了
2008 年	新たなセキュリティ方式である「SwiftNet フェーズ 2」への移行を完了
2012 年	イランの銀行を Swift のネットワークから切断
	日本で初の Sibos を開催（大阪）
	「サンクション・スクリーニング」を開始
	クラウドによる接続サービス「アライアンス・ライト 2」を導入
2014 年	スイスに第 3 オペレーション・センターを開設
	「MIRS」のサービス提供を開始
2017 年	「Swift GPI」の稼働を開始
	「顧客安全プログラム」(CSP) を開始
2021 年	「Swift Go」の稼働を開始
2022 年	パブリック・クラウドによる Swift への接続を可能に
	ロシアの大手行の一部を Swift のネットワークから切断
2023 年	「トランザクション・マネージャー」(TM) が稼働を開始
	MT から MX への移行を開始
	Swift の設立 50 周年

(出所）筆者作成

（2）1990年代の発展

1992年には、大量のデータを一括送信する「IFT」（Interbank File Transfer）サービスを開始し、サービスの幅を拡大した。

1993年には、ネットワークへのアクセス用のICカードと「BKE」（Bilateral Key Exchange：相互鍵交換）が導入され、セキュリティの向上が図られた。

（3）2000年代の発展

2001～2004年にかけては、従来のX.25プロトコルのネットワークであった「SWIFT II」から、インターネット・プロトコル（TCP/IP）によるネットワークである「SwiftNet」への移行を行った。

2001年には、ブンデスバンク（ドイツ）やイングランド銀行（英国）の運営する資金決済システムにおいてSwiftNetが導入され、市場インフラでの利用が拡大した。

さらに、2007～2008年にかけては、「SwiftNetフェーズ2」と呼ばれる新たなセキュリティ方式への移行を行った。

（4）2010年代の発展

2012年には、イランに対する金融制裁として、イランの銀行をSwiftのネットワークから切断するといった国際的な制裁が行われた。

2014年には、スイスに第3センターを開設し「3センター体制」となった。2017年からは、安全対策を強化するための「顧客安全プログラム」（CSP）が開始された。

また2017年には、「Swift GPI」という国際送金のスピードアップや効率化を目指した新たなサービスが導入された。

（5） 2020年以降の発展

　2021年には、中小企業や個人による小口のクロスボーダー送金に特化した「Swift Go」が導入された。

　また2022年からは、パブリック・クラウドを使ったSwiftへの接続を可能にするとともに、Swift関連サービスへのAPIによる接続を可能にするなど、接続方法の多様化が進められた。

　さらに2022年に、ロゴを変更するとともに、社名の表記も「SWIFT」から「Swift」へと変更した（図2-1参照）。

　2022年3月には、ウクライナ侵攻に対する経済制裁として、ロシアの大手行の一部をSwiftのネットワークから切断した。

　また2023年には、「トランザクション・マネージャー」（TM）が稼働を開始した。これにより、Swiftがすべてのメッセージを保有することができるようになり、Swift側で各種の処理を行うことが可能となった。

　さらに同年、長年使われてきたメッセージ電文を従来型の「MT」からISO 20022をベースとした「MX」に移行するという一大プロジェクトが開始された。これは、すべてのSwiftユーザーが対応を必要とされる大きな変更であるとともに、機能的にも大幅に向上することとなった。こうした中、Swiftでは、2023年5月に、1973年の設立から50周年を迎えた。

　このように、Swiftは、ユーザーや参加国を拡大する一方で、コア・サービス

図2-1 Swiftのロゴの変更

旧ロゴ　　　　　　　　　　　　　　　新ロゴ（2022年〜）

（出所）Swift

の拡充、付加価値サービスの導入、セキュリティの向上、ネットワークのアップ・グレードなどを行ってきており、機能を向上させつつ、ビジネスが質・量ともに拡充してきている。

3 | Swiftのユーザー・カテゴリー拡大の経緯

　このようにSwiftが発展を遂げる中で、Swiftのネットワークを利用することができる「ユーザー・カテゴリー」を徐々に拡大してきたことも、メッセージ量の拡大に貢献してきている（表2-2参照）。

　当初は、Swiftのネットワークを利用できるのは、「銀行」に限られていたが、

表2-2 Swiftのユーザー・カテゴリーの拡大の経緯

年	参加カテゴリーの拡大
1973 年	参加できるのは銀行のみ
1987 年	証券会社、証券取引所、証券決済機関をメンバーとする
1988 年	旅行小切手の発行体に拡大
1989 年	短資会社（Money Market Broker）をメンバーとする
1990 年	証券代行業者、カストディ業者、信託業者などに拡大
1992 年	ファンドマネージャー（Investment Manager）をメンバーとする
1995 年	市場取引専業者を追加
1996 年	電子的コンファメーション・サービス・プロバイダーを追加
1998 年	トレジャリー・カウンターパーティ、資金決済系の市場インフラ、代理投票業者、株式非保有の金融機関などを追加
1999 年	トレジャリー ETC サービスプロバイダーを追加
2000 年	証券系市場インフラを追加
2001 年	「MA-CUG」による事業法人の利用を開始
2002 年	ファンド管理会社を追加
2004 年	証券データプロバイダーを追加
2007 年	「SCORE」による事業法人の利用を開始

（出所）Swift 資料をもとに筆者作成

1987年にはメンバーシップを「証券会社」「証券取引所」「証券決済機関」などに開放し、証券業務に向けて大きく舵を切った。

また、1992年には「ファンドマネージャー」、1998年には「資金決済系の市場インフラ」（Payments Market Infrastructure）などに門戸を開放し、ユーザーの範囲を一段と拡大した。

さらに、2000年代に入ると、「ファンド管理会社」（Fund Administrator）、「証券市場におけるデータ提供業者」（Securities Market Data Provider）などの新たな参加者のカテゴリーを認めた。

この間、2001年には、限定的ながら初めて「事業法人」に対してSwiftのネットワークを利用することを許容した。また2007年には、「SCORE」と呼ばれる、より一般的な事業法人のSwiftへのアクセス手法を導入した。

4 | Swiftの参加国、ユーザー数、メッセージ量の推移

ここでは、Swiftの利用状況（参加国、ユーザー数、メッセージ量）の推移についてみておくこととしよう。

（1）Swiftの参加国

Swiftのネットワークに参加している国は、1977年のサービス開始時には、わずか22カ国であったが、1983年には50カ国、1993年には100カ国、1996年には150カ国を超えた。そして、2003年には200カ国に達し、直近では210カ国以上の国と地域をカバーしている（表2-3参照）。

これは、国連（United Nations）の加盟国数（2023年末：193カ国）をも上回っており、Swiftは、世界中のほぼすべての国と地域を網羅した一大ネットワークとなっている。

つまり、Swiftのネットワークによって、世界中の金融機関がつながっていることから、各国の金融機関は、このネットワークを通じて世界中の金融機関に

表2-3 Swiftのユーザー数、参加国、メッセージ量の推移

	ユーザー数	参加国	メッセージ量
1977年（稼働開始時）	518	22 カ国	n.a.
1979年	683	30 カ国	0.3 億件
1989年	2,814	79 カ国	3.0 億件
1999年	6,797	189 カ国	10.6 億件
2009年	9,281	209 カ国	37.6 億件
2019年	11,277	210 ＋カ国	84.5 億件
2022年	11,696	210 ＋カ国	112.6 億件

（出所）Swift history, "Red Book" BIS

国際送金を行ったり、逆に海外の金融機関から資金を受取ったりすることができるようになっているのである。

（2）Swiftのユーザー数

Swiftのユーザー数は、1977年の稼働開始時には518行であったが、1982年には1000社（行）、1986年には2000社、1990年には3000社、1994年には4000社を上回り、ほぼ4年ごとに大台を更新した。その後、1995年には5000社、1997年には6000社、2000年には7000社、2006年には8000社、2009年には9000社を上回り、2022年時点では、約1万1700社に達している。

（3）Swiftのメッセージ量

Swiftの取扱うメッセージ量を、主要サービスである「FINサービス」でみると、年間トラフィック量は、稼働直後の1979年には0.3億件であったが、10年後の1989年には3.0億件、20年後の1999年には10.6億件へと拡大し、さらに2009年には37.6億件、2019年には84.5億件へと、10年ごとに2〜3倍のペースで増加してきている（表2-3参照）。その後もトラフィック量は増加を続けており、2022年には112.6億件と、年間100億件の大台にのせている。

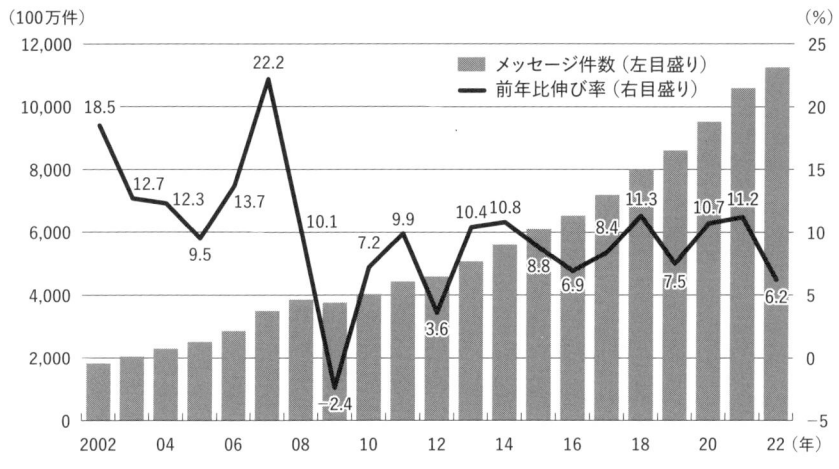

図2-2 Swiftのメッセージ量の推移（FINメッセージ）

（出所）"Swift Annual Review" 各年

　この20年間の推移でみても、FINメッセージの年間のトラフィック量は、リーマン・ショック後の2009年にマイナスに転じたのを除けば、一貫して増加傾向を辿っており、年率10％を上回る伸びとなった年も多い（図2-2参照）。この結果、メッセージ量は、この20年間で6.2倍にまで増加している（2002年18.2億件 → 2022年112.6億件）。

　2022年の年間トラフィック量（112.6億件）は、Swiftのネットワークが1日平均で約4480万件という膨大な数のメッセージを取扱っていることを意味している。

5 ｜ Swiftメッセージの内訳

　Swiftメッセージの内訳を、メッセージのタイプ別、地域別、通貨別などにみると、以下の通りである。

（1）メッセージの構成比

FINサービスは、対象とする業務によって、①資金決済に関する「資金メッセージ」（payment message）、②証券決済に関する「証券メッセージ」（securities message）、③外為・デリバティブ取引関連の「外為・デリバティブ・メッセージ」（treasury[3] message）、④貿易金融関連の「貿易メッセージ」（trade message）などのタイプに分かれる。

メッセージのタイプ別の内訳（2022年）をみると、Swift設立以来の中心業務であった資金メッセージが44.4％を占めている。また近年、伸長著しい証券メッセージが50.8％と資金メッセージングを上回る構成比となっている（図2-3参照）。

長年にわたり資金メッセージのウェイトの方が高かったが、グローバルな証券投資の活発化により、近年では、ほぼ一貫して証券メッセージの伸び率の方が高くなっており（図2-4参照）、2桁の伸びを示す年も多いことから、ウェイトが逆転するに至っている[4]。もともとは「銀行のためのネットワーク」とし

図2-3 Swiftメッセージの構成比（2022年中）

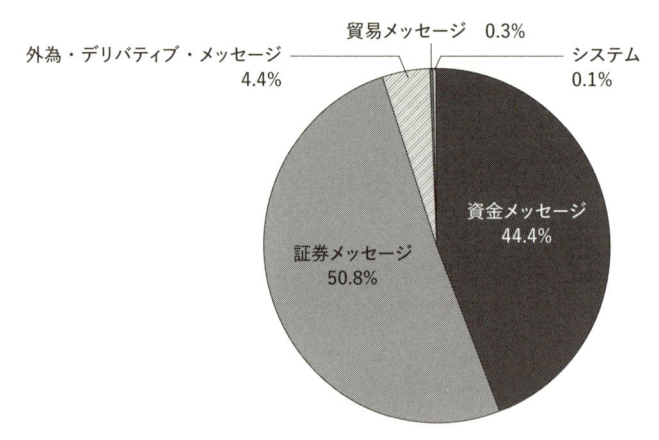

3）Swiftでは、外為・デリバティブ分野のことを「トレジャリー分野」（treasury）と呼んでいるが、一般の用法とはやや異なっているため、注意が必要である。

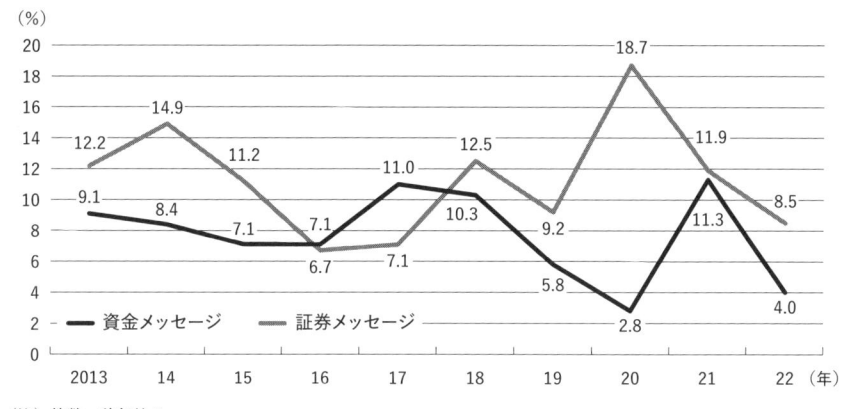

図2-4 資金メッセージと証券メッセージの伸び率

(%)

凡例：
資金メッセージ、証券メッセージ

(注) 件数、前年比%
(出所) "Swift Annual Review" 各年

てスタートしたSwiftであったが、徐々にその性格が、証券業界も含めた「金融機関のためのネットワーク」へと変容してきているものと言えよう。

このように、資金メッセージと証券メッセージがSwiftの2大業務分野となっており、両者で95％以上のウェイトを占めている。一方、外為・デリバティブ・メッセージ（4.4％）や貿易メッセージ（0.3％）については、ウェイトは比較的小さい。

（2）地域別のメッセージ量

Swiftのメッセージ量（発信量）を地域別にみると、EMEA[5] 地域（欧州のほか中東・アフリカを含む）が44％と首位を占め、米州・英国の41％がこれに次いでいる。アジア太平洋は14％となっている（図2–5参照）。

欧州のウェイトがかなり高くなっているが、これは、欧州中央銀行（ECB）の運営する「TARGET2」をはじめとして、欧州の多くの決済インフラ（資金

---

4) 2020年の資金メッセージは、コロナ禍による経済活動の低下による影響から、前年比+2.8％とかなり低い伸びにとどまった。

5) EMEAは、Europe, Middle East and Africaの略である。

図 2-5 地域別のメッセージ量（2022年）

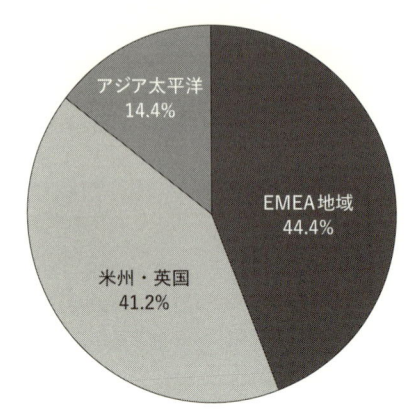

アジア太平洋
14.4%

EMEA地域
44.4%

米州・英国
41.2%

（注）EMEA 地域には、欧州のほか、中東・アフリカを含む
（出所）"Swift in Figures" December 2022

決済システムや証券決済システム）において、ネットワークとして Swift が使われていることが影響している。つまり、海外のコルレス銀行との取引に Swift を使っているのみならず、国内における資金取引や証券取引の決済にも Swift を使っている[6] ため、トラフィック量が大きくなっているのである。

このように、欧州において決済インフラでの Swift の利用率が高いのは、①Swift が欧州内（ベルギー）に本部を構えていることや、②欧州の銀行が中心となって設立されたといった経緯などにより、欧州の中央銀行や金融機関などの間で Swift に対する親近感が強いこと[7] が影響しているものとみられる。

（3）Swift 送金の通貨別構成

Swift のネットワーク上で送られている国際送金を通貨別のウェイト（金額ベース）でみると、米ドル（47.5％）が圧倒的なシェアを占めており、ユーロ

---

6) 日本の状況に喩えると、日銀ネットや全銀システムにおける資金決済や、証券保管振替機構での株式・社債の決済などを、Swift を使って行っているというイメージである。
7) 欧州の実務家と話をすると、「我々の Swift」（our Swift）といった言い方をすることが多い。

図2-6 Swiftを通じた国際送金の通貨別構成比

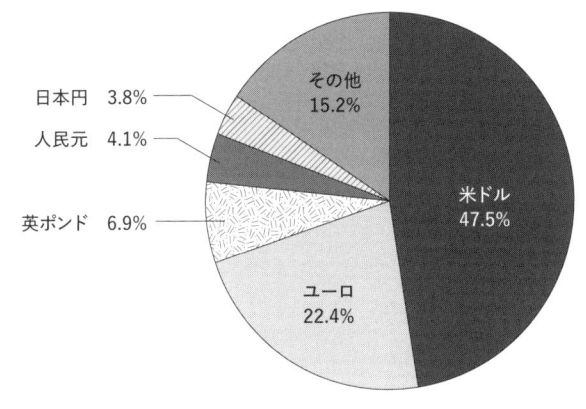

(注) 2023年12月
(出所) "RMB Tracker" Swift

(22.4％) と英ポンド（6.9％）がこれに次ぐ。最近になって、人民元（4.1％）のシェアが徐々に増加してきており、このため、日本円（3.8％）の順位は5位に転落している（図2-6参照）。

6 | わが国におけるSwiftの利用

日本においても、1981年からSwiftの利用が開始されており、すでに40年以上の利用実績がある。

現在、日本からは、188機関がSwiftを利用している。このうち、Swiftの株式を保有する「シェアホルダー会員」として利用しているのが108機関であり、都市銀行、地方銀行、第二地方銀行、信用金庫、証券会社などが含まれる。また、「株式を保有しないメンバー」として利用しているのが21機関であり、ネット銀行、投資顧問、短資会社などが含まれる（表2-4参照）。

このほか、海外でメンバーとなっている金融機関（外国銀行、外資系証券会社、外資系信託銀行など）の日本における支店や現地法人が「サブメンバー会

表2-4 日本における Swift の利用機関

会員の種類	会員数	業態等
シェアホルダー会員	108 機関	都市銀行、地方銀行、第二地方銀行、信用金庫、証券会社など
株式を保有しないメンバー	21 機関	ネット銀行、投資顧問、短資会社、証券保管振替機構など
サブメンバー会員	59 機関	外国銀行、外資系証券会社、外資系信託銀行など
合計	188 機関	

(注) 2024 年 6 月 1 日現在
(出所) 日本スイフト・ユーザー・グループのウェブサイト

員」として利用しているのが59機関となっている。なお、日本銀行や証券保管振替機構といった公的な機関でも、Swift を利用している。

第3章 Swiftの参加資格と ガバナンス

　本章では、Swiftへの参加資格について概説したうえで、Swiftのガバナンスの仕組み、Swiftの組織について述べる。

1 ｜ Swiftのユーザー・カテゴリー

　Swiftのネットワークは、誰もが利用できるわけではない。Swiftを利用するためには、Swiftの定める「ユーザー・カテゴリー」（eligibility criteria）に適合したうえで、「Swiftユーザー」（Swift User）となる必要がある。ユーザーのカテゴリーは、①監督を受ける金融機関、②金融業界における監督を受けない機関、③クローズド・ユーザー・グループと事業法人、という3つに大きく分類されており、それぞれ詳細が定められている（表3-1参照）。各カテゴリーについて詳しくみると、以下の通りである。

（1）監督を受ける金融機関

　「監督を受ける金融機関」（Supervised Financial Institution）は、金融機関に関するカテゴリーである。このカテゴリーに入るためには、次の2つの要件が必要とされている。

表3-1 Swiftのユーザー・カテゴリー

カテゴリー	主な業界
(1) 監督を受ける金融機関	①銀行、証券会社、保険会社、資産運用会社など ②国際的な機関、政府間機関、政府系の機関、中央銀行
(2) 金融業界における監督を受けない機関	「監督を受ける金融機関」に対して、資金決済、証券決済、銀行業務、保険業務、投資サービス、通信サービス、情報処理サービスを提供する機関
(3) クローズド・ユーザー・グループ（CUG）と事業法人	①事業法人 ②金融監督当局 ③資金決済システムの参加者 ④証券市場のデータ・プロバイダー ⑤証券市場インフラの参加者 ⑥メンバーが管理するクローズド・ユーザー・グループ（CUG）の参加者 ⑦外為取引を大規模に行っている企業

（出所）"Corporate Rules" Swift

①金融監督当局から、ライセンス、許可、登録などが求められていること。
②金融監督当局の監督に服していること。

　通常、金融機関（銀行、証券会社など）は、この2つの条件を満たしており、このカテゴリーでSwiftユーザーとなることができる。
　また、金融に関する業務を行う「国際的な機関」「政府間機関」「政府系の機関」「中央銀行」などの公的な機関も、このカテゴリーでSwiftを利用することができる。

（2）金融業界における監督を受けない機関

　「金融業界における監督を受けない機関」（Non-Supervised Entity active in the financial industry）は、金融機関に対して、各種のサービスを提供する機関であり、金融監督当局の監督を受けないものである。提供するサービスの内容としては、資金決済、証券決済、銀行業務、保険業務、投資サービス、通信サービス、情報処理サービス、などが指定されている。

（3）クローズド・ユーザー・グループ（CUG）と事業法人

「クローズド・ユーザー・グループと事業法人」（Closed User Groups and Corporate Entities）は、特定のユーザーのグループだけが利用可能な「クローズド・ユーザー・グループ」（CUG）に参加している先や、事業法人のためのカテゴリーである。このカテゴリーの参加者は、「特別目的の参加者」（special purpose participants）とも呼ばれ、利用できるメッセージの種類は、この特別な目的に必要なものに限定される。

このカテゴリーには、①事業法人、②金融監督当局、③資金決済システムの参加者、④証券市場のデータ・プロバイダー、⑤証券市場インフラの参加者、⑥メンバーが管理するクローズド・ユーザー・グループ（MA-CUG[1]）の参加者、⑦外為取引を大規模に行っている企業（Treasury Counterparty）、などが含まれる。このカテゴリーの参加者は、限定されたユーザー間における限定されたメッセージの交換のみが可能であり、参加者や利用可能なサービスの範囲については、各ユーザー・グループの「管理者」（administrator）が定めることとされている。

（4）BICの取得

Swiftのユーザーになるためには、「BIC」（Business Identifier Code[2]）を取得することが必要である。BICは、別名「Swiftコード」とも呼ばれ、8桁または11桁のアルファベットと数字で構成されている（詳細は第7章を参照）。BICは、Swiftメッセージの中で、世界の金融機関（およびその支店）を特定するために利用されている。

---

1) Member-Administered Closed User Group の略。
2) BICは、かつては「銀行識別コード」（Bank Identifier Code）という名称であり、金融機関のみを対象としていたが、付番の対象を非金融機関にも拡大したため、名称が変更された。

2 | Swiftのメンバーシップ

Swiftのメンバーシップは、「株式を保有するメンバー」「株式を保有しないメンバー」「サブメンバー」の3通りに分かれている。

(1) 株式を保有するメンバー

上記のようなSwiftユーザーのうち、Swiftの株式を保有し、株主（shareholder）としてSwiftのガバナンスに関与できるメンバーである。

Swiftの株主になることができるのは、①銀行（Banks）、②証券会社（Brokers/Dealers）、③投資運用業者（Investment Management Institutions）の3つの業種のみに限定されている。

(2) 株式を保有しないメンバー

上記の3業種以外は、株式を保有できないため、「株式を保有しないメンバー」（Non-Shareholding Member）となる。また、株主となることができる業種であっても、Swiftの株式を保有しないという選択を行って、Swiftを利用することができる。ただし、3年ごとの「株式の再配分」（後述）の際に、一定以上の株式を割り当てられた場合（つまり、Swiftのメッセージの利用量が一定以上の場合）には、株式を保有するメンバーとなる必要がある。中小規模の金融機関の場合には、株式を保有しないメンバーとしてSwiftを利用するケースが多い。

株式を保有しないメンバーであっても、原則として株主であるメンバーと同じようにSwiftのサービスを利用することができる。

(3) サブメンバー

「株式を保有するメンバー」の支店（branch）や子会社（subsidiary）は、「サブメンバー」（Sub-Member）として、Swiftを利用することができる[3]。たとえば、海外でメンバー（株主）となっている外国銀行や外国証券会社の日本における支店や子会社がSwiftを利用する場合には、このサブメンバーとしてのステータスによって利用を行うことになる。Swiftの株主となっているメンバーのみが、海外において、支店などをサブメンバーとして登録することができる。

3 | Swiftのガバナンス

(1) 株主が所有し統治する組織

Swiftは、ベルギー法の下で、協同組合（co-operative society）として設立されている。このため、Swiftは、メンバーのために安全で標準化されたメッセージ・サービスを提供することを目的としており、ガバナンスとしては、「株主が所有し統治する組織」（shareholders own and control）となっている。

すなわち、銀行などの株主によって選出された25名の「理事」（Director）が「理事会」（Board of Directors）を組織して、組織運営や戦略に関する重要事項の決定を行う。Swiftの日々の業務に関するマネージメント（day-to-day management）は、CEO（最高経営責任者：Chief Executive Officer）に委託され、CEOがSwift幹部と協力して業務を遂行する。そして理事会では、CEOおよび幹部の業務執行に対するチェックを行うこととされている。

---

3) 株式を保有するメンバーが50％以上を直接保有している機関、または間接的に100％を保有している機関が該当する。

（2）メンバーによる株式の保有

　Swiftの株式を保有するメンバーは、株主としてSwiftのガバナンスに関与する。各金融機関がSwiftのメンバーになる際には、当初、Swiftの株式の1株を割当てられる。この株式の購入価格は、財務諸表などに基づいて算出された現在価値（current transfer value）によることとされている。

　Swiftのユーザー（約1万1700社）のうち、株主となっているのは約2370社であり、全体の約2割に当たる（2022年）。

　メンバーの持株数については、各メンバーが利用するSwiftのメッセージ量に応じたものとする[4]こととされている。メンバーの利用状況の変化を反映するため、3年ごと[5]に「株式の再配分」（share reallocation）が行われる。

　こうした再配分により、すべてのメンバーが平等に1票を持つという国連スタイルではなく、「大口ユーザーが利用量に応じて大きな発言力を持つ」という仕組みとなっている。保有株式数は、以下で述べるように、理事の推薦権や年次総会での投票権にも直結しており、「利用量に応じた発言権」というポリシーが、Swiftのガバナンスの基本方針となっている。

（3）Swift理事会

　Swiftのガバナンスにおいて中心的な役割を果たすのが、「Swift理事会」（Board of Directors）である。

■Swift理事の選出

　Swift理事会は、25名の「理事」（Director）によって構成される。各国は、その国に所属する株主が保有している総株式数によって、次のようにランク付けされ、そのランクに応じて、理事を推薦することができる。

　すなわち、Swiftの株式保有総数が最上位の6カ国は2名ずつ（計12名）を推

---

4)　より正確には、Swiftに対する年間の支払額（annual financial contribution）に比例したものとされる。

5)　株式の再配分は、最近では2024年に行われ、次回は2027年に実施される。

表3-2 各国の理事の推薦数

国のランク付け	理事の推薦数
(a) 最上位6カ国	2名の理事を推薦できる
(b) 次の上位10カ国	1名の理事を推薦できる
(c) 少数株主国	2カ国以上で理事を共同推薦することができる。ただし、この方法による理事は、3名以下とされる

(注) 順位は、その国の株主が保有しているSwift株式の総数による
(出所) "Swift By-laws" Swift

薦することができ、次の上位10カ国（7〜16位）は1名ずつ（計10名）を、少数株主国は3名を推薦することができる。これにより、合わせて25名の理事が選出される仕組みとなっている（表3-2参照）。このように、Swiftの利用量が多い大株主国の意向が反映しやすい仕組みとなっている。

　理事は、上記のランクに基づいて、各国のナショナル・メンバー・グループ（国単位の株主メンバーの集まり）が推薦を行い、年次総会で承認される[6]。理事の任期は3年であり[7]、理事会メンバーの1/3ずつが毎年改選される。

　現在、わが国は「次の上位10カ国」のランクに相当しており、Swift理事会に1名の理事を出している。

■Swift理事会の責務

　「Swift理事会」（Board of Directors）は、Swiftの企業戦略の策定、Swift幹部の経営状況に対する監督などについて責任を有する。Swift理事会は、年に4回以上開催されることとなっている[8]。

　理事会での決定は、「理事会決議」（Board Resolution）として株主に報告されるほか、定款の変更が必要となる重要性の高い案件については、年次総会で

---

6) このように理事の選任は、事実上、各国レベルで行われており、各国の有力銀行から選ばれることが多い。
7) ただし、再任も可能である。
8) Swift理事は、理事会出席のための旅費等は支給されるが、それ以外にはSwiftからの報酬は受け取らないこととされている。

の投票によって、最終的に決定される。

■理事会傘下の５つの委員会

Swift理事会の傘下には、以下の５つの「委員会」（Board committee）が設置されている。

①監査・財務委員会（AFC：Audit and Finance Committee）：内部監査や予算・決算など
②リスク委員会（Risk Committee）：主要なリスクやその対応策について
③人事委員会（HRC：Human Resources Committee）：人事や報酬について
④技術製品委員会（TPC：Technology and Production Committee）：技術や製品について
⑤ガバナンス・ノミネーション委員会（GNC：Governance and Nomination Committee）：ガバナンスのあり方や理事の指名

これらの委員会は、理事会がガバナンス機能を果たすうえで必要なサポートを行うことを主なミッションとしており、理事会メンバーに対して、各分野の戦略、方針、リスク管理などについての助言や勧告を行う。

（4）Swift幹部の役割

Swift理事会は、Swiftの組織としての大きな方向性や戦略を決めるが、日々の業務のマネージメントについては、CEO（Chief Executive Officer）を中心とするSwift幹部に委任されている。

Swift幹部は、定期的に「経営会議」（Executive Committee）を開いて、業務的な意思決定を行っている。経営会議は、CEOのほか、ビジネス開発担当、財務担当、プロダクト担当、リスクコントロール担当、顧客担当、戦略担当などの役員によって構成されている。

2024年9月現在、SwiftのCEOは、ハビエル・ペレス・タッソ（Javier Pérez-Tasso）氏が務めている[9]。

（5）年次総会（AGM）

Swiftの「年次総会」（AGM：Annual General Meeting）は、年に1回、毎年6月に、ベルギーの本部で開催される。年次総会には、株主であるメンバー機関の代表者（representative）が出席し、保有株式数に応じた投票を行う。AGMでは、年次財務諸表（Annual Report）の承認や、理事や会計監査人の選出が行われる。また、定款の変更が必要となる事項や、理事会で決議された重要事項についての最終的な承認を行う場となっている。

議案について特に反対がない場合には、全会一致（unanimous）による可決とされるが、反対がある場合には投票が行われる。議案のうち、①Swiftの定款（By-laws）の修正、②ユーザー・カテゴリーの変更などの重要事項については、総投票の75％以上の賛成が必要とされる。それ以外の議案については、50％以上の賛成によって可決とされる（いずれも株式数ベース）。

（6）ナショナル・メンバー・グループの役割

Swiftの株主となっているメンバーは、各国ごとに「ナショナル・メンバー・グループ」（NMG：National Member Group）を組織している。NMGには、外国銀行の支店や現地法人は含まれず、その国に本社がある金融機関（たとえば、日本であれば邦銀、日系証券会社など）のみが含まれる。

NMGでは、各国のローカル・コミュニティを代表して、その国に特有な事情のSwiftサイドへの説明、その国を代表する理事の推薦、などの機能を有する。ただし、NMGは各国レベルのものであり、Swiftのガバナンスの一部を形成するものではないものとされている。

（7）ナショナル・ユーザー・グループの役割

上記のナショナル・メンバー・グループ（NMG）のほかに、各国には「ナ

9）　ペレス・タッソ氏は、2019年7月にCEOに就任した。同氏は、1995年にSwiftに入社した生え抜きで、CEOの就任前には、米州と英国担当の統括役員を務めていた。

ショナル・ユーザー・グループ」（NUG：National User Group）も設けられている。NUGは、株主以外のメンバーやサブメンバーも含めて、その国における「すべてのSwiftユーザー」によって構成されており、Swiftの業務や技術面などに関して、ローカル・ベースでのプロダクトの導入計画の検討や意見交換などを行う。NUGも、やはりSwiftのガバナンスとは無関係であるとされる。

（8）Swiftに対する監査とオーバーサイト

Swiftは、2つの面で外部機関による監査を受けている。1つは、会計監査（Financial Audit）であり、2つ目は、安全性の監査（Security Audit）である。

Swiftの主席監査役（Chief Auditor）が、これら外部監査の結果を取りまとめて2つのレポーティング・ラインに報告する。1つは、理事会の下に置かれた「監査・財務委員会」（AFC）であり、もう1つの報告先はCEOである。

このほかSwiftでは、先進国の中央銀行による「協調オーバーサイト」を受けている（詳細は第17章を参照）。

4 ｜ Swiftの組織

Swiftの組織は、世界を3地域に分けた「地域制」、機能・セグメント別による「グループ制」、財務・法務などの「本社機能」、によって構成されている。

Swiftの職員数は、全世界で約3000名であり、ベルギーの本部と各国の地域オフィスに勤務している。

（1）地域制

Swiftでは、世界全体を、①EMEA（欧州・中東・アフリカ）地域、②米州（北米・南米）地域、③アジア太平洋地域、の3地域に分けている。

各地域には、「地域統括役員」（Regional Head）が置かれ、その地域の運営

表3-3 Swiftのオフィス所在地

地域名	オフィスの所在国（カッコ内は都市）
EMEA 地域（13 カ所）	ベルギー、英国、ドイツ、フランス、イタリア、スペイン、スウェーデン、スイス、オーストリア、アラブ首長国連邦、ガーナ、ケニア、南アフリカ
米州地域（4 カ所）	米国（ニューヨーク、マイアミ）、メキシコ、ブラジル
アジア太平洋地域（10 カ所）	豪州、インド、インドネシア、シンガポール、マレーシア、日本、韓国、香港、中国（北京、上海）

（出所）"Swift offices" Swift

全体についての責任を有する。また、各地域本部には、市場マネージャー、製品マネージャー、標準化スペシャリスト、販売サポート、顧客サポート、顧客担当マネージャーなどが配置されている。

　Swiftのオフィスは、EMEA地域に13カ所、米州地域に4カ所、アジア太平洋地域に10カ所の計27カ所に置かれている（表3-3参照）。多くの国では、100％子会社のかたちで現地法人が設置されており、日本には「スイフト・ジャパン株式会社」が設立されている。

（2）グループ制

　Swiftにおけるグループは、機能・セグメント別に、①市場グループ（markets group）、②製品グループ（products group）、③顧客サービスグループ（customer service group）、④ITオペレーショングループ、の4つに分けられている。

（3）本社機能

　上記のような顧客や製品に関連する部門以外の部署は、本社機能（Corporate Function）として、ベルギーの本部に集中されている。本社機能を担当する組織としては、①財務・総務グループ、②リスク・内部監査グループ、③法務グループ、④広報グループ、⑤人事グループ、などがある。

第 **2** 部

Swiftの仕組みと
メッセージング・サービス

第4章

Swiftのネットワークと
アクセス方法

　本章では、Swiftのネットワークの構成や、ユーザーがSwiftのネットワークにアクセスするための接続方法といったやや技術的な側面について述べる。また、Swiftと協力関係にあり、Swiftへの接続やサービス導入をサポートする「Swiftパートナー」についても説明を加える。

1 ｜ Swiftのネットワーク

　Swiftのネットワークは、一般には「SwiftNet」と呼ばれ、また技術的な側面からは「SIPN」と呼ばれる。以下では、これらについて説明する。

（1）SwiftNet

　Swiftのネットワークである「SwiftNet」は、インターネット・プロトコル（TCP/IP[1]）ベースのネットワークである[2]。このネットワーク上においてSwift

---

1）　TCP/IPは、Transmission Control Protocol/Internet Protocolの略であり、インターネットにおいて広く標準的に利用されている通信プロトコルである。
2）　SwiftNetへの移行は、2001〜2004年にかけて行われた。それ以前は、「SWIFT II」と呼ばれる「X.25プロトコル」（パケット交換のための通信プロトコル）によるネットワークを使っていた。

のすべてのサービスが提供される。

　上述のように、SwiftNetは、世界の210カ国以上の約1万1700行の金融機関を結んでいるため、SwiftNetにアクセスするということは、これらの世界中の金融機関との間でメッセージ（送金指図など）の交換ができるようになることを意味する。

（2）セキュアIPネットワーク（SIPN）

　SwiftNetは、技術的には「セキュアIPネットワーク」（SIPN：Secure IP Network）と呼ばれる。これは、「安全性の高いインターネット・プロトコル（IP）ベースのネットワーク」という意味である。

　SIPNは、①ネットワーク障害を避けるために完全な二重化（full redundancy）が行われていること、②高い障害回復機能（advanced recovery mechanism）を有していること、などにより高い安全性を確保しているのが特徴である。

　SIPNは、Swiftが、通信業者（「ネットワーク・パートナー」と呼ばれる）のサービスを利用することにより、ワールド・ワイドなIPネットワークによる仮想通信網である「IP-VPN」（Internet Protocol-Virtual Private Network）を構築しているものである。

　「VPN」とは、一般に「仮想私設通信網」と呼ばれ、インターネットなどの公衆網を、暗号化やアクセス制御、トンネリング[3]などの技術を使って、仮想的に専用線のようなプライベート・ネットワークとして利用するサービスである。VPNは、専用回線サービスに比べて、回線コストを低く抑えることができることに加え、柔軟なネットワーク構成を構築しやすいといった特徴を有する。

　Swiftでは、SIPNの提供業者として、「AT&T」「Colt」「BT Global Services」

---

3)　公衆回線上に、ある2点を結ぶ、閉じられた仮想的な直結の通信回線を確立する技術のこと。ネットワーク上に、外部から遮断された通り道を作るようにみえることから、「トンネリング」（tunneling）と呼ばれる。あるプロトコルのデータを他のプロトコルのデータで包み込む「カプセル化」（encapsulation）などによって行われる。

「Orange Business Services」の4社をネットワーク・パートナーとして選定している。このように複数の通信業者を使う「マルチ・ベンダー・モデル」を採用していることから、SIPNは「マルチ・ベンダー SIPN」（MV-SIPN：Multi-Vendor Secure IP Network）とも呼ばれる。

　これらの複数の通信業者のネットワークは、Swiftが管理する「基幹ネットワーク」（後述）によって接続され、世界中を結ぶグローバルなネットワークを形成している。

（3）SIPNの構成

　SIPN（セキュアIPネットワーク）は、以下のような構成となっている（図4-1参照）。

■ネットワーク通信機器（M-CPE）

　まず、ユーザーのサイトには、Swift接続用のネットワーク通信機器が置かれる（後述するオンプレ接続の場合）。これは、「M-CPE」（Managed Customer Premises Equipment：ユーザーのサイト内で管理された機器）と呼ばれる。M-CPEは、「VPNボックス」（Virtual Private Network Box）と「ネットワーク・

図4-1 セキュアIPネットワーク（SIPN）の構成

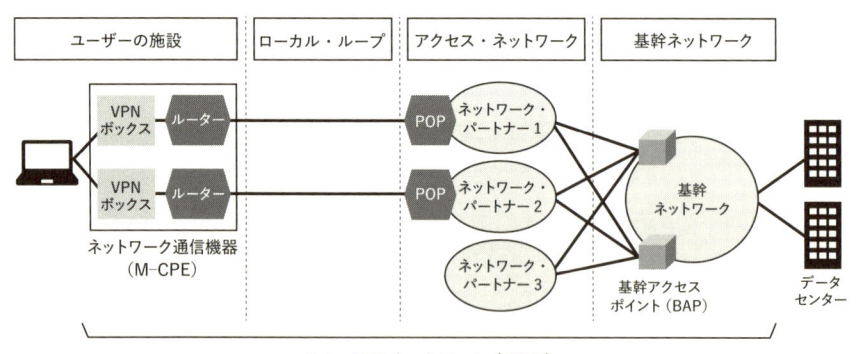

（出所）Swift資料をもとに筆者作成

ルーター」によって構成される。

このうち、VPNボックスは、暗号機能や認証機能などを有しており、ユーザーのサイトと基幹ネットワーク間のセキュリティを確保する役割を果たす。一方、ネットワーク・ルーターは、ネットワーク同士を相互接続し、ルーティング（経路選択）を行う通信機器である。

■ローカル・ループ

ユーザーのネットワーク通信機器（M-CPE）から、ネットワーク・パートナーのネットワークまでをつなぐ接続部分を「ローカル・ループ」という。この部分はネットワーク・パートナーが管理を行う。ネットワーク・パートナーのネットワークの入り口部分は「POP」（Points of Presence）と呼ばれる。つまり、ローカル・ループは、ユーザー側のM-CPEとネットワーク・パートナー側のPOPとの間をつなぐ部分である。

■アクセス・ネットワーク

ネットワーク・パートナーが提供する部分が「アクセス・ネットワーク」であり、上記のように4つの通信業者が提供している。アクセス・ネットワークは、「基幹アクセスポイント」（BAP：Backbone Access Point）において、Swiftが管理する「基幹ネットワーク」に接続されている。

基幹アクセスポイント（BAP）は、Swiftが所有・管理している物理的なサイトであり、異なるパートナーのネットワークが、ここで基幹ネットワークに接続される。

■基幹ネットワーク

「基幹ネットワーク」（SIPN Backbone Network）は、高速で、高い耐障害性（fully resilient）を有するIPネットワークであり、Swiftが管理している。基幹ネットワークは、基幹アクセスポイント（BAP）から、Swiftのデータセンターまでを結んでいる。

（4）データセンターの構成

■３センター体制

Swiftは、3つの「データセンター」（「オペレーション・センター」ともいう）を有して、メッセージ処理などの業務を行っている。1つは、「欧州センター」であり、オランダに所在する。もう1つは、「米国センター」であり米国の東海岸にある。3つ目が「スイスセンター」であり、チューリッヒ近郊に所在する。このほかに、アジアからもネットワーク管理を可能とするため、香港に「指揮制御センター」（CCC：Command and Control Center）が設けられている。

■２センター体制から３センター体制へ

Swiftでは、1976年に欧州データセンターを、1979年には米国データセンターを開設し、それ以降、長年にわたって、欧州センターと米国センターの「2センター体制」により、業務を行っていた。すなわち、この2センターで相互にバックアップをとって、データを蓄積するかたちとなっていた（欧州センターのデータを米国センターでバックアップし、米国センターのデータを欧州センターでバックアップするかたち）。

しかし、米国の当局が、テロ対策のために米国センターにある世界中のSwiftデータを秘密裏に利用していたという事態が発覚し、欧州サイドからデータ・プライバシーに対する懸念が高まった（詳細は第15章を参照）。このためSwiftでは、2014年にスイスに第3センターを設け、欧州センターと米国センターの両方のバックアップをスイスセンターで行う体制に変更した（図4-2参照）。これにより、欧州センターのデータは、スイスセンターでバックアップされるようになり、欧州域内のメッセージ（たとえばドイツから英国への送金データ）は欧州域外には出ないようになった。

各国のSwiftユーザーは、国単位で欧州センターまたは米国センターのどちらかに接続することになっている。日本については、時差の関係などから、欧州センターに接続している。

図4-2 Swiftのデータセンターの構成

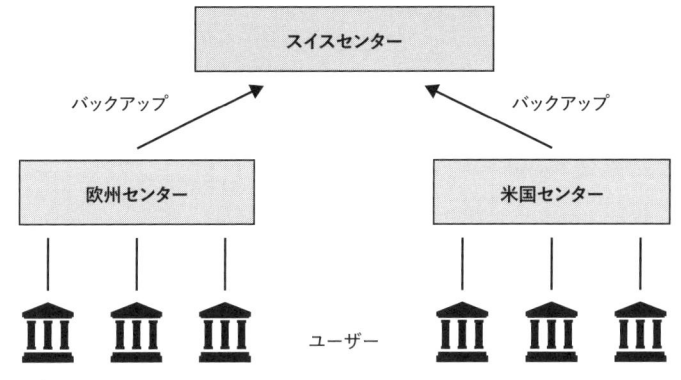

（出所）筆者作成

2 ｜ Swiftへの接続方法

　Swiftのネットワークへの接続モデルとしては、大きく分けて、ユーザーが自行のシステムからSwiftNetにアクセスする「オンプレ接続」と、第三者を経由してアクセスする「シェアド接続」、Swiftのクラウドを利用した「Swiftクラウド接続」の3通りがある。また最近では、新たな接続方法として、「パブリック・クラウド」を通じたSwiftへの接続が可能となっている。

　これらの接続方法の違いは、Swiftへの接続用機器をどこに置くか（自行のシステム、第三者のシステム、クラウド上など）によって生じている。

（1）オンプレ接続

　「オンプレ接続」（on-premise connectivity）は、自行のシステムから直接SwiftNetに接続する形態であり、Swiftへの接続用機器を自行のセンター内に置くかたちをとる。第三者を介さないため、「直接接続」（direct connectivity）とも呼ばれる。中規模から大規模のユーザーを中心に、多くの先がこの方法に

よって、SwiftNet への接続を行っている。

（2）シェアド接続

　一方、「シェアド接続」（shared connectivity）は、国際業務の規模が比較的小さいユーザーがSwift に接続する方法であり、主として「サービスビューロー」を通じてSwiftNet にアクセスしている（図4−3参照）。「間接接続」（indirect connectivity）と呼ばれる場合もある。

　「サービスビューロー」（Service Bureau）は、SwiftNet への接続に関する業務をSwift ユーザー（銀行など）から受託する企業である。すなわち、サービスビューローは、SwiftNet への接続をユーザー（銀行など）に代わって行う。このため、Swift 接続用の通信機器は、サービスビューロー側に置かれることになる。

　サービスビューローは、Swift ユーザーである必要はなく、通常は、IT系や通信系の企業が、こうしたサービスを提供している[4]。サービスビューローの

図4-3 Swiftへのオンプレ接続とシェアド接続

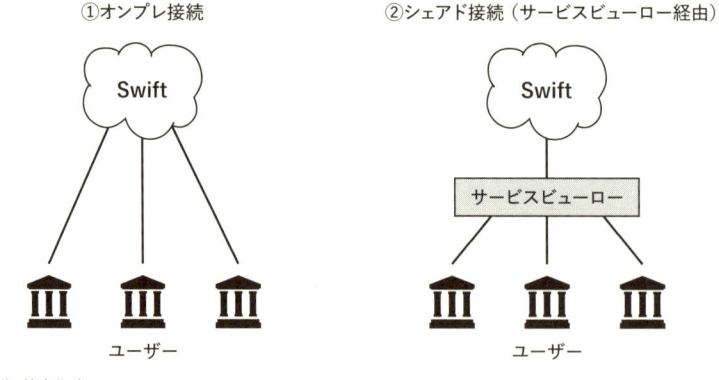

（出所）筆者作成

4）　わが国では、これまでJSOL社と三菱総研DCS社の2社が、サービスビューローとしてSwiftへの接続サービスを提供していた。ただし、後者については、ISO 20022への移行を機に、2025年にサービスビューロー業務から撤退する予定である。

受託業務は、主としてSwiftへの接続にかかる技術的なオペレーションである。中小規模の金融機関では、システムや人員面の制約から、サービスビューローを通じてSwiftへのアクセスを行っていることが多い。

　なお、サービスビューローが満たすべき条件については、「共用インフラプログラム」（SIP：Shared Infrastructure Programme）という基準が策定されており、サービスビューローの適格要件、役割および責任、財務上や運用上の必要条件、などが定められている。

（3）Swiftクラウドによる接続

　「Swiftクラウド接続」は、Swiftが運営するクラウドを通じて、Swiftに接続する方法である。これは、メッセージング・インターフェースをSwift側でホストするモデルであり、①アライアンス・ライト2、②アライアンス・クラウド、などがある（詳細は後述）。

（4）パブリック・クラウドによる接続

　Swiftでは2022年から、3つの「パブリック・クラウド」（Microsoft Azure、Amazon Web Services、Google Cloud）を通じてSwiftのネットワークに接続ができるようになっている（図4-4参照）。

　従来、ユーザーがSwiftNetにオンプレ接続する場合には、Swiftへの接続用機器を自行のサイト内に設置することが必要であったが、クラウドを採用すれば、それをパブリック・クラウド上に置くことができるようになる。このため、Swiftへの接続用機器を自行のセンターで保有したり、管理したりする必要がなくなるというメリットがある。

　また、クラウド側でまとめて各種の管理を行うため、毎年、各行で行っていた「スタンダーズ・リリース[5]」（Standards Release）への対応などの手間が削減され、トータル・コストを減らすことができるものとされている。さらに、各クラウドにおけるシステム管理は、Swiftが求める高い安全基準に準拠したものとなるため、これまで各行が個別に行っていたセキュリティ管理（顧客安全

図4-4 パブリック・クラウドによるSwiftへの接続

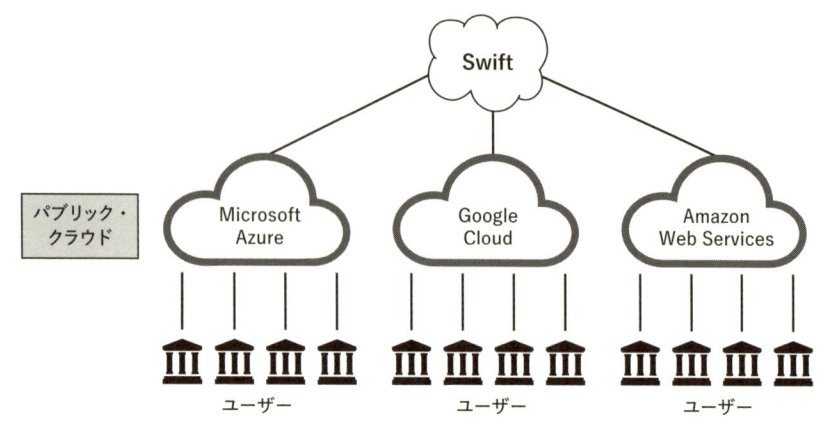

（出所）筆者作成

プログラム[6]（CSP）への対応など）に関する手間やリソースを削減することができるものとされている。

　Swiftでは、これまでも「アライアンス・ライト2」（後述）など、小口ユーザー向けにクラウドを使ったサービスを提供していたが、パブリック・クラウドによる接続は、すべての規模のユーザーを対象とした接続方法であるため、より多くのユーザーに影響が及ぶ可能性があるものとみられている。

3 ｜ Swiftへのメッセージング・インターフェース

　Swiftのネットワークへの接続を考える場合には、①メッセージ・レイヤーで

---

5)　毎年、定期的に行われるSwiftのメッセージ標準（MTやMX）の変更や改訂のこと。通常、毎年11月に実施される。この定期的な改訂により、Swiftのメッセージ標準は最新の業務要件や規制要件に対応できるようになる。各ユーザーは、毎年、最新のメッセージ標準に合わせてシステム対応を行う必要がある。
6)　詳細は、第13章を参照のこと。

ある「メッセージング・インターフェース」、②通信レイヤーでの「通信インターフェース」、③ネットワークにつなぐための「ネットワーク通信機器」などにレベルを分けて考えることが必要である。

このうち、上位レイヤーである「メッセージング・インターフェース」とは、SwiftNetに接続し、金融取引に関するメッセージを処理するためのソフトウェアのことである。Swiftでは、ユーザーのニーズやメッセージ量（大規模、中規模、小規模）などに応じて、いくつかの接続方法（メッセージング・インターフェース）を用意している。各ユーザーでは、自らの業務量やニーズに応じて、これらの中から自行に適した接続方法を選択することができる。

以下では、ユーザーが自行のシステムからSwiftのネットワークへの「オンプレ接続」を行う場合における、主たるメッセージング・インターフェースの種類についてみることとする。

(1) アライアンス・アクセス

「アライアンス・アクセス」（Alliance Access）は、SwiftNetへの接続を行うための代表的なメッセージング・インターフェースである。これまでに2000以上の金融機関が導入しており、20年以上の利用実績を有する。主として中規模〜大規模なユーザー向けであり、これ1つ（single window）で、「FIN」「InterAct」「FileAct」など、Swiftのすべてのメッセージ・サービスを利用することができる（詳細は第5章で後述）。

アライアンス・アクセスは、豊富なメッセージング機能を有しており、メッセージの作成、メッセージ・フォーマットのチェック（MTについて）、メッセージ構文のチェック（MXについて）、メッセージのルート設定、ログ（履歴）の監査、メッセージのモニタリング、などを行うことができる。

(2) アライアンス・エントリー

「アライアンス・エントリー」（Alliance Entry）は、小規模なユーザー向けの軽量ソリューションである。基本的なメッセージングの機能を有しており、

MTとMXの両方に対応している。メッセージの取扱量が増えた場合には、アライアンス・アクセスにアップ・グレードすることができる。

（3）アライアンス・メッセージング・ハブ（AMH）

「アライアンス・メッセージング・ハブ」（AMH：Alliance Messaging Hub）は、トランザクション量の多い大規模ユーザー向けのソリューションである。柔軟性が高くカスタマイズが容易であり、またバックオフィスのシステムとの統合にも優れ、拡張性、柔軟性、処理能力などが高いといった特徴がある。上述したスタンダードなアライアンス・アクセスよりも、さらに高い機能を求める大規模ユーザー向けの高機能なソリューションである。

（4）アライアンス・クラウド

「アライアンス・クラウド」（Alliance Cloud）は、Swiftが運営するクラウドを利用したサービスである。従来のSwiftへの接続モデルでは、①オンプレで接続する場合には、自行のシステムセンターにSwift接続用の機器を設置する、②シェアド接続の場合には、サービスビューローがSwift接続用の機器を保有する、といったかたちになっていた。これに対して、③アライアンス・クラウドでは、Swift接続用のアプリ群をSwift側のアライアンス・クラウドに取り込むかたちとなっている。つまり、Swift側で接続機能をホストすることによって、ユーザー側の負担を軽減したモデルとなっている（図4-5参照）。アライアンス・クラウドは、「ビジネス・コネクト」という新たな接続サービスにおいて用いられる（詳細は後述）。

　なお、前述した「パブリック・クラウド」（Google Cloudなど）と「アライアンス・クラウド」とは、いずれも「クラウドである」という点では共通しているものの、それぞれの果たす役割は異なっている。すなわち、前者がSwiftの「ネットワークに接続することのみ」を目的としているのに対し、アライアンス・クラウドは、「Swiftの関連サービスを提供すること」を目的としており、同じクラウドであっても、目指すところや果たす役割が大きく異なっている。

図4-5 Swiftへの接続モデルの推移

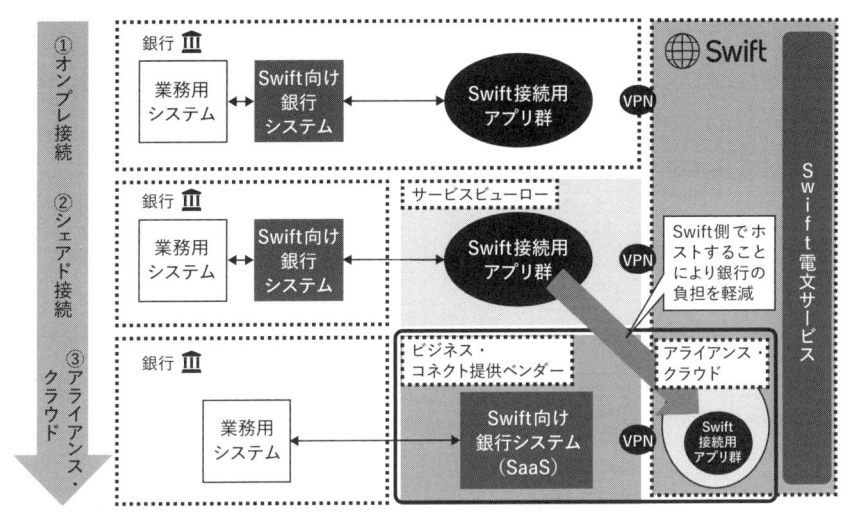

(出所)"Business Connect" Swift

このため、両者は、同じ役割を果たす競合関係にあるソリューションではなく、レイヤーや目的が異なるものとなっており、この2つを混同しないように注意することが必要である。

(5) アライアンス・ライト2

　「アライアンス・ライト2」(Alliance Lite2)は、1日のメッセージ量が1万件以下の小規模なユーザー(中小金融機関、事業法人など)向けのソリューションである。これは、Swiftのデータセンターに置かれたホスト型のサービスであり、ユーザーは、インターネットまたはVPN回線で、このサービスにアクセスすることにより利用する。これを使うと、ユーザーは、原則としてSwift接続用の機器を自行のサイトに置く必要がなくなる。代わりに、Swift側でホストされるアライアンス・ライト2を経由してSwiftNetに接続することができ、低コストで簡単にSwiftを利用することが可能となる。ただし、アライアンス・ライト2は、すでに新規販売を終了している。

図4-6 アライアンス・ライト2の構成

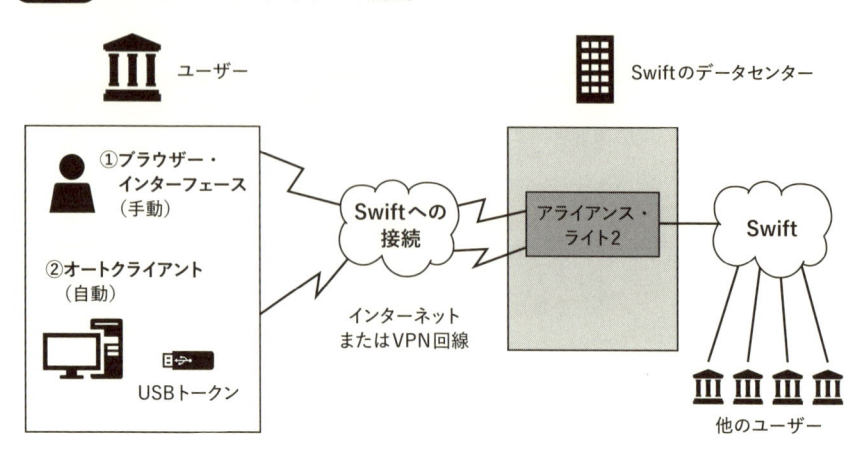

（出所）Swift 資料をもとに筆者作成

　アライアンス・ライト2では、ユーザーは、2通りの使い方を行うことができる。1つは、ユーザーがパソコンのブラウザー・インターフェースを使って、手動でメッセージの受送信を行う方法である。もう1つは、「オートクライアント」（AutoClient）というソフトを使って、自行のバックオフィス・システムとの間を結んで、自動的にメッセージの送受信を行う方法である（図4-6参照）。

　なお、ユーザーとアライアンス・ライト2のサーバー間の通信の安全性は、暗号技術を使った「セキュリティ・トークン」（USBトークン）などにより確保される。

4 ｜ Swiftへの通信インターフェース

　次に、Swiftのネットワークに接続するための通信インターフェースについてみることとする。

（1）SwiftNet リンク（SNL）

Swiftのネットワークに接続するために必ず必要となる通信インターフェース
が「SwiftNet リンク」（SNL：SwiftNet Link）である。SNLには、メッセージ
ング、セキュリティ、サービス管理などの機能が含まれている。SNLは、ベン
ダーのインターフェースと組み合わせて利用することも可能であるし、後述す
る「アライアンス・ゲートウェイ」（SAG：Swift Alliance Gateway）に組み込
まれている場合もある。

（2）アライアンス・ゲートウェイ（SAG）

「アライアンス・ゲートウェイ」（SAG）は、SwiftNetに接続するための通信
用のモジュラー・パッケージであり、主として、中規模〜大規模なユーザー向
けのソリューションとなっている。前述した「SwiftNet リンク」（SNL）の上に
構築されており、ユーザーの行内システムや業務アプリケーションとSwift
サービスの間で、アプリケーション間の通信（application-to-application com-
munication）を可能としている。

アライアンス・ゲートウェイは、自社のデータセンターに専用のハードウェ
アを設置して、Swiftネットワークに接続する方法（オンプレ接続）をとる。こ
のため、高いセキュリティと可用性を提供できるが、一方でコストや運用負荷
が高くなるという面がある。

アライアンス・ゲートウェイでは、FIN、InterAct、FileActなどのSwiftの
メッセージ・サービスを一括して取り扱うことができ、また高いメッセージの
処理件数（1秒間に40件以上）を実現している。

---

5 ｜ ネットワーク通信機器

Swiftのネットワークへの接続を行うためのネットワーク通信機器としては、

物理的な接続を行う「アライアンスコネクト」と仮想ベースの「アライアンスコネクト・バーチャル」がある。

（1）アライアンスコネクト

　Swiftのネットワークに接続するために必要なSwift接続用のコンポーネントが、「アライアンスコネクト」（Alliance Connect）である。この接続機器では、「VPNボックス」（Virtual Private Network Box）を用いることにより、暗号技術などを使って、公衆網を専用線のようなプライベート・ネットワークとして使い、安全性の高い通信を可能としている。

　アライアンスコネクトには、VPNボックスの数やネットワークの使い方によって、「ブロンズ」「シルバー／シルバープラス」「ゴールド」という3つの通信モデルが設けられている。各ユーザーは、メッセージ量や安全性などの観点から、これらの中から適切なものを選ぶことができる。

■アライアンスコネクト・ブロンズ

　「ブロンズ」は、1日のメッセージ量が1000件以下の小規模ユーザー向けに低コストでの通信を可能にするオプションであり、1つまたは2つのVPNボックスを用いる。

　VPNボックスが1つの場合には、1つのインターネット・プロバイダーを用いて通信を行う（図4-7の①）。さらに頑強性を高めたい場合には、2つのVPNボックスと2つのインターネット・プロバイダーを使う（図4-7の②）。この場合、2つのうちの1つが「主たる接続」（primary connection）となり、通常時においては、この主たる接続によって通信が行われる。そして、もし主たる接続が不具合となった場合には、「バックアップ接続」（back-up connection）による通信に切り替えられる。

■アライアンスコネクト・シルバー／シルバープラス

　「シルバー／シルバープラス」は、1日のメッセージ量が1000件から4万件程度の中規模ユーザー向けの接続モデルであり、この場合にも、やはり1つまた

図4-7 アライアンスコネクト・ブロンズによる接続

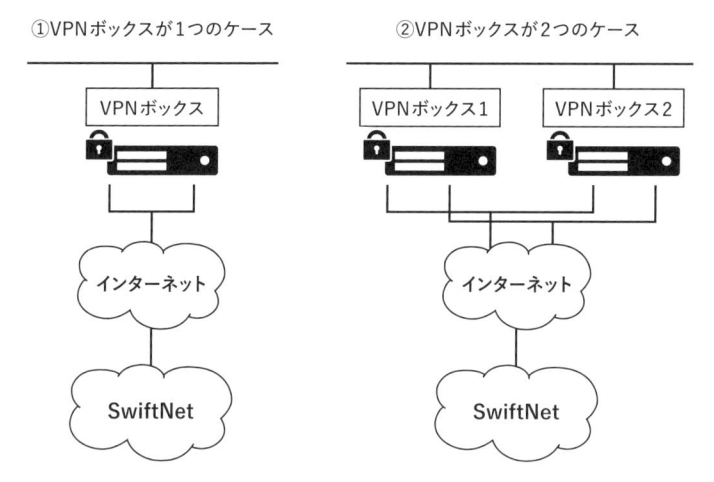

（出所）Swift 資料をもとに筆者作成

は2つのVPNボックスが用いられる。

　VPNボックスが1つの場合には、通信回線には、ネットワーク・パートナー[7]（4社）のうち、いずれかが提供する専用回線を用いる。

　VPNボックスが2つの場合には、シルバーでは、ネットワーク・パートナーによる専用回線を主たる接続とし、インターネット回線がバックアップ接続となる（図4-8の①）。一方、シルバープラスの場合には、この逆に、インターネット回線を主たる接続とし、ネットワーク・パートナーによる専用回線をバックアップ接続とするという使い方になる（図4-8の②）。

■アライアンスコネクト・ゴールド

　「ゴールド」は、1日のメッセージ量が4万件以上の大規模ユーザー向けの接続方法であり、ネットワーク・パートナーによる2〜4本の専用回線をそれぞれ同じ位置付けで用いる（図4-9参照）。ゴールドは、アライアンスコネクトの

---

7)　前述のように、①AT&T、②Colt、③BT Global Services、④Orange Business Services の4社である。

図4-8 アライアンスコネクト・シルバー／シルバープラスによる接続

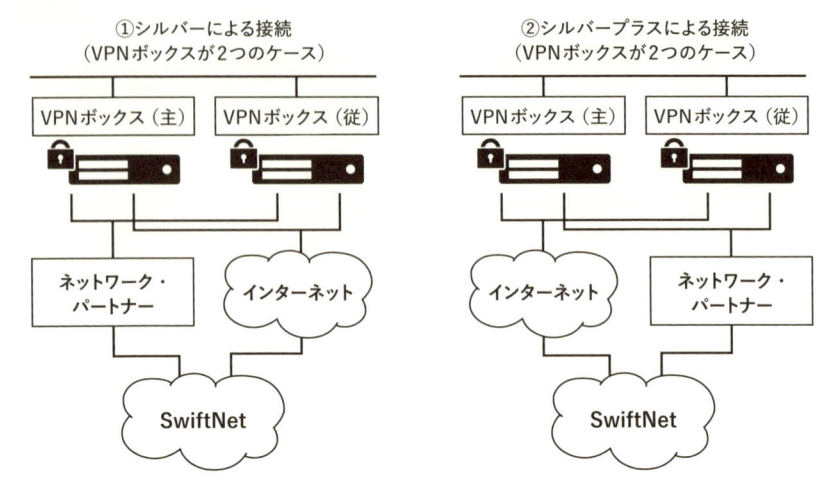

図4-9 アライアンスコネクト・ゴールドによる接続

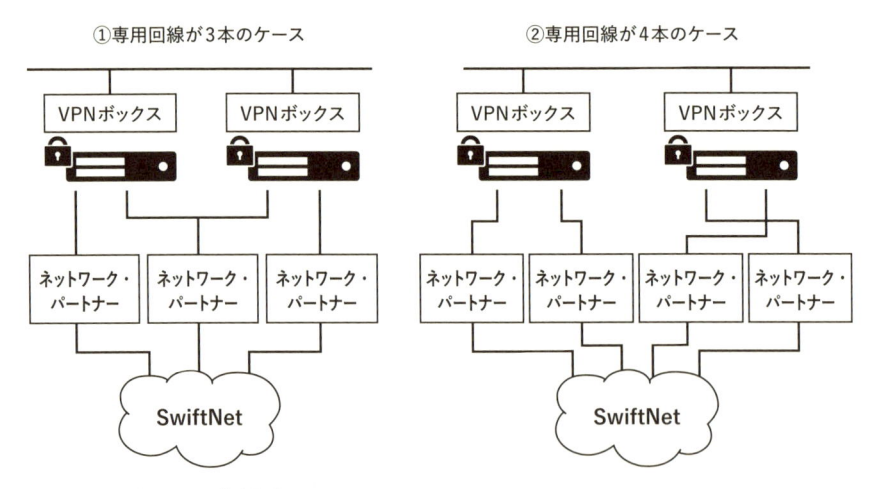

中で、最も安全性とサービス・レベルが高い接続方法である。また大きな回線容量を確保できるため、トラフィックの処理能力も高い。専用回線は、1社または2社以上のネットワーク・パートナーによって提供される。

(2) アライアンスコネクト・バーチャル

「アライアンスコネクト・バーチャル」（Alliance Connect Virtual）は、前述したパブリック・クラウドによるSwiftNet接続を可能とするソリューションである。アライアンスコネクトが物理的な接続を行うのに対して、アライアンスコネクト・バーチャルでは「仮想化されたVPNボックス」を用いる。この仮想化されたVPNボックスは、Swiftが認定した3つのパブリック・クラウド（Microsoft Azure、Amazon Web Services、Google Cloud）の仮想環境において構築することができ、それによって、これらのパブリック・クラウドを通じたSwiftNetへの接続が可能となる。

パブリック・クラウドを通じてSwiftのネットワークに接続することにより、ユーザーが自分のデータセンターでハードウェア（接続用の機器）を保有したり、管理したりする必要がなくなるというメリットがある。

アライアンスコネクト・バーチャルについても、物理的な接続（アライアンスコネクト）と同様に、メッセージ量などに応じて、ブロンズ、シルバー、ゴールドの3つの接続モデルが用意されている。

6 │ SwiftによるAPI接続の推進

ここまで述べてきたのが、Swiftネットワークへの基本的な接続方法であるが、最近になってSwiftでは、Swift関連サービスへの新たな接続方法として、「API接続」（API connection）を推進している。

（1）APIによる接続

■APIによる接続の概要

APIとは、「Application Programming Interface」の略であり、アプリケーションやソフトウェアが外部とやり取りをするための仕組みのことを指す。従来、Swiftの関連サービスへの接続は、必ずSwiftへの接続機器を介して行われていたが、API接続を行うと、フロント、ミドル、バックなどのシステム（業務アプリケーション）から、直接Swiftのサービスを利用できるようになる点が大きな違いとなる。

Swiftでは、Swiftのサービスにつなぐための「Swift API」を用意している。Swift APIによる接続は、サービスごとに開発が進められて順次提供されており、国際送金の分野では、すでに、①プリ・バリデーション、②GPI/g4c、③ケース・マネジメント、④トランザクション・スクリーニング、などがAPIチャンネル（API channel）を通じて提供されている（表4-1参照、各サービスについては後述）。Swiftでは、今後もAPIを通じたサービス提供を増やしていく方針である。

表4-1 APIサービスの機能

API	プリ・バリデーション	GPI/g4c	ケース・マネジメント	トランザクション・スクリーニング（TSS）
サービス機能	• BIC/IBAN の検証 • 口座番号の検証 • 送金目的コードの検証	• 送金のトラッキング • インバウンド・トラッキング（g4c） • GPI を使って、送金の途中であっても、送金の中止や取消しをするサービス（ストップ＆リコール）	• 送金メッセージの欠落などを、直接、送金銀行に問い合わせるサービス（gCase）	• スクリーニング・リクエストの依頼 • スクリーニング・ステータスの通知

（出所）Swift 資料をもとに筆者作成

■API接続のメリット

Swift APIによる接続のメリットとしては、以下のような点を挙げることができる。

第1に、オンプレ接続であっても、シェアド接続であっても、これまではSwiftに接続するために必要とされていたSwift接続用の機器をなくすことができることである。これにより、つなげばすぐに使えるという「プラグ・アンド・プレイ」（Plug and Play）や接続用の機器をなくすという「ゼロフットプリント」（Zero Footprint）を実現することができる（図4-10参照）。

第2に、ユーザーの勘定系システムへの影響を最小限に抑えられることである。フロントやミドルのシステム構造を最適化することにより、各行の勘定系システムへの影響を最小限に抑えて、ISO 20022への対応、毎年のスタンダーズ・リリースへの対応などを進めることができる。

第3に、Swift APIによる接続によって、フロントやミドルのシステムをSwiftのサービスに直接連動させることにより、Swiftの新しいサービス（Swift

図4-10 Swift APIとフロント・ミドルとの関係

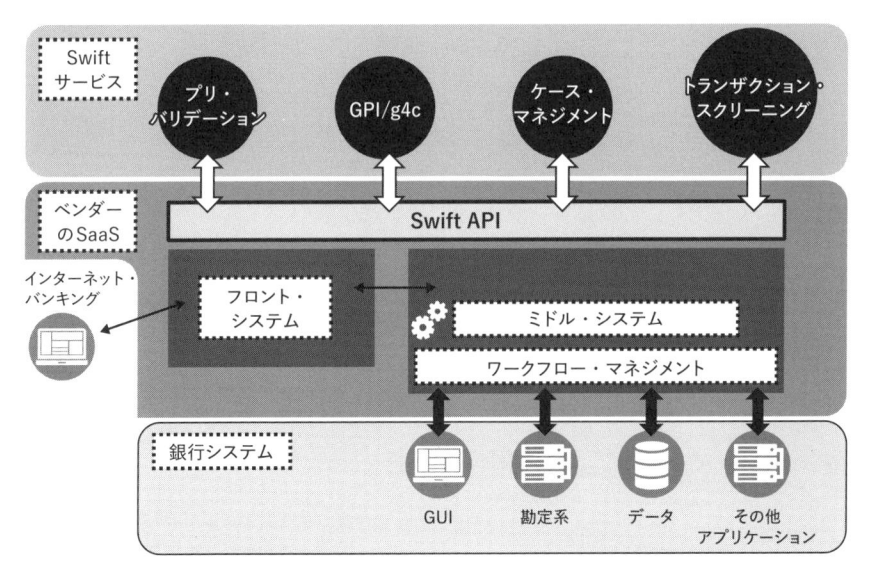

（出所）Swift資料をもとに筆者作成

GPI、Swift Go、トランザクション・スクリーニング、ケース・マネジメントなど）に対するシステム対応を迅速に行うことができるようになることである。

　いずれにしても、システム的な影響を一元化することができ、対応の煩雑性やコストを削減することができるものとされている。

■Swift APIの実装方法

　Swift APIの実装方法としては、①SDK（Swift Software Development Kit）という開発ツールと、②マイクロゲートウェイ（Microgateway）というソフトウェアが準備されている。このほか、Swiftが提供するこれらのツールには依存せず、各種業務システムへの実装を可能にする「ゼロフットプリント」（Zero Footprint）という選択肢も用意されている（表4-2参照）。

（2）ビジネス・コネクト

　APIによる接続の1つとして、Swiftでは、「ビジネス・コネクト」（Business Connect）という新しい形態の接続サービスを2023年からスタートしている。

■ビジネス・コネクトの特徴

　このサービスは、①「アライアンス・クラウド」というSwiftが運営するクラウドを利用すること、②ビジネス・ソリューションからアライアンス・クラウドに直接接続を行うことができること、という2点が特徴となっている（この2

表4-2 Swift APIの実装方法

実装方法	概要
① SDK（Swift Software Development Kit）	金融機関サイドで、アプリケーションにAPIへの接続機能を盛り込むための開発ツール
②マイクロゲートウェイ（Microgateway）	多くのアプリケーションにAPIをつなぐためのソフトウェア
③ゼロフットプリント（Zero Footprint）	Swiftが提供するツールに依存せず、各種の業務システムへの実装を可能にする手法

（出所）Swift資料をもとに筆者作成

つの条件が満たされた場合にのみ、ビジネス・コネクトと呼ばれる）。この2つの特徴の内容は、以下の通りである。

①アライアンス・クラウドの利用

1つ目の特徴は、「アライアンス・クラウド」（Alliance Cloud）というSwiftが運営するクラウドを利用したサービスであることである。これは、前述のように、Swift側で接続機能をホストすることにより、ユーザー側の負担を軽減したモデルとなっている。

②ビジネス・ソリューションからの直接接続

ビジネス・コネクトのもう1つの特徴は、パートナーのビジネス・ソリューション（業務用システム）から、アライアンス・クラウドへの直接接続を可能にしているという点である（図4-11参照）。これにより、パートナーでは、Swiftの各種サービスを自社製品に組み込んで、統合したソリューションとして顧客に提供することができる。

一方、Swiftのユーザー（銀行側）からみると、パートナーが、Swiftへの接続機能や各種サービスを組み込んだソリューションを一括して提供してくれる

図4-11 ビジネス・ソリューションとアライアンス・クラウドとの接続

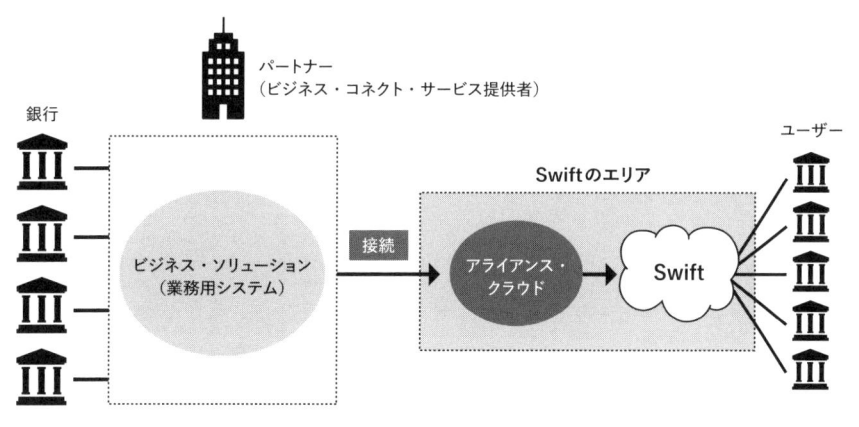

（出所）"Business Connect" Swift

かたちとなる。このため、ユーザー（銀行など）では、こうしたパートナーの業務用システムを導入すれば、業務処理からSwiftのサービス利用までを一体のものとみなすことができ、Swiftへのアクセスなどを別扱いで考慮する必要がなくなるという利点がある。

■コンプリメンターとの協業体制

Swiftでは、ビジネス・コネクト用のビジネス・ソリューションを提供するパートナーのことを「コンプリメンター」（協業企業、Complementor）と呼んでいる。そして、一定の基準で協業企業を認定する「コンプリメンター認定」の制度を導入している。コンプリメンターとしては、「付加価値サービス・イネーブラー」（Value-added Services Enabler）や「ビジネス・コネクト・イネーブラー」（Business Connect Enabler）、などの種類がある。

Swiftでは、「プラットフォーム・パートナーシップ・プログラム」というプログラムを導入しており、コンプリメンターを活用して、Swiftのサービスと一体化したかたちでのビジネス・ソリューションの提供を推進している。

---

7 ｜ Swiftパートナー

（1）Swiftパートナーとは

Swiftでは、ユーザー（銀行など）がSwiftへの接続やサービス導入を円滑に進められるようにサポートするため、多くのベンダーやアプリケーション・プロバイダーなどと協力関係を築いている。

これらのサービス・プロバイダーは、Swiftの「パートナー」（partner）と呼ばれ、いずれもSwiftの認定を受けて活動を行っている。こうしたパートナーの管理を一元的に行うために、Swiftでは「Swiftパートナー・プログラム」を運営している。このプログラムに基づいて登録を受けた業者のことを「登録プロバイダー」（registered provider）という。

Swiftパートナーとしては、Swift向けのサービスや製品を提供する「サービス・パートナー」や、Swiftのサイバーセキュリティ基準を評価する「評価パートナー」などがある。

（2）Swiftパートナー・プログラム

Swiftパートナー・プログラムでは、パートナーを、「ベーシック」「スタンダード」「プレミアム」という3つのクラス（等級）に分けている。

■ベーシック

「ベーシック」（Basic tier）は、Swiftのユーザーに対して、製品やサービスを提供するサービス・プロバイダーであり、十分な安全性や信頼性を有するものを指す。

■スタンダード

「スタンダード」（Standard tier）は、ベーシックの基準を満たしたうえで、さらにSwiftNetへの接続などに関して、独立した事業分野やビジネスモデルを有していることが必要とされ、またSwift関連のビジネスが一定規模を有していることが条件とされている。

■プレミアム

「プレミアム」（Premium tier）は、スタンダードの基準を満たしたうえで、さらに、①良好な財務状況を維持し、適格なスタッフを有していること、②Swiftの主たるサービスを網羅していること、③Swift関連業務に十分なリソースを充てていること、④かなりの数のSwiftユーザーを顧客としていること、などが条件とされる。

（3）Swiftパートナーとしてのメリット

登録プロバイダーになると、「パートナー識別コード」（PIC：Partner Identi-

fier Code）が付与され、「ナレッジセンター」（Swift Knowledge Centre）など
における各種のドキュメント（Swiftユーザー・ハンドブックなど）や情報への
アクセスが可能となる。

　また、登録プロバイダーが、Swiftのテストに合格したり、認証を受けたりす
ると、そのアプリケーションや製品について、「Swift準拠」（Swift Compatible）
または「Swift認定」（Swift Certified）といったラベルを使うことができるよう
になる。これにより、Swiftユーザーが安心してそうした製品を導入しやすくな
るといったメリットがある。

第5章

Swiftの
メッセージング・サービス

　ここまで述べてきたように、Swiftは、もともと銀行間のメッセージ通信を行うために設立された組織である。このため「メッセージング・サービス」（messaging service）は、Swiftの最も基本的なサービスであり、いわば「本業」（コア・サービス）である。

　Swiftでは、メッセージング・サービスとして、①FINサービス、②InterActサービス、③FileActサービス、④WebAccessサービスの4種類を提供している。

　本章では、これらのメッセージング・サービスの共通する特徴についてみたうえで、それぞれのサービスの内容について述べる。

1 ｜ Swiftメッセージング・サービスの特徴

　Swiftの4つのメッセージング・サービスに共通する特徴としては、以下のような点がある。

(1) シングル・ウィンドウによるサービス提供

　Swiftでは、「単一窓口」（single window）によるサービス提供の仕組みを取っ

ているため、Swift接続用のインターフェースを導入してSwiftNetに接続すれば、基本的にこれらすべてのメッセージング・サービスを利用することができる。こうした仕組みにより、Swiftユーザーでは、利用するメッセージング・サービスごとに、複数の接続やインターフェースを用意する必要がなく、接続のコストや手間を節減することができる。

(2) STP化の実現

Swiftでは、標準化されたメッセージ・フォーマットやインターフェースを使うことにより、システム間を自動的に連動させ、人手を介さずに一連の作業をシームレスに行うことを可能にしており、「業務のSTP化」（Straight Through Processing）を実現している。

(3) 高い安全性と信頼性

Swiftのメッセージング・サービスは、以下のような工夫により、高い安全性と信頼性を確保している。

■ 安全なIPネットワークの利用

まず、Swiftのメッセージング・サービスは、安全性の高いインターネット・プロトコル・ベースのネットワーク（SIPN：Secure IP Network）によって提供されている。SIPNは、VPN（Virtual Private Network）として構築されており、プライベートなネットワークとして、専用回線と同様な安全性と頑強性を有している。

■ 暗号技術の利用による情報セキュリティの確保

またSwiftでは、「暗号技術」を使うことにより、高い機密性や安全性などの「情報セキュリティ」（information security）を確保している。

具体的には、①データの機密性を守るためのメッセージの「暗号化」（encryption）、②利用者の本人性を確認するための「認証」（authentication）、③

データが途中で改ざんされていないことを確認する「一貫性制御」（integrity control）、④メッセージの発出や受取りを後から否定できないようにする「否認防止」（non-repudiation）、などの機能を実現している。

■運用上のセキュリティの確保

Swiftでは、ネットワーク障害の発生を避けるため、機器、通信回線、電源などをすべて二重化（冗長化）することにより、「単一障害点[1]」（single point of failure）をなくすように努めている。これにより、障害に強いシステムとして、「運用上のセキュリティ」（operations security）を確保している。

Swiftでは、予てから「失敗という選択肢はない[2]」（FNAO：Failure is not an option）というスローガンを打ち出している。ここでいう「失敗」とは、Swiftのシステムやネットワークが大規模にダウンするような事態が発生することを指す。Swiftのネットワークは、世界中の金融機関を結んで、国際的な金融取引において極めて重要な役割を果たしている。このため、万が一、Swiftのネットワークがダウンするといった事態に陥れば、世界中で送金や決済がストップし、金融が大混乱に陥ってしまう可能性がある。したがって「絶対にダウンさせない」という強い決意を示すために、こうしたスローガンを打ち出しているものであり、Swiftでは、この精神に基づいて、日頃からセキュリティの向上や業務継続計画の強化を図っている。

2 ｜ FINサービス

「FINサービス」は、Swiftの最も中核となるサービス（core messaging ser-

---

vice）であり、ユーザー間で金融関連のメッセージを安全かつ効率的に受送信することを可能としている。FINサービスでは、「MT」（Message Type）と呼ばれるメッセージ標準が業務分野ごとに定められており、ユーザーは、MTの各フィールド（記入欄）に通信内容（金融機関名、受取人名、通貨種類、金額など）を入力して送信を行う（詳細は第6章参照）。Swiftのネットワークを通じて、1日に平均4760万件ものFINメッセージがやりとりされている（2023年）。

（1）ストア＆フォワード方式

FINサービスでは、「ストア＆フォワード」（store-and-forward mode）という通信方式がとられている。この方式では、送信側ユーザー（sender）が送ったメッセージは、Swiftのデータセンターにいったん蓄積されたうえで、受信側ユーザー（receiver）に送られる。

この方式では、送信側ユーザーがメッセージを送った時点で、受信側ユーザーがSwiftのネットワークに接続していることは必要とされないため、安定したメッセージの送受信が確保される。メッセージは、いったんSwiftシステム内の蓄積機能（待ち行列）に置かれたうえで、受信側ユーザーが受信可能な

図5-1 ストア＆フォワード方式

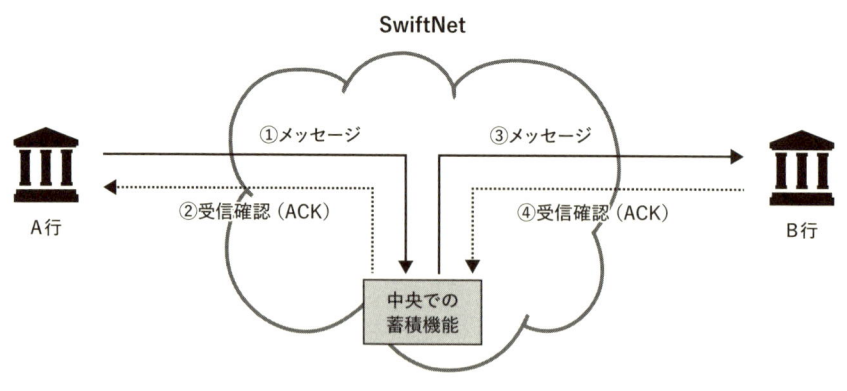

（出所）"Swift messaging services" Swift をもとに筆者作成

状況（Swiftのネットワークに接続した状態）になった時点で、配信される。

メッセージが受信されたことは、「受信確認」（ACK[3] という）によって、当事者間で確認される[4]（図5-1参照）。

(2) FINサービスの特徴

FINサービスは、以下のような特徴を備えている。

■PKIに基づく安全性

FINサービスにおいては、「公開鍵暗号基盤[5]」（PKI：Public Key Infrastructure）という技術を使って、「認証」（authentication）や「データの完全性」（integrity）などを実現している。これらの機能により、「なりすまし」（通信相手を擬装すること）や改ざん（メッセージの内容に変更を加えること）などを防止しており、安全なメッセージ通信を可能としている。

■クローズド・ユーザー・グループによるコントロール機能

FINサービスにおいては、「クローズド・ユーザー・グループ」（CUG）のルールに基づいて、特定のグループに属するユーザーのみがメッセージを受送信できるようにコントロールすることが可能である。

CUGの典型的な利用例としては、まず、市場インフラ（資金決済システムなど）が、そのインフラの参加者のグループを作って、参加者間で決済指図などの通信を行う場合がある。こうしたケースを「MI-CUG[6]」（市場インフラ・クローズド・ユーザー・グループ）という。また、あるメンバー（Swiftユーザー）が管理するグループを作って、特定の範囲のメンバー（顧客企業など）に自行のサービスを提供するといった場合にも用いられる。こうしたケースを「MA-

---

3) ACKは、acknowledgementの略であり、「アック」と発音する。
4) メッセージが正しく受取れなかった（異常があった）場合には、「否定応答」（NAK〈ナック〉：negative acknowledgement）が送られる。
5) 「公開鍵」と「秘密鍵」のキー・ペアからなる「公開鍵暗号方式」という技術を利用し、安全に情報のやりとりを行うインフラ（基盤）のこと。
6) Market Infrastructure Closed User Groupの略。

CUG[7]」（メンバー管理クローズド・ユーザー・グループ）という。

　CUGにおけるアクセスが可能なユーザーの範囲やサービスの内容については、「サービス管理者」（service administrator：市場インフラの運営者など）が定めることができる。

■ フォーマットのチェック機能

　FINサービスでは、メッセージが「MT」（Message Type）と呼ばれるSwiftのメッセージ標準に準拠してフォーマットされているかどうかについて、中央のSwiftシステムにおいて「メッセージの検証」（central message validation）が行われる。これにより、標準フォーマットに準拠していないメッセージが配信されることを防いでいる。

■ 否認防止機能

　FINサービスは、セキュリティの一環として、「否認防止」（non-repudiation）の機能を有しており、送信側ユーザー（あるいは受信側ユーザー）が事後になって、その送信の事実（または受信の事実）を否認することができない仕組みとなっている。

■ RMAを使ったコルレス関係の管理

　FINサービスでは、「RMA」（Relationship Management Application：関係管理アプリ）という機能を使うことにより、他の金融機関とのコルレス関係をコントロールすることができる。すなわちSwiftユーザーは、RMAを使って、どの相手行が自行にFINメッセージを送ることができるかを規定することができる。RMAでは、A行がリクエストを送り、B行がこれを承認することによって、両行間の関係性を確立することができ、必要に応じて通信相手を追加（または削除）することができる。

　こうした関係性がない場合には、RMA機能により、メッセージは送信側ユーザーのレベルでブロックされることになる。これにより、受信側ユーザー

---

7)　Member-Administered Closed User Group の略。

では、不要な（迷惑）メッセージ（unwanted message）を受取ってしまい、その対処に余計な手間がとられるといった事態を防止することができる。また、通信相手を適切に制限することにより、不正送金などのリスクを減らすことができる（詳細は第14章を参照）。

(3) FINサービスのオプション機能

FINサービスでは、ユーザーの選択により、以下のような機能をオプションとして付加することができる[8]。

■ メッセージの優先度付け

送信側ユーザーは、メッセージに「至急」（urgent）のフラグを立てる（設定を行う）ことができる。これにより、特定のメッセージについて緊急性が高いことを示し、中継銀行や受取銀行に迅速な処理を促すことができる。

■ 配信通知

送信側ユーザーでは、FINメッセージが受信側ユーザーに到着したという通知を受取ることができる。これを「配信通知」（delivery notification）という。

■ 配信不能警告

送信側ユーザーは、一定の時間が経過してもFINメッセージが相手に届いていない場合には、警告を受取ることができる。これを「配信不能警告」（non-delivery warning）という。

■ オンライン・メッセージ検索機能

ユーザーは、受送信を行ったメッセージのうち、過去124日までの分をSwiftのセンターに保存しておき、オンラインで必要なメッセージを検索することが

---

8) オプション機能を利用するためには、FINサービスのメッセージ料金のほかに、追加料金が必要となる（以下のサービスについても同じ）。

できる。これを「オンライン・メッセージ検索機能」（Online Retrieval）という。

■一斉通知機能

ユーザーは、「他のすべてのFINユーザー」あるいは「特定のユーザー・グループ」に対して、「一斉通知」（user broadcast）を送信することができる。この機能は、銀行同士の合併や支店の統廃合（それに伴う銀行コードや支店コードの変更）などを通知するために用いられる。

（4）FINの付加価値サービス

FINの仕組みを応用した付加価値サービスとして、「FINコピー」と「FINインフォーム」という2つのサービスがある。

■FINコピー

「FINコピー」（FIN Copy）は、FINメッセージの一部または全部をコピーして、中央機関に送るサービスである。この中央機関（コピー先）は、「サービス・アドミニストレーター」（service administrator）と呼ばれ、資金決済システムにおける運営者（中央銀行）などがこれにあたる。

FINコピー・サービスには、「Yコピー」と「Tコピー」の2種類がある。両者のメッセージ・フローが、それぞれYの字、Tの字のかたちとなることから、このように呼ばれている（図5-2参照）。

①Yコピー

「Yコピー」（Y-Copy）では、メッセージがSwiftに送られると、Yコピーがそのメッセージを保管したうえで、メッセージのコピー（通常は一部の情報のみ）が中央機関（中央銀行など）に送られる。そして、中央機関がそれに対して承認を与えると、Yコピーに保管されていたオリジナルのメッセージが受信側ユーザーにリリースされる（送られる）という仕組みである（図5-2の①）。

この仕組みが中央銀行の運営する資金決済システムで使われた場合には、中央銀行では、送金銀行A行の口座にその送金の支払いのために十分な残高があ

図5-2 ＹコピーとＴコピーのメッセージ・フロー

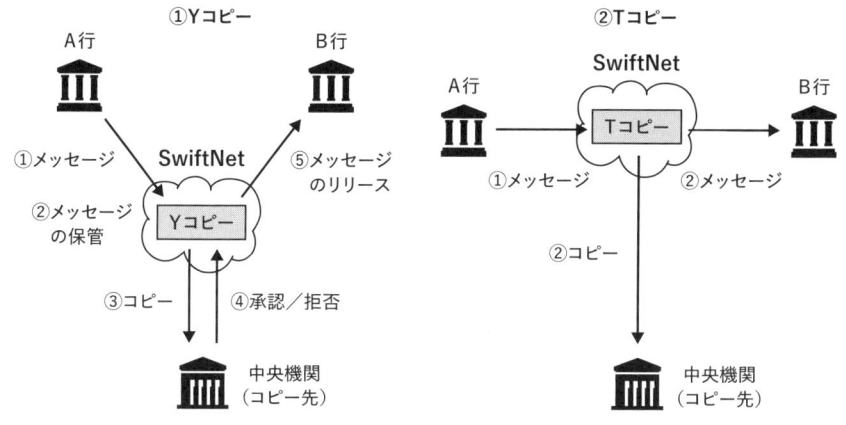

（出所）"Swift messaging services" Swift をもとに筆者作成

ることを確認したうえで、「承認」（authorization）を行う。そして、送金銀行であるＡ行の口座から送金額を引落して、受取銀行であるＢ行の口座に同額を入金するかたちで、銀行間の資金決済（資金の受払い）を行う。もし、Ａ行口座の残高が送金の支払いに十分ではない場合には、中央機関は「拒否」（refusal）を行い、この場合には、この送金の決済は行われない。

　Ｙコピーが中央銀行から承認を受け取ると、留保されていた送金メッセージがＢ行にリリースされる。これにより、Ｂ行では送金の詳細データ（送金金額、受取人の名前、口座番号など）を受取り、受取人の口座への入金処理を行うことができる。

　Ｙコピーは、主として、資金決済システムや証券決済システムにおいて利用されており、世界で60以上の市場インフラがＹコピーを利用して決済を行っている（詳細は第９章を参照）。

②Ｔコピー

　「Ｔコピー」（T-Copy）では、メッセージのコピー（通常は全部の情報）が中央機関（コピー先）に送られるが、その「承認」を必要とせずに、オリジナルのメッセージが直ちに受信側ユーザーに送られるという仕組みである（図5-2

の②）。Ｔコピーは、主として、リスク管理、口座残高管理、担保管理などに関するモニタリングやレポーティングの目的で用いられる。

③コピー対象メッセージの絞り込み

Ｙコピー、Ｔコピーともに、通貨コードや口座番号などによってフィルタリングをかけ、コピーの対象とするメッセージの範囲を絞り込むことができる。

またＹコピーでは、メッセージの中の一部のフィールド（たとえば銀行間の決済に必要な情報）だけをコピーするように指定することができる。メッセージの中の一部のフィールドだけをコピーすること（partial copy）により、コピー対象となるデータを最小限に抑えることができるとともに、中央銀行では送金関係者（送金人や受取人）の情報を知ることなく、銀行間の資金決済を行うことができるといったメリットがある。

■FINインフォーム

「FINインフォーム」（FININform）も、やはりFINの付加価値サービスであり、ユーザーの受送信したメッセージを、事前に設定した条件に基づいてコピーして、金融機関の他部門（本社、バックアップ・サイトなど）や第三者（アウトソース先、監督当局など）に送信するサービスである（図5-3参照）。

図5-3 FINインフォームの概念図（Ｔコピー・モードのケース）

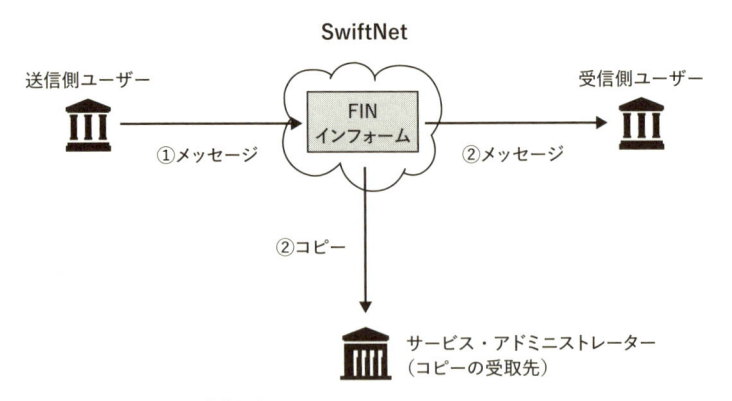

（出所）"FININform" Swift をもとに筆者作成

コピーの対象とするメッセージ・タイプ（MT）は、予め1つまたは複数を指定しておくことができる。また、コピーの対象範囲は、メッセージ全体（full copy）とすることも、メッセージの一部（partial copy）とすることもできる。また、コピーの送り先（copy destination）についても、1つまたは複数の先を指定して送ることができる。

①FINインフォームの利用方法

FINインフォームの利用事例としては、（a）本社での集中処理やモニタリングのために子会社や支店の受送信メッセージのコピーを本社に送って集約するケース、（b）アウトソーシングのために外部委託先にメッセージのコピーを送るケース、（c）コピーの送付によって監督当局への報告を行うケース、などがある。FINインフォームを利用すれば、社内で独自にコピーのルールや仕組みを作るといった手間が不要となる。

FINインフォームでは、「サービス・アドミニストレーター」（コピーの受取先）が予め条件（コピー対象となるMT、コピーの送付先など）を定めておけば、その条件に従って、メッセージのコピー作成とその指定先への送付が自動的に行われる。このため、送信側と受信側のユーザーでは、いずれもコピーを送るための作業は、特に必要とされない（no action）。

サービス・アドミニストレーター（コピーの受取先）では、通貨の種類や決済日などの条件を指定して、メッセージに「フィルタリング」をかけ、必要なメッセージを絞り込むことができる。また、コピーの対象とするフィールドを限定すること（部分コピー）によって、コピー項目を最小限にし、メッセージの機密性を保持することができる。

②Tコピー・モードとYコピー・モード

FINインフォームには、利用方法によって「Tコピー・モード」と「Yコピー・モード」とがある。Tコピー・モードは、情報共有を目的としており、メッセージがコピー先に送られるだけで、オリジナルのメッセージには特に影響は生じない。一方、Yコピー・モードは、追加的にサービス・アドミニストレーターの承認を必要とするものである。このモードでは、承認を受けたメッセー

表5-1 FINインフォームにおける2つのモードの違い

	Tコピー・モード	Yコピー・モード
利用の目的	情報共有	承認
オリジナル・メッセージ への影響	なし	あり 承認があった場合にのみ、受信側ユーザーにメッセージが配信される
コピーの発動条件	サービス・アドミニストレーター（コピーの受取先）が予め定めた条件	

（出所）"FINInform" Swift をもとに筆者作成

ジのみが受信側ユーザーに配信される（表5-1参照）。

③FINインフォームとFINコピーの違い

　FINインフォームは、FINコピーと類似のサービスであるが、FINコピーでは、送信側ユーザーがコピーを指示するのに対し、FINインフォームでは、「サービス・アドミニストレーター」（コピーの受取先）がコピーの実施や条件を予め指示しておくという点が違いとなっている（表5-2参照）。

　FINインフォームは、主として、リスク管理、データのバックアップ、アウトソーシング、マネー・ローンダリング対策、統計報告、などの目的で利用されている。

表5-2 FINインフォームとFINコピーの違い

	FINインフォーム		FINコピー	
モード	Tコピー・ モード	Yコピー・ モード	Tコピー・ モード	Yコピー・ モード
利用の目的	情報共有	承認	情報共有	承認
コピー発動の条件	サービス・アドミニストレーターが 予め定めた条件		送信側ユーザーが指示	

（出所）"FINInform" Swift をもとに筆者作成

3 ｜ InterActサービス

　前述したFINサービスが全面的にストア＆フォワード方式を採用しているのに対して、InterActサービスでは、「ストア＆フォワード方式」のほかに、「リアルタイムのメッセージング」（real-time messaging）や「リアルタイムの照会回答」（real-time query-and-response）などのリアルタイム通信の機能（モード）を有しているのが特徴となっている。ただし、メッセージ交換の多くは、通信が安定しているストア＆フォワード方式によって行われている。

　また、FINサービスが「MT」のメッセージを取扱うのに対し、InterActサービスでは、「ISO 20022ベースのメッセージ」（MX）を取扱うのも特徴である。

　InterActのリアルタイム通信の機能を使うと、ユーザーは、インタラクティブなかたちでメッセージ交換を行うことができる。すなわち、ユーザーが相手に「要求メッセージ」（request message）を送ると、即座に「応答メッセージ」（response message）を受け取ることができる。このため、リアルタイム通信モードは、緊急を要する（タイム・クリティカルな）業務に適しており、リアルタイムで決済指図の処理が行われる「RTGSシステム[9]」や、グローバルな外為決済を行う「CLS銀行[10]」などで用いられている。リアルタイム通信モードにおいては、送信側ユーザーはしばしば「要求者」（requester）、受信側ユーザーは「応答者」（responder）と呼ばれる。

（1）FIN と FINPlus

　Swiftでは、国際送金業務についてのメッセージ電文を従来の「MT」から

---

9)　Real-Time Gross Settlement Systemの略。資金決済システムのうち、決済指図が1件ごとにグロス金額ベースで即時に処理されるシステムのこと。

10)　Continuous Linked Settlement Bank。時差の存在による外為決済リスクを削減するためにニューヨークに設立されている銀行であり、多通貨の決済サービスを提供している（詳細は『外為決済とCLS銀行』〈東洋経済新報社〉を参照のこと）。

「MX」へと変更するプロジェクトを進めている（詳細は第6章を参照）。Swift のネットワーク上でこのMXのメッセージを交換するサービスは、FINの後継として「FINPlus」と呼ばれ、InterActサービスの一環として提供される。

このため、MTからMXへの移行に伴って、「FINがFINPlusに進化した」といった言い方がなされる。ただし、MXへの移行が予定されていないMT（証券メッセージなど）については、引き続きFINサービスによってメッセージ交換が行われる。

(2) InterActサービスの3つの機能モデル

InterActサービスには、「リアルタイム・メッセージング・モード」「リアルタイム照会回答モード」「ストア＆フォワード・メッセージング・モード」の3つの業務処理モデル（working mode）がある。このうち、InterActサービスにおいて特徴的なのは、2つのリアルタイム・モードである。

■ リアルタイム・メッセージング・モード

「リアルタイム・メッセージング・モード」（real-time messaging mode）は、送信側ユーザーがメッセージを送ると、それをリアルタイムで受信側ユーザーに配信し、即座に受信側ユーザーからの「受信確認」（ACK：acknowledgement）を返信するサービスである（図5−4の①）。受信側ユーザーが送信側ユーザーに後ほど返信したい場合には、別のリアルタイム・メッセージで返信することもできる。

このモードでは、メッセージの送信時に、送信側ユーザーと受信側ユーザーの両方がSwiftのネットワークに接続していることが必要とされる。このため、受信側ユーザーが常時接続していると想定される場合（資金決済システムの運営者である中央銀行、大手の金融機関向けなど）に利用される。

■ リアルタイム照会回答モード

「リアルタイム照会回答モード」（real-time query-and-response mode）は、送信側ユーザーが「照会」（query）を送ると、それをリアルタイムで受信側ユー

図5-4 InterActサービスの3つの機能モデル

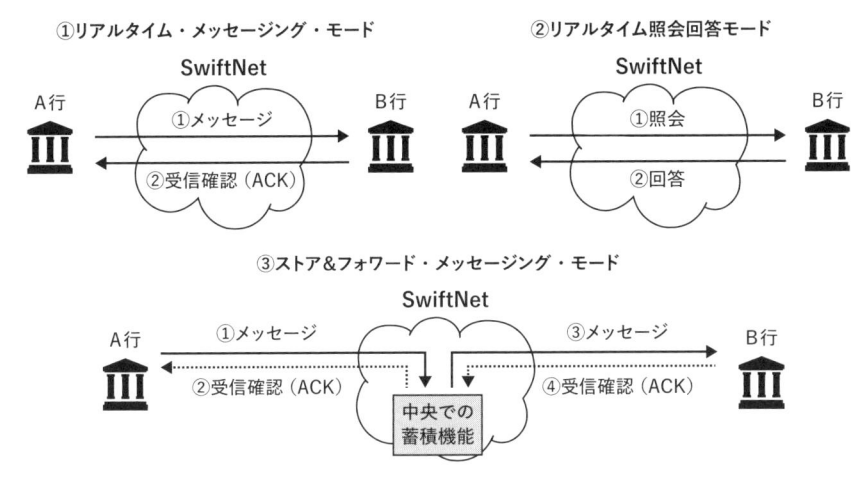

①リアルタイム・メッセージング・モード

SwiftNet

A行 → ①メッセージ → B行
← ②受信確認（ACK）

②リアルタイム照会回答モード

SwiftNet

A行 → ①照会 → B行
← ②回答

③ストア＆フォワード・メッセージング・モード

SwiftNet

A行 → ①メッセージ ┄┄ ③メッセージ → B行
┄ ②受信確認（ACK）　中央での蓄積機能　④受信確認（ACK）

（出所）"Swift messaging services" Swift をもとに筆者作成

ザーに配信し、即座に受信側ユーザーからの「回答」（response）を返信するサービスである（図5-4の②）。

　このモードについても、照会の送信時に、送信側ユーザーと受信側ユーザーの両方がSwiftのネットワークに接続していることが必要である。このモードは、ユーザーが資金決済システムに対して、リアルタイムで残高を確認する場合などに利用される。このモードは、後述するWebAccessサービスと組み合わせて用いられるケースが多い。

■ストア＆フォワード・メッセージング・モード

　「ストア＆フォワード・メッセージング・モード」（store-and-forward messaging mode）は、FINと同様なストア＆フォワード型のサービスである。メッセージは、Swiftのデータセンターに一旦蓄積されたうえで、受信側ユーザーがSwiftのネットワークに接続して受信可能な状況となった時点で配信される。

　このモードでは、メッセージを送信する時点で、受信側ユーザーがSwiftに接続していない可能性がある場合（異なる時差の地域など）でも、安心・安全にメッセージを送ることができる。

(3) InterActサービスの特徴

InterActサービスには、以下のような特徴がある。

■PKIに基づく安全性
FINサービスと同様に、PKI（公開鍵暗号基盤）技術を使って、メッセージの暗号化、メッセージ認証、データの完全性の確保などが行われており、高い安全性が確保されている。

■クローズド・ユーザー・グループによるコントロール機能
FINサービスと同様に、どのユーザーが、どのタイプのメッセージを、どのユーザーに対して送ることができるのかという「クローズド・ユーザー・グループ」（CUG）によるコントロールが可能である。CUGでは、予め定めたルールに適合していないメッセージは、送信されない。

■フォーマットのチェック機能
InterActサービスでは、「XML」（eXtensible Markup Language）ベースのメッセージが使われるため、中央でXMLの文法・フォーマットに適合しているかどうかのチェック（central message validation）が行われる。

■高度な配信コントロール
ストア＆フォワードのモードでは、送信側ユーザーが、メッセージのステータスや配信状況についての情報を逐次得られるという「高度な配信コントロール」（advanced delivery control）の機能がある。

(4) InterActサービスのオプション機能

InterActサービスでは、ユーザーの選択により、以下のような機能をオプションとして付加することができる。

■メッセージの優先度付け

送信側ユーザーでは、メッセージの優先度（message priority）を「至急」（urgent）に設定することができる。これにより、「通常」（normal）のメッセージより優先度が高いことを示し、中継銀行や受取銀行の処理を急がせることができる。

■配信通知

ストア＆フォワードのモードでは、送信側ユーザーは、メッセージが受信側ユーザーに到着した旨の通知を受取る「配信通知」（delivery notification）の機能を利用することができる。

■否認防止機能

「否認防止」（non-repudiation）の機能を使うと、送信側ユーザー（あるいは受信側ユーザー）が事後になって、その送信の事実（または受信の事実）を否認することができない。

■SwiftNetコピー

「MT」によるメッセージ用のFINコピーと同様に、「MX」のメッセージをコピーして、決められたコピー先に配信することができ、これを「SwiftNetコピー」と呼ぶ。SwiftNetコピーは、FINコピーと同様に、Tコピー・モードとYコピー・モードのかたちで利用することができる。

4 | FileActサービス

Swiftによる3つ目のメッセージング・サービスが「FileActサービス」であり、これは、Swiftのネットワークを通じて、容量が大きい「ファイル」を送るサービス（file transfer service）である。典型的には、大量の金融取引データの送信や容量の大きい報告書の配信などに適している。

このため、小口の資金決済にかかる大量の送金データ、小切手のイメージ・データ、証券取引に関するデータ、当局への報告、社内のレポーティングなどの送信に用いられる。

（1）FileActサービスの3つの機能モデル

FileActサービスには、「リアルタイムのファイル転送モード」「リアルタイムのファイル・ダウンロード・モード」「ストア＆フォワードのファイル転送モード」の3つの業務処理モデル（working mode）がある。

いずれのモードにおいても、ファイルの送信にあたっては、まず送信側ユーザーと受信側ユーザーの間で「交渉メッセージ」（negotiation message）のやりとりが行われる。まず、送信側ユーザーがファイル送信の「リクエスト」を送り、受信側ユーザーがそれを「承認」すると、「ファイルの転送」が実行に移される。一方、受信側ユーザーがファイルの送信要求を拒否した場合には、送信側ユーザーには拒否を示すエラー・メッセージが返信され、ファイルの転送は行われない。

■ リアルタイムのファイル転送モード

「リアルタイムのファイル転送モード」（real-time file transfer mode）では、ファイルをリアルタイムで送信することができる。送信側ユーザーは、受信側ユーザーがファイルを受信したことを示す受信確認（ACK）、またはエラー・メッセージを直ちに受信する。

このモードは、ファイルを送信した時点で、送信側ユーザーと受信側ユーザーの双方がSwiftNetに接続していることが必要であり、SwiftNetに常時接続していることが想定される市場インフラの運営者や大手金融機関などに対してファイル転送を行うのに適している。

■ リアルタイムのファイル・ダウンロード・モード

「リアルタイムのファイル・ダウンロード・モード」（real-time file download mode）は、ワークステーション・レベルのシステムを使って、ファイルをダウ

ンロードする際などに用いられる。送信側ユーザーは、ファイル送信のリクエストをリアルタイムで送り、受信側ユーザーではこれを承認して、特定のファイルを受け取ってダウンロードすることができる。このモードでも、送信側と受信側の双方のユーザーがSwiftNetに接続していることが必要とされる。このモードは、後述するWebAccessサービスと組み合わせて用いられるケースが多い。

■ストア＆フォワードのファイル転送モード

「ストア＆フォワードのファイル転送モード」（store-and-forward file transfer mode）は、送信側ユーザーが送ったファイルがいったんSwiftのデータセンターに蓄積されたうえで、受信側ユーザーが受信可能となった時点で受信側に送られる。この方式は、送信側ユーザーがファイルを送った時点で、受信側ユーザーがSwiftのネットワークに接続していなくても、確実にファイルが配信されるというメリットがある。このため、多数の受信側ユーザーに対してファイルを送る場合や、時差のある先にファイルを送る場合などに適している。

(2) FileActサービスの特徴

FileActサービスには、以下のような特徴がある。

■幅広いファイルをサポート

FileActサービスでは、250MBまでのサイズのファイルを送ることができる。ファイルの内容は、テキストであっても、イメージ・データであっても、あるいは他の種類のデータであってもよい。

また、ファイルの中で使える文字（character set）やフォーマットには、特に制限はない。このため、Swiftフォーマットのほか、国内標準のフォーマット、社内フォーマットなどのファイルについても、FileActを使って送付することができる。

■ PKIに基づく安全性

FileActサービスは、他のサービスと同様に、PKI（公開鍵暗号基盤）技術を用いてセキュリティが確保されており、メッセージの暗号化、メッセージ認証、データの完全性確保、クローズド・ユーザー・グループ（CUG）によるコントロールなどが行われている。また、オプションで「否認防止」の機能を付加することもできる。

■ 送信の確実性

FileActサービスでは、①通信の途中で通信エラーが生じた場合には、自動的にファイルの復旧が行われるほか、②ファイル転送の進捗状況やステータスをモニタリングすることができ、また③オプションとして「配信通知」の機能を利用することができる。これらの機能により、送信側ユーザーでは、ファイル転送の途中経過やファイル転送の完了を確認することができる。

■ 機能強化されたヘッダー

FileActのメッセージの「ヘッダー」（header）には、オプションとして、ファイルの要点を示す情報（支払指図の件数、支払の総額など）を添付することができる。また、ヘッダーにおいて、ファイルの操作や経路を指定することが可能である。これらの機能により、いちいち大容量のファイルを開かなくても、ヘッダー内のサマリー情報をもとにファイルの処理を進めることができる。

（3）FileActサービスのオプション機能

FileActサービスにおいても、InterActサービスと同様に、①メッセージの優先度付け、②配信通知、③否認防止機能、などをオプションとして付加することができる。

（4）FileActサービスの利用方法

SwiftのFINサービスを利用しているユーザーは、すでにSwiftNetへの接続

を有し、基本的なインターフェースを有している。このため、FileActサービスを利用する際に必要となるのは、①FileActサービスの利用登録（registration）を行うことと、②ファイル転送用のインターフェースを追加すること、である。後者のインターフェースについては、難しい設定を必要としないパッケージ製品が多数用意されている。

（5）SwiftNet コピー

「SwiftNetコピー」は、FileActの付加価値サービスであり、FileActにおける「ファイル全体」または「ヘッダーのデータ」をコピーして、ユーザーの他部門（本社など）や第三者（アウトソース先、監督当局など）に送るサービスである。FINサービスにおけるFINコピーやFINインフォームに相当するサービスである。「FileActコピー」（FileAct Copy）と呼ぶ場合もある。

「サービス・アドミニストレーター」（本社など）が、コピーの対象とするファイルやコピーの受取先などの条件（parameter）を事前に決めておき、その条件に従って、コピーの作成と転送が行われる。コピーの作成は、「自動的に行うオプション」と「送信側ユーザーがフラグを立てた（コピーの指示を行った）場合にのみ、コピーを行うオプション」とがある。

FileActコピーには、「コピーの受取先に対して、自動的にコピー情報が送られるTコピー・モード」と「コピー・ファイルの送信に対する承認が行われた場合にのみ、受信側ユーザーに送信がなされるYコピー・モード」とがある。

---

5 ｜ WebAccessサービス

「WebAccessサービス」は、市場インフラの運営者などが、SwiftNetを利用して、市場インフラの参加者などに対してポータル（ウェブサイト）による情報提供を安全な環境で提供するための仕組みである。

（1） WebAccessサービスの仕組み

「サービス提供者」（service provider）は、自らのシステムによりSwiftNetに接続する。一方、「サービス利用者」（service user）では、標準的なインターネットのブラウザー・ソフト（マイクロソフト・エッジなど）とSwift端末（アライアンス・ウェブステーション）によって、SwiftNetへの接続を行う。

（2） WebAccessサービスのメリット

多くの金融機関では、自行の顧客に対して、インターネットなどを通じて、ポータル（ウェブサイト）による各種のサービスを提供している。しかし、インターネットでは、安全性や信頼性が十分とは言えない。一方、安全性を重視して自行固有のネットワークを使う場合には、顧客サイドでは、接続の設定やコストなどの面で困難を伴うことが多い。WebAccessサービスは、SwiftNetを使うことによって、こうした問題点を解決し、オンライン・ポータルのサービスを安全に提供するためのものである。

これまでのところ、WebAccessサービスは、主として市場インフラ（資金決済システムなど）が、参加金融機関に口座残高などのデータを提供するために用いられている。たとえば、ユーロの資金決済システムである「TARGET2」では、参加金融機関はWebAccessサービスによって、決済指図の処理状況や自行の口座残高などをリアルタイムで確認することができる。

また、最近では、事業法人もSwiftNetへのアクセスの途が開かれているため、金融機関では、WebAccessサービスにより、顧客である事業法人向けに安全性の高いポータルを通じて、口座残高の報告などの情報サービスを提供することができる。

WebAccessサービスの特徴としては、以下のような点が挙げられる。

■サービス内容に影響がない

WebAccessサービスはネットワーク部分のサービスであるため、サービス提供者の側では、WebAccessサービスを導入することによって、従来からのサー

ビス内容（ウェブサイトのコンテンツなど）を変える必要はない。また、サービス利用者の側でも、従来と同じ画面をみることができる。

■導入が簡便

サービス利用者が、WebAccessサービスにアクセスするために必要なのは、標準的なインターネットのブラウザー・ソフトとSwift端末を導入することのみである。

■クローズド・ユーザー・グループによるコントロール機能

サービス提供者は、サービス利用者を「クローズド・ユーザー・グループ」（CUG）に登録し、CUGのルールに基づいて、利用者の範囲や提供する情報などをコントロールすることができる。

■シングル・チャネルによる多くの先へのアクセス

サービス提供者サイドでは、WebAccessサービスを使うことにより、SwiftNetを使っている多くの顧客からのアクセスを可能にすることができる（図5-5の①）。一方、顧客（サービス利用者）サイドでは、Swiftウェブアクセ

図5-5 WebAccessサービスによるシングル・チャネルでのアクセス

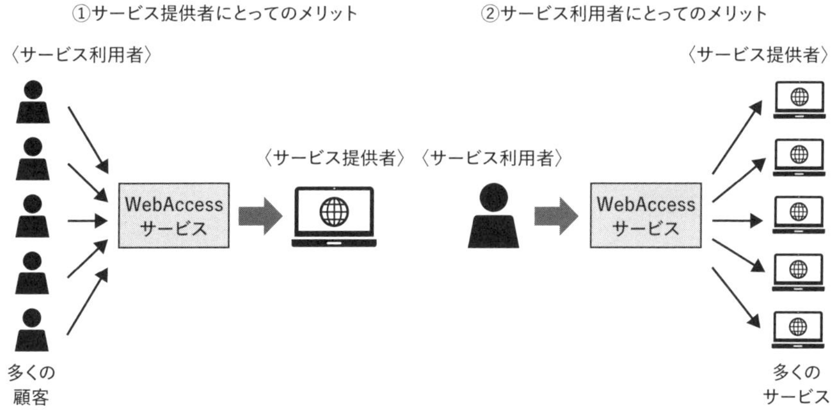

①サービス提供者にとってのメリット　　②サービス利用者にとってのメリット

〈サービス利用者〉　　　　　　　　　　　　　　　　　　〈サービス提供者〉

〈サービス提供者〉　〈サービス利用者〉

多くの顧客　　　　　　　　　　　　　　　　　　　　　多くのサービス

（出所）"Swift WebAccess" Swift をもとに筆者作成

スという1つのチャネルを通じて、複数の金融機関や市場インフラなどが提供する多くのサービスにアクセスすることができる（図5-5の②）。このように、WebAccessサービスは、サービス提供者とサービス利用者の双方にとって恩恵があるものとなっている。

（3）BrowseサービスからWebAccessサービスへ

WebAccessサービスは、従来は「Browseサービス」と呼ばれたサービスであったが、同サービスは2019年末でサポートが終了し、多くのユーザーはWebAccessサービスに移行した。

WebAccessサービスは、自行の顧客にSwiftのネットワークを通じて、ポータルによるスクリーン・ベースのサービスを安全・安心に提供するという点では、Browseサービスと同様である。ただし、Swiftが中央で利用者の「認証サービス」（centralized authentication service）を行うようになったという点が大きく異なる。顧客は、ハードウェア（HSM[11] またはトークン）内の「PKI証明書」（PKI certificate）によって中央で認証されるため、サービス提供者側では、権限のない第三者が自行のウェブサービスに不正にアクセスするというリスクを防ぐことができる。

サービス提供者は、「クローズド・ユーザー・グループ」（CUG）の仕組みによって、どの顧客（金融機関や事業法人など）が自行のサービスにアクセスできるかをコントロールすることができる。

また、顧客（サービス利用者）の組織内では、「役割に応じたアクセスコントロール」（RBAC：Role-based access control）という機能を使って、安全責任者（security officer）が各スタッフの職責に応じて、異なるアクセス権限を付与することができる。

---

11) Hardware Security Module の略。

6 | Swiftのメッセージング・サービスの全体像

　以上述べたようなSwiftのメッセージング・サービスの全体像を整理したのが、表5-3である。

表5-3 Swiftのメッセージング・サービスの全体像

	メッセージ交換		ファイル転送	ブラウジング
	MT メッセージ	MX メッセージ		
FIN サービス	○			
InterAct サービス		○		○
FileAct サービス			○	○
WebAccess サービス				○

（出所）"Swift messaging services" Swift をもとに筆者作成

第6章

Swiftのメッセージ標準

本章では、Swiftが従来から使ってきたメッセージ標準である「MT」と次世代のメッセージ標準となる「MX」の概要について説明したうえで、MTからMXへの移行プロジェクトについて述べることとする。

1 | MTとMX

Swiftは、国際金融業務をコンピュータ処理できるようにするための共通ネットワークとして、設立当初からメッセージの標準化には積極的に取り組んできた。

メッセージング・サービスの開始以来、Swiftでは「MT」（メッセージ・タイプ）と呼ばれる業務分野ごとのメッセージ標準を利用してきた。MTは、国際送金などのための資金メッセージのほか、証券取引、外為取引、キャッシュ・マネジメントなど、幅広い金融業務の領域をカバーしている。MTは、その業務に応じて、その内容が細かく規定されており、それぞれ3桁の「MT番号」が付されている。また、各MTについて、「フィールド」と呼ばれる記入欄が規定されており、フィールドごとに、使える文字や桁数、記載内容などが厳格に定められている。このように、Swiftでは、フォーマットを詳細に定めることによって、コンピュータによるメッセージの処理を可能としている。

現在Swiftでは、国際送金とキャッシュ・マネジメントの分野について、メッセージ電文を大幅に変更する計画を進めている。すなわち、従来は「MT」と呼ばれる「固定長」のメッセージを使っていたが、これを「可変長」であるXMLベースの「MX」に変更する予定である。

MXは、「ISO 20022」という金融の国際標準メッセージに準拠しているため、MXへの移行は、「ISO 20022への移行」とも呼ばれる。国際送金などの電文についてのMXへの移行は、すでに2023年3月にスタートしており、移行の最終期限（migration deadline）である2025年11月までの間に、すべてのSwiftユーザーは、MXへの移行を完了させる必要がある。

以下では、まずMTとMXについて、それぞれのメッセージ構成や構造についてみたうえで、MTからMXへの移行プロジェクトについてみることとする。

2 | MTメッセージ

（1）MTのメッセージ構成

SwiftのMTメッセージの構成（message structure）をみると、①ヘッダー部、②テキスト部、③トレイラー部の3つの部分からなっている（図6-1参照）。このうち、メッセージの内容を示す本文にあたるのが、「テキスト部」（Text block）であり、この部分に後述する個別のMTが用いられる。

テキストの前に置かれる「ヘッダー部」（Header block）は、メッセージの番号や属性を示すものであり、さらに「基本ヘッダー」（Basic Header block）、「アプリケーション・ヘッダー」（Application Header block）、「ユーザー・ヘッダー」（User Header block）の3つの部分に分けられる。

また、テキストの後に付けられる「トレイラー部」（Trailer block）には、メッセージのコントロール情報（チェック・サム[1]など）などが含まれる。ヘッダーやトレイラーは、システム的に付番や処理が行われるものであるため、ユーザーとしては、あまり気にする必要はない。

図6-1 MTのメッセージ構成

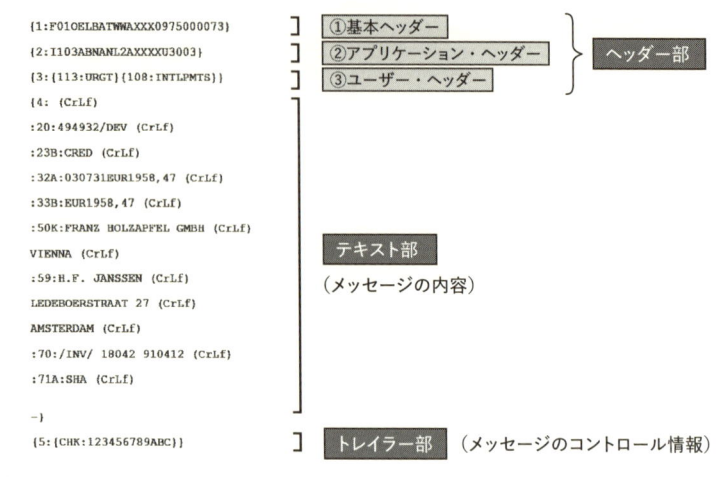

{1:F01OELBATWWAXXX0975000073}	①基本ヘッダー
{2:I103ABNANL2AXXXXU3003}	②アプリケーション・ヘッダー
{3:{113:URGT}{108:INTLPMTS}}	③ユーザー・ヘッダー

ヘッダー部

```
{4: (CrLf)
:20:494932/DEV (CrLf)
:23B:CRED (CrLf)
:32A:030731EUR1958,47 (CrLf)
:33B:EUR1958,47 (CrLf)
:50K:FRANZ HOLZAPFEL GMBH (CrLf)
VIENNA (CrLf)
:59:H.F. JANSSEN (CrLf)
LEDEBOERSTRAAT 27 (CrLf)
AMSTERDAM (CrLf)
:70:/INV/ 18042 910412 (CrLf)
:71A:SHA (CrLf)

-}
```

テキスト部
（メッセージの内容）

`{5:{CHK:123456789ABC}}` トレイラー部 （メッセージのコントロール情報）

（出所）"ISO 20022 Programme" Swift

(2) MTの分類

■MTのカテゴリー

SwiftのFINサービスで用いられるメッセージには、「MT」（メッセージ・タイプ）と呼ばれるメッセージが定められている。MTは、業務分野ごとの「カテゴリー」に分けられており、「カテゴリー1」（顧客送金と小切手）から「カテゴリー9」（キャッシュ・マネジメントと顧客状況）の9つの業務分野と「カテゴリーn」（共通グループメッセージ）の計10分野からなっている（表6-1参照）。

なお、このうち、カテゴリー1、カテゴリー2、カテゴリー9の3分野については、MXへの移行が予定されている（詳細は後述）。

---

1) データ転送が正しくなされたことを調べるための値のこと。データの送り手が一定の計算方法によって算出した値と、受け手が同じ計算方法によって算出した値が一致するかどうかをチェックすることにより、データの伝送が正確に行われたかどうかを調べることができる。

表6-1 Swiftのメッセージ・タイプのカテゴリー

メッセージ・タイプ		メッセージの内容
カテゴリー1	顧客送金と小切手	顧客から依頼を受けた送金をコルレス先に通知し、支払いを指示するメッセージや、小切手の通知・支払差止などのメッセージ
カテゴリー2	金融機関間の資金移動	インターバンクでの資金移動をコルレス先に指示するメッセージ
カテゴリー3	外国為替、マネーマーケット、デリバティブ	外為取引、コール取引、デリバティブ取引に関する注文、コンファメーション、決済指示などのメッセージ
カテゴリー4	取り立てとキャッシュレター	取立依頼やキャッシュレターに関するメッセージ
カテゴリー5	証券市場	証券の売買注文、出来通知、アロケーション、コンファメーション、決済指図などのメッセージ
カテゴリー6	貴金属とシンジケーション	貴金属取引に関するメッセージや、協調融資の金額、金利、フィーに関するメッセージ
カテゴリー7	荷為替信用状と保証書	貿易取引に基づく信用状や保証書の発行、条件変更などのメッセージ
カテゴリー8	トラベラーズチェック	トラベラーズチェックの販売、決済などに関するメッセージ
カテゴリー9	キャッシュ・マネジメントと顧客状況	口座保有者に対する残高報告、ネッティングポジションの通知などに関するメッセージ
カテゴリーn	共通グループメッセージ	手数料の通知、照会や回答、フリーフォーマットのメッセージなど

(出所) Swiftの資料をもとに筆者作成

■3桁のMT番号

MTには、それぞれ3桁の「MT番号」が付されており、各メッセージの機能を特定している（図6-2参照）。

MT番号の1桁目が上記の「カテゴリー」（業務分野）による分類である。このため、顧客送金は「MT 100番台」、銀行間送金は「MT 200番台」、外為・デリバティブ関係は「MT 300番台」、証券関係は「MT 500番台」などと呼ばれる。

2桁目は、「グループ」と呼ばれ、ある業務分野の中での大まかな機能を示す。たとえば、100番台（顧客送金と小切手）において、2桁目が"0"のメッセージ（MT 10n[2]）は、「金融機関間での資金移動の指図」を意味している。

図6-2 MT番号の構成

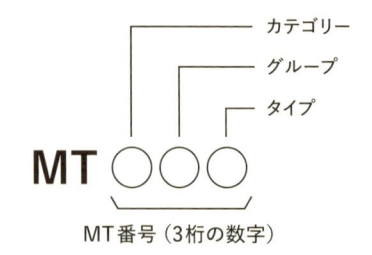

カテゴリー
グループ
タイプ

MT○○○

MT番号（3桁の数字）

（出所）"Standards MT November 2022, General Information" Swift

また、2桁目が "9" のメッセージ（MT 19n）は、共通グループメッセージであり、カテゴリー1で使われた場合には、支払指図に関する手数料、キャンセル、問い合わせなどのメッセージであることを示している。

3桁目は、「タイプ」と呼ばれ、メッセージの果たす特定の機能（specific function）を示す。たとえば、顧客送金のメッセージの中で、MT 103は「単一の顧客送金」、MT 102は「複数の顧客送金」であることを表す。

なお、各カテゴリーにおいて最後の2桁が99となっているMT（MT 199、MT 299など）も共通グループメッセージの1つであり、フォーマットが細かく定められていない「フリー・フォーマット」のメッセージとなっている。

MT 100番台（顧客送金と小切手）を例にとってみると、業務内容に応じて、16種類のメッセージ・タイプが用意されている。このうち、送金関係をみたものが表6-2である。

■最大メッセージ長とメッセージ・ユーザー・グループ

各MTには「最大メッセージ長」（maximum message length）が定められている。最大メッセージ長は、「2000文字」または「1万文字」のいずれかに定められている。メッセージ長には、メッセージ本文の前後に付加される「ヘッダー」や「トレイラー」の文字数を含む。

またMTごとに、「メッセージ・ユーザー・グループ」（MUG）への登録の必

2）「n」は、0〜9のいずれかの数字が入ることを意味する。以下同じ。

表6-2 Swiftのメッセージ・タイプ（MT 100番台のうち送金関係）

MT 番号	メッセージ・タイプ名	メッセージの内容
101	送金依頼	非金融機関が金融機関宛てに送信する顧客送金の依頼（金融機関により送信されることもある）
102 102＋	複数の顧客送金	金融機関が送信する顧客送金指図で、複数の取引を含むもの
103 103＋ 103 REMIT	単一の顧客送金	金融機関が送信する単一の顧客送金の指図
104	自動引落し・自動引落し依頼	非金融機関が送信する引落しの指図または依頼（金融機関により送信されることもある）
105	EDIFACT エンベロープ	EDIFACT メッセージを送るための封筒機能
107	一般的な引落しメッセージ	金融機関が送信する引落しの指図

（出所）"Message Reference Guide : Category 1" Swift, 2023

要性が定められている。MUGは、特定のメッセージを利用することをSwiftに登録したグループのことを指す。一部のメッセージについては、MUGへの登録が義務付けられており、受送信にあたっては、必要なMUGに登録しているかどうかのチェックが行われる。

（3）フィールドの構造

各MTには、メッセージのレイアウトを定める「書式仕様」（format specification）が定められている。

メッセージは、「フィールド」の集まりによって構成されている。フィールドは、決められた情報（取引の当事者、金額、日付など）を記入する欄であり、フィールドごとに、以下のように、記入の必要性（必須／任意）、タグ番号、フィールド名、利用可能な文字の種類や文字数などの要素が定められている。

■ステータス

「ステータス」（status）は、そのフィールドへの記入が「必須」（mandatory）であるか、または「任意」（optional）であるかを示すものである。必須の場合

には「M」で、任意の場合には「O」で表示される。Mの場合には、そのフィールドに必要事項が記入されていることが不可欠である。書式仕様の中では、必須（M）と任意（O）の区別のことを「presence」と呼ぶ。

■タグ

「タグ」（tag）は、フィールドを表す番号であり、通常、2桁の数字か、それにアルファベットがついたもので表される。たとえば、MT 103においては、タグ「20」は送信者の参照番号を、タグ「36」は換算に用いられた為替レートを、タグ「59a」は送金の受取人を、それぞれ表している。

■フィールド名

「フィールド名」（field name）は、フィールドの内容を端的に説明する名称である。たとえばMT 103においては、タグ「33B」のフィールド名は「通貨／指図金額」、タグ「50a」のフィールド名は「送金人」、タグ「52a」のフィールド名は「送金人の銀行」を示すものとされている。

■ナンバー

「ナンバー」は、書式仕様におけるフィールドの順番を表す。「インデックス」とも言われる。フィールドの順番に従って、上から順番に付番される。

■内容／オプション

「内容／オプション」（content/option）は、①利用可能な文字数（数字の場合には桁数）、②利用できる文字の種類（アルファベットか数字かなど）、③利用できるコード、について定めている。詳細は、以下の通りである。

①利用可能な文字数や桁数

各フィールドにおいて利用可能な文字数や数字の桁数については、「最大の文字数」「最小と最大の文字数」「固定長（fixed length）」「最大の行数と文字数など」の4通りの表記方法によって指定される（表6-3参照）。

ちなみに、「nn」はフィールドに入る最大の文字数を表し、「16」であれば最

表6-3 利用可能な文字数や桁数の表記方法

表記方法	具体例
「nn」は、最大の文字数を表す	「16」であれば最大16文字であることを意味する（指定できる最小は1文字である）
「nn-nn」は、最小と最大の文字数を表す	「16-64」であれば16文字以上64文字以下であることを意味する
「nn!」は、固定長であることを表す	「4!」は4文字の固定長であることを示す
「nn*nn」は、最大の行数×各行の最大の文字数を表す	「4*35」であれば、4行×35文字まで記入可能であることを示す

(出所)"Standards MT November 2022, General Information" Swift

大16文字を意味する。また「nn-nn」は、フィールドに入る最大と最小の文字数を表し、「16-64」であれば、16文字以上64文字以下であることを意味する。さらに「nn!」は、nn文字の固定長であることを表し、たとえば「10!」であれば、10文字の固定長を意味する。

②利用できる文字の種類

利用できる文字の種類については、記号で表記される。具体的には、「n」は数字のみ、「a」はアルファベットの大文字のみ、「c」はアルファベットの大文字と数字のみ、「h」は16進数（hexadecimal）を示すAからFまでのアルファベット大文字と数字のみ、を用いることができることを示す。たとえば、「2n」は「2桁までの数字」、「3!a」は「アルファベット大文字で3文字の固定長」であることを表す。

また、固定長の部分（nn!）については、「x」は「文字セットX」（X Character Setに含まれる文字）、「y」は「文字セットY」（Y Character Set）に含まれる文字、「z」は「文字セットZ」（Z Character Set）に含まれる文字、を利用することができることを意味する（表6-4参照）。

文字セットX、Y、Zは、いずれも、数字、アルファベットの大文字と小文字（ただし、文字セットYは大文字のみ）、特殊文字（?、+、=、*など）、によって構成されており、使える特殊文字の範囲は、文字セットごとに異なる（表6-5参照）。このうち、文字セットXがMTにおける標準文字セット（Swift

表6-4 フィールドの文字数と利用できる文字

(1) 表記方法

フィールドの文字数		利用できる文字	
nn	最大の文字数	n	数字のみ
nn-nn	最小と最大の文字数	a	アルファベットの大文字のみ
		c	アルファベットの大文字と数字のみ
		h	16進数を示すアルファベット（大文字Aから F まで）と数字のみ
nn!	固定長	x	「X Character Set」に含まれる文字
		y	「Y Character Set」に含まれる文字
		z	「Z Character Set」に含まれる文字
nn*nn	最大の行数×各行の最大の文字数	e	ブランクのスペース
		d	小数点

(2) 表記の例

指定された表記	表記の意味
2n	最大2桁までの数字
3!a	アルファベット大文字で3文字の固定長
4*35x	最大4行までで、各行は最大35文字まで 文字セットには「X Character Set」を使う
16-64h	最小16文字から最大64文字までの16進数の数字またはアルファベット

（出所）"Standards MT November 2022, General Information" Swift

Character Set）とされている。

③利用できるコード

　そのフィールドにおいて利用できるコードがある場合には、そのコードが示される。コードには、業務の内容を表すもの（手数料コードなど）、メッセージの用途を示す機能コード（message function code）のほか、企業識別コード（BIC）、通貨コード（currency code）、各国の決済システムを示すコードなどがある（コードの詳細については、第7章で後述）。

表6-5 文字セット X、Y、Z の比較

	文字セット X	文字セット Y	文字セット Z
アルファベット大文字 （A–Z）	○	○	○
アルファベット小文字 （a–z）	○	×	○
数字 （0–9）	○	○	○
特殊文字 （!、%、〈,〉、@、#、&、+、=など）	10 種類	19 種類	23 種類

（注）○は使用可、×は使用不可であることを示す。
（出所）"Standards MT November 2022, General Information" Swift

■シーケンス

MTの中におけるいくつかのフィールドのまとまりを「シーケンス」（sequence）という。たとえば、MT 101は、2つのシーケンスから構成されており、「シーケンスA」（一般情報〈general information〉）には、送信者、送信者の参照番号、口座提供金融機関などのフィールドが含まれる。また、「シーケンスB」（取引情報〈transaction details〉）には、取引番号、通貨、取引金額、受取人など、のフィールドが含まれる。

このようにシーケンスを分けることにより、MT 101では、シーケンスBを繰り返し使用すること（repetitive sequence）ができ、それによって、1つのメッセージの中に複数の取引を含めることができるようになっている。MTの書式仕様では、矢印によって、それ以下の部分が繰り返されることが示される。

（4）メッセージの検証・利用ルール

■ネットワーク検証ルール

「ネットワーク検証ルール」（Network Validation Rules）は、Swiftのネットワーク上でフォーマットの適合性を検証するルールであり、メッセージ構成やシーケンス、フィールドの順番、メッセージ標準への適合（利用できる文字、フィールド間の関係など）などについて検証が行われる。また、必要な場合に

表6-6 ネットワーク検証ルールの具体例（MT 103、抜粋）

メッセージの 検証ルール	内容
C1	タグ33B（通貨／指図金額）に記載されている通貨コードが、タグ32A（実行日／通貨／銀行間の決済額）の通貨コードと異なっている場合には、タグ36（換算為替レート）に記入がなければならない。それ以外の場合には、タグ36に記入があってはならない。エラー・コードはD75とする。
C2	送信銀行の国コードと受信銀行のBICの両方が特定国のリストに該当する場合には、タグ33B（通貨／指図金額）には記載がなければならない（mandatory）。それ以外の場合には、タグ33Bの利用はオプションである。エラー・コードはD49とする。
C7	タグ55a（カバー送金の際の送金銀行のコルレス先と受取銀行のコルレス先の間にある仲介機関）に記載がある場合には、タグ53a（送金銀行のコルレス先）とタグ54a（受取銀行のコルレス先）の両方に記載がなければならない。エラー・コードはE06とする。
C9	タグ56a（中継銀行）に記載がある場合には、タグ57a（受取人が口座を有する銀行）にも記載がなければならない。エラー・コードはC81とする。

（出所）"Message Reference Guide: Category 1" Swift

は、MUG（メッセージ・ユーザー・グループ）への参加の有無についても検証がなされる。

Swiftのシステムが、メッセージがフォーマットのルールに準拠していないことを発見した場合には、発信者に対して「NAK」（否定応答：negative acknowledgement）が発出され、エラーの理由を示す「エラー・コード」（error code）とエラーが含まれるライン番号などが通知される。

フィールドに関するネットワーク検証ルールの具体例をMT 103についてみると、表6-6の通りである。

■ メッセージの利用ルール

「メッセージの利用ルール」（Usage Rules）は、メッセージやそのフィールドの正しい利用法について定めるものである。このルールは、ネットワークでは検証されず、エラー・コードも定められないが、利用ルールの遵守は必須（mandatory）となっている。このルールは、対象とするフィールドについてのみ適用される。

表6-7 メッセージの利用ルールの具体例（MT 103）

メッセージの利用ルール	内容
1	顧客送金についてカバー送金を行う場合には、送金銀行は、MT 103 のフィールド 20 と同一の内容を、カバー送金用の MT 202 COV の フィールド 21 に記入しなければならない。
2	MT 103 を受取った銀行が、顧客口座に入金を行った（または入金を拒否した）場合には、トラッカーに対して、入金通知（confirmation）を送らなければならない。
3	タグ 72（送信者から受信者への情報）は、構造化した場合（コード化された情報のみを記載する場合）に使用することができる。
4	FileAct を使ってメッセージを送る場合には、メッセージの最大サイズについて相互に合意しておく必要がある。

（出所）"Message Reference Guide: Category 1" Swift

メッセージの利用ルールの具体例をMT 103についてみると、表6-7の通りである。

（5）資金メッセージの利用方法と書式仕様

ここまでのフィールド構造の説明をもとに、資金メッセージの利用方法とそれに対応する書式仕様についてみることとしよう。ここでは、Swiftにおける送金用メッセージとして利用頻度の高い「MT 103」を例にとって具体的にみることとする。

MT103は、「単一の顧客送金」（Single Customer Credit Transfer）のためのメッセージ・タイプである[3]。これは、顧客（ordering customer）が取引先銀行に対して、他行の顧客である受取人（beneficiary customer）への送金を依頼した場合に、送金銀行（Sender）から受取銀行（Receiver）に対して発出されるメッセージである。

3）　複数の支払指図の伝達のためには、MT 102またはMT 102＋（Multiple Customer Credit Transfer）が用いられる。

MT 103は、もともとあった「MT 100」という旧メッセージ・タイプの機能を向上させたものである。MT 103は、全般に、各フィールドの内容を特定化し、オプションを少なくし、フリー・フォーマットを極力なくす方向で改訂されており、メッセージをSTP（Straight Through Processing）で処理するのに適したものとなっている。

MT 103には、MT 103 Core、MT 103＋、MT 103 REMITの3通りの使い方があるが、以下では、最も基本的に利用されるMT 103 Core（以下、MT 103という）について述べる（MT 103＋とMT 103 REMITについてはBOX6-1を参照）。

【BOX6-1】 MT 103＋とMT 103 REMIT

(1) MT 103＋

「MT 103＋」は、MT 103のサブセットであり、システムによるメッセージの自動処理（STP処理）を可能にしていることが特徴である。すなわち、各フィールドにおける利用文字やコードなどが厳格に制限されており、決められたフォーマットに準拠しているかどうかについて、Swiftがネットワーク上で検証（validation）を行う。

これにより、受け手の銀行では、必ず決められたフォーマットでメッセージを受取ることができるため、人手を介することがなく、メッセージをSTPで処理することができる。メッセージのヘッダーの中の「フィールド119」（検証フラグ・フィールド）に「STP」というコードを記入することにより、SwiftではMT 103＋であることを認識し、フォーマットの検証を行う。

(2) MT 103 REMIT

「MT 103 REMIT」は、「フィールド77T」（Envelope Contents）を利用することにより、最大9000文字までのデータを送金メッセージに添付して送ることができるのが特徴である。この送金関連データ（remittance information）のフォーマットには、Swiftフォーマットのほか、国連・欧州経済委員会（UN/ECE）が採択した国際的なEDI（電子データ交換）のための標準プロトコルでISO 9735 として国際標準になっている「EDIFACT」（Electronic Data Interchange For Administration, Commerce and Transport）や米国におけるEDIの国内標準で米国規格協会（American National Standards Institute）の規格となっている「ANSI−X12」などを使うことができる。MT 103 REMITを利用するためには、それを使うためのユーザー・グループである「拡張レミッタンス情報MUG」（Extended Remittance Information Message User Group）に登録しておくことが必要である。

■MT 103の取引フロー

それでは、まず、MT 103を利用した取引フローからみることとしよう。

①直接のコルレス関係がある場合

MT 103による最も基本的な送金のパターンとしては、日本のA社が取引先である米国のB社に対してドル資金の支払いを行う必要が生じ、A社が取引銀行である邦銀X行に対して、米国への送金を依頼するといったケースが考えられる（図6-3参照）。

この送金依頼を受けてX行では、米銀Y行に対して、受取人B社（米国企業）の口座へのドル建ての送金を取り組むことになる。こうしたケースで、X行とY行との間に直接のコルレス関係がある場合には、X行からY行に対してSwiftのネットワークを通じて、MT 103による送金指図が行われる。この場合、X行が「送金銀行」（仕向銀行）、Y行が「受取銀行」（被仕向銀行）となる。

②中継銀行を経由する場合

送金銀行と受取銀行との間に直接のコルレス関係がない場合には、両行の共通のコルレス銀行を通じて、送金が行われる。たとえば、日本の顧客A社の依頼を受けて、邦銀K行が、ブラジルのM行に口座を有するB社に送金を行うものとする（図6-4参照）。

図6-3 MT 103による送金指図（直接のコルレス関係があるケース）

（出所）Swift資料をもとに筆者作成

図6-4 MT 103による送金指図（中継銀行を経由するケース）

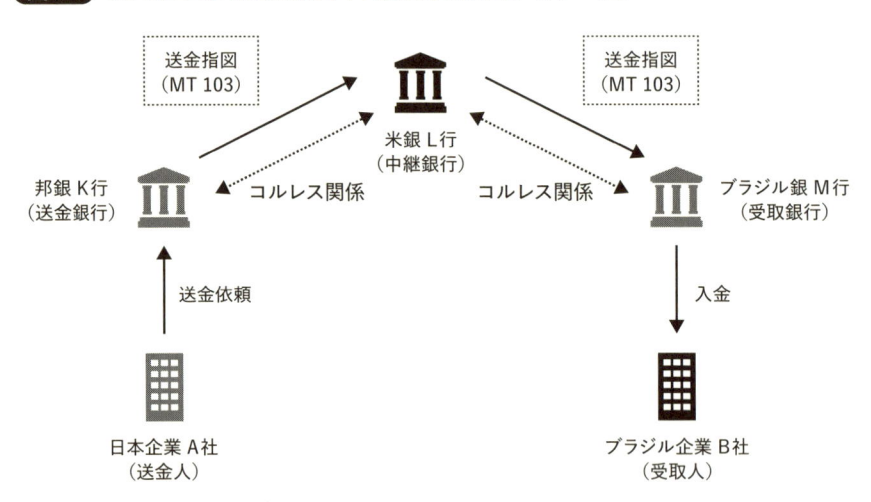

（出所）Swift資料をもとに筆者作成

　このとき、邦銀K行とブラジル銀のM行が、ともに米銀L行のコルレス先であるとすると、送金指図（MT 103）は、K行から中継銀行である米銀L行経由でM行に送られ、M行の顧客であるB社の口座に入金される。このとき、K行

からL行への送金指図と、これを受けたL行からM行への送金指図は、いずれもSwiftのネットワークを通じてMT 103によって行われる。このように3つ以上の金融機関が一連の「支払の連鎖」（payment chain）に関与している場合には、こうした送金方法は「シリアル」（serial）と呼ばれる。

③カバー送金

送金銀行（X行）が受取銀行（Y行）に自行の口座を有しており、送金の資金決済にその口座を使う（自行の口座から支払を行う）場合には、送金に関する情報のみならず、その送金資金の支払についてもMT 103の中に含めて送信される。

一方、X行とY行の間に直接の口座取引の関係がない場合には、MT 103には顧客送金に関する情報のみが含まれる。そして、送金の対価の支払は、他の銀行（Z行）から、MT 202 COV（顧客送金情報を含む金融機関間の資金移動依頼）を使って受取銀行（Y行）に払い込まれることになる。これを「カバー資金の支払い」または「カバー送金」（cover payment）という。

④送金手数料の負担方法

MT 103では、「71A」（手数料の詳細）のフィールドに、誰が送金手数料を負担するかを明示することになっている。手数料の負担方法には、「BEN」「OUR」「SHA」の3つのオプションがある（図6-5参照）。

「BENオプション」では、すべての手数料を送金の受取人（Beneficiary Customer）が負担する。「OURオプション」では、すべての手数料を送金の依頼人（送金人：Ordering Customer）が負担する。「SHAオプション」では、送金人に対して発生する手数料はすべて送金人が負担するが、それ以外の手数料については受取人が負担する。手数料の負担をどのような方式にするのかは、銀行間のコルレス契約によって決められる。

■MT103の書式仕様

ここまで説明してきたようなMT 103の取引フローの「書式仕様」（format specification）を示したものが表6-8であり、ステータス、タグ、フィールド

図6-5 送金手数料の負担オプション

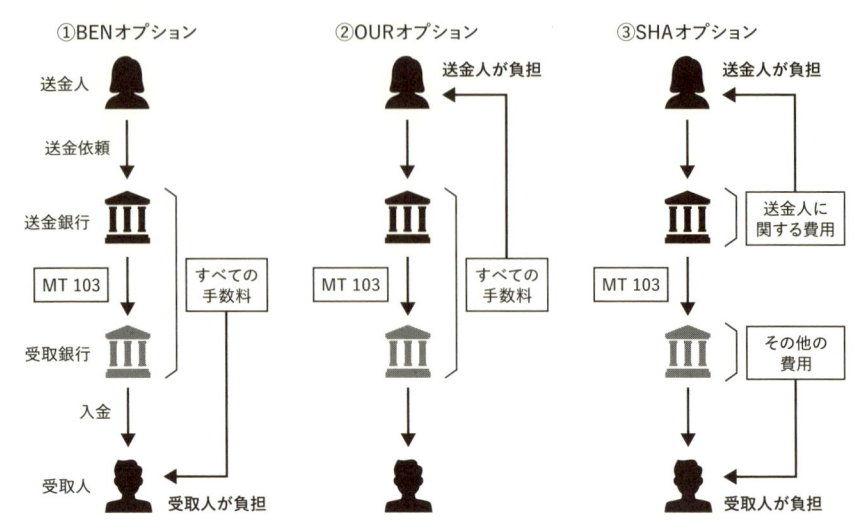

(出所) Swift 資料をもとに筆者作成

名、内容／オプション、ナンバーなどが示されている。

このメッセージには、取引に関係するすべての当事者（送金人、送金銀行、中継銀行、コルレス先、受取人が口座を有する銀行、受取人など）を記載するフィールドが設けられている。また、取引内容についても、実際に送金が行われる通貨と金額、払込み通貨、換算に用いた為替レート、送金の実行日、手数料とその内訳、取引番号などを記入するフィールドなどが設けられている。また、請求書番号などの送金関連情報（remittance information）も含めることができる。

それぞれのフィールドごとに、ステータス（記入が必須か任意か）、タグ、フィールド名、フィールドの文字数や利用できる文字、ネットワーク検証ルールなどが定められていることは、上述の通りである。こうした書式仕様は、MTごとにSwiftの「ユーザー・ハンドブック」に記載されている。

ここでは、代表的なMTの利用例として、国際送金（資金メッセージ）の事例について述べた。資金メッセージとともに、最近利用が増加している「証券メッセージ」の利用事例については、第8章において述べる。

表6-8 MT 103の書式仕様

ステータス	タグ	フィールド名	内容／オプション	No.
M	20	送信者の参照番号	16x	1
---- →				
O	13C	時刻表示	/8c/4!n1!nx4!n	2
──					
M	23B	銀行業務コード	4!c	3
---- →				
O	23E	指図コード	4!c［/30x］	4
──					
O	26T	取引タイプ・コード	3!a	5
M	32A	実行日／通貨／銀行間の決済額	6!n3!a15d	6
O	33B	通貨／指図金額	3!a15d	7
O	36	為替レート	12d	8
M	50a	送金人	A, F, or K	9
O	51A	送信銀行	［/1!a］［/34x］ 4!a2!a2!c［3!c］	10
O	52a	送金人の金融機関	A or D	11
O	53a	送金銀行のコルレス先	A, B, or D	12
O	54a	受取銀行のコルレス先	A, B, or D	13
O	55a	コルレス銀行間の仲介機関	A, B, or D	14
O	56a	中継銀行	A, C, or D	15
O	57a	受取人が口座を有する銀行	A, B, C, or D	16
M	59a	受取人	文字オプションなし， A or F	17
O	70	送金情報	4*35x	18
M	71A	手数料の詳細	3!a	19
---- →				
O	71F	送金人の手数料	3!a15d	20
──					
O	71G	受取人の手数料	3!a15d	21
O	72	送信者から受信者への情報	6*35x	22
O	77B	規制当局への報告	3*35x	23

（注）M：記入は必須（mandatory）、O：利用は任意（optional）
（出所）"Message Reference Guide: Category 1" Swift

3 | MXメッセージ

(1) MXへの移行プロジェクト

■ISO 20022への移行

前述のように、Swiftでは、主力の国際送金業務についてメッセージ電文を全面的に変更する予定である。すなわち、従来の「MT」から「MX」へとメッセージ電文を変更する。MXは、「ISO 20022」という金融の国際標準メッセージに準拠しているため、MXへの移行は、「ISO 20022への移行」とも呼ばれる。

MT（メッセージ・タイプ）は、約50年も前に通信容量に限界があった時代に開発された固定長の形式であり、メッセージに入力できる情報量には制約があり、このため機能的にも限界があった。たとえば、送金を処理するうえでMTの情報が不足している場合には、銀行間で不足する情報を問い合わせたり、送金人に照会を行ったりすることが必要であり、MTの機能の限界により、国際送金に関与する銀行や顧客には相応の負担が生じていた。

これに対して、MXは、データの内容を記載する「タグ」に高い柔軟性と拡張性を持つ仕組みとなっている。また、付加できるデータ量が豊富（rich data）であり、送金メッセージに、送金内容を示すインボイス関連情報などを豊富に添付できるというメリットがある。さらに、データが構造化されている（structured data）ことも特徴であり、このため、業務の自動化（STP化）にも適しているものとされている。

Swiftでは、MXメッセージへの移行は、2025年11月までに完了する予定としている。このため、すべてのSwiftユーザーは、それまでに必要な対応を行う必要があり、対応は避けては通れない。MXへの移行は、「ビッグバン・アプローチ」（特定日にすべてのユーザーが一斉に移行を行う方式）をとらなかったため、各ユーザーでは、最終期限（deadline）に間に合いさえすれば、自分のペースで移行を進めることができる。

■ ISO 20022への移行の経緯

「ISO 20022」は、金融業務全般において横断的に利用できる通信メッセージ規格として、「ISO」（国際標準化機構）が2004年に制定したものである。当時、すでに従来のMTの機能に限界がみられつつあったことから、SwiftのメッセージをISO 20022に移行すべきという議論は、それ以降、Swiftのコミュニティ内で何度も俎上に上ってきた。

しかし当時、Swiftでは、ISO 20022への移行は「ユーザー主導で行うべきもの」として、「ビジネスライン（国際送金、証券決済など）ごとに、それぞれのコミュニティが移行の是非や時期を決めることが望ましい」との方針で臨んでいた[4]。しかしその後、2018年にユーザーを対象とする大規模な「MX移行に関する調査」（Migration Study）を行ったところ、多くのユーザーから「早期の移行が望ましい」との意向が示された。このため、Swift主導のかたちでコミュニティ全体での移行を進めることとし、同年に「2021年から2025年までの4年間でMXへの移行を実施する」との方針を決めた（後に修正、詳しくは後述）。

その際、アンケート調査では、証券市場（MT 500番台）、貿易取引（MT 700番台）、外為・デリバティブ（MT 300番台）などについては、ISO 20022への移行について、幅広いサポートが得られなかったことから、MXへの移行の対象からは除外する（つまり、MTの利用を続ける）こととなった。

■ MX移行の対象

①移行対象のMT

すべてのメッセージがISO 20022への移行の対象となる訳ではない点には注意が必要である。MX移行の対象となるのは、「MT 100番台」（カテゴリー1、顧客送金）、「MT 200番台」（カテゴリー2、金融機関間の資金移動）、「MT 900番台」（カテゴリー9、キャッシュ・マネジメントと顧客状況）という3つの分野のみである（表6-1参照）。

4）　これは、この時期（2008年ごろ）には、MXへの移行に対するユーザーの意見が、賛成派と反対派に大きく2つに割れており、調整が困難であったことによるもの。

すなわち、証券市場（カテゴリー5）、外国為替・デリバティブ（カテゴリー3）、貿易金融（カテゴリー7）など、これら以外の分野については、これまで通り、MTを利用してメッセージのやり取りが行われることになる。

②クロスボーダー送金を対象

さらにMX移行の対象は、送金メッセージのうち「クロスボーダー送金のみ」とされており、Swiftを国内の資金決済などで利用している場合については、対象外となっている。これは、国内の決済インフラのネットワークとしてSwiftを利用している場合などが該当する。

このように、MXへの移行は、「クロスボーダー送金」（顧客送金、銀行間送金）とそれに関する残高情報などのメッセージが対象となっている。

■MTとMXの併存期間

MXへの移行期間は、2023年3月から2025年11月までとされている。Swiftでは、当初はMXへの移行開始を2021年11月としていたが、中小銀行の移行作業の遅れなどを受けて、2020年3月に、2022年11月へと1年遅らせた。さらに、欧州中央銀行（ECB）のプロジェクトの遅れ[5]を受けて、移行のスタートを2023年3月へと4カ月延期したという経緯がある。

しかし、「移行の最終期限」（migration deadline）については変更がなく、2025年11月までとされている。このため、すべてのSwiftユーザーは、対象となるメッセージについて、この期日までにMXへの移行を完了させる必要がある。

このように移行の時期に幅を持たせているため、移行期間中は、Swiftのネットワーク上に、MXに移行済みのユーザーと未対応のユーザーが混在することになり、「MTとMXが併存する期間」（coexistence period）が発生することになる。

この併存期間については、SwiftがMTとMXとの間の「翻訳サービス」を提

5） ECBでは、ユーロの資金決済システムである「TARGET2」のISO 20022への移行を2022年11月に「ビッグバン方式」で行う予定であったが、これを2023年3月に延期した（中小銀行などの準備が間に合わなかったことが理由）。大口ユーザーである欧州勢の延期に合わせて、Swiftでも移行のスタートを4カ月遅らせることとした。

供する。これにより、まだ移行を行っていないユーザー（MTユーザー）であっても、MXに移行済みのユーザー（MXユーザー）との間でメッセージをやり取りして、国際送金業務を行うことが可能となっている。

■Swiftの翻訳サービス

Swiftでは、MTとMXが併存する期間においては、MXに未対応のユーザーのために翻訳サービスを提供する。これは「インフロー翻訳サービス」（in-flow translation service）と呼ばれている。

これは、MXを「MX＋MT」というかたちの「マルチ・フォーマット」に変換するものである。マルチ・フォーマットには、①オリジナルのMXの電文と、②MXのデータをMTに変換した電文（translated MT）の両方が含まれる。MXに未対応のユーザーでは、このうちMT電文の方を読み込むことによって送金業務を継続することができる（図6-6参照）。なお、この翻訳サービスは一方向のみであり、MT電文をMX電文に変換することはできない。

ちなみにMTは従来の「FIN」というサービスで送られるのに対し、MXは「FINPlus」というチャンネルで送られる。ただし、FINとFINPlusとの使い分けは、Swift側で管理を行うため、ユーザー側では特に気にする必要はない。

なお、この翻訳サービスでは、Swiftが取引管理のために構築した「トランザクション・マネージャー」（TM）が大きな役割を果たしている。TMは、Swiftのネットワーク上のすべての取引データを保有することで、Swift側で各種処理の実行を可能にするものであり、2023年5月から稼働を開始している（詳細は

図6-6 Swiftの翻訳サービスのイメージ

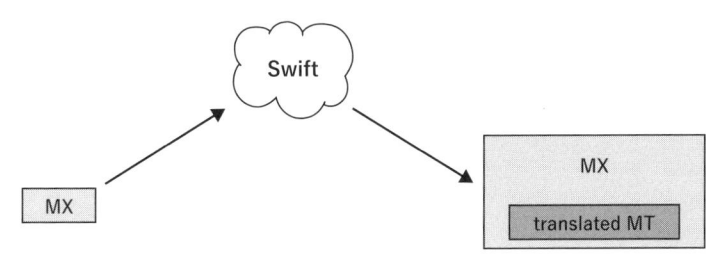

（出所）Swift資料をもとに筆者作成

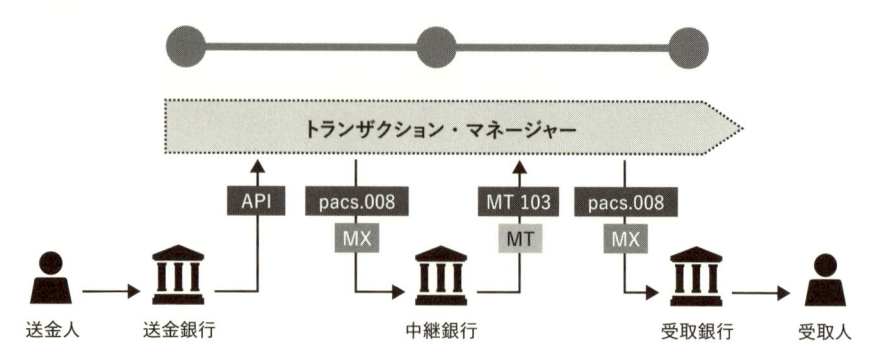

図6-7 トランザクション・マネージャー（TM）による翻訳機能

（出所）Swift資料をもとに筆者作成

第12章を参照）。

　TMの存在により、MXに対応していない中継銀行がMT電文で出力したメッセージを、次の銀行がMX電文で受取るといったことが可能になっている（図6-7参照）。

（2）XMLの概要

　MTの電文は、もともとテレックス（Telex）のフォーマットをもとに約50年も前に開発された仕組みであり、「フィールド」と呼ばれる入力欄に決められた長さの送金情報を入力しており、入力できる情報量も限られていた。このため、複雑化するビジネス・ニーズへの対応には限界があった。こうしたニーズに応えるため、Swiftでは、拡張性や柔軟性に優れるISO 20022（MX）を次世代のメッセージ標準とすることを決めたものである。

　MXは、「ISO 20022」という国際標準に準拠して開発され、「XML」という言語によって、記述される。

　以下では、MXの大きな構成要素であるXMLとISO 20022の概要についてみたうえで、MXの構成や特徴について述べる。

■XMLとは

①マークアップ言語としてのXML

「XML」とは、「eXtensible Markup Language」の略であり、一般に「拡張可能なマークアップ言語」と訳される。XMLは、文章やデータの意味や構造を記述するための「マークアップ言語[6]」の一種であり、1998年に「W3C[7]」が公開したデータ記述言語の規格である。

②XMLの文法

マークアップ言語では、「タグ」と呼ばれる特定の符号を使用して、文章の構造やタイトル、文字の修飾情報などを埋め込んでいくのが特徴である。

タグとは、＜○○＞と＜/○○＞のように、「スラッシュ「/」のないタグ」と「スラッシュのあるタグ」によって文字列の前後を挟むことで、挟んだ部分の文字列に対して意味付けを行うものである。

「スラッシュのついていないタグ」（開始タグ：＜○○＞）が始まりを示し、「スラッシュのついたタグ」（終了タグ：＜/○○＞）が終わりを示す。そして、タグで挟んだ部分が、その影響範囲となる。

すなわちXMLでは、数値や文字などのデータを開始タグと終了タグで挟み、そのタグの中にデータの意味を表す名称（要素名）を付けることにより、データの内容を表すことができる（図6-8参照）。

タグは、挟み込んだデータに関する「意味」（meaning）とともに、「構造」（structure）を定義することができる。このため、タグで挟まれたデータ同士を重層的に並べて、複数のデータ間の「階層構造」（hierarchy）を表現することが可能となっている。

タグのなかに記入される「XML要素名」（XML element）は、通常、要素を説明する複数の単語を組み合わせて表現される。各単語の先頭には大文字が使

---

6) マークアップ言語とは、文章の論理的な構造や修飾情報に関する指定を、文章と合わせてテキストファイルに記述するための言語である。代表的なものにSGMLやHTML、XHTMLなどがあり、コンピュータ言語の一種である。
7) World Wide Web Consortium（ワールド・ワイド・ウェブ・コンソーシアム）の略。World Wide Web（インターネット上で標準的に用いられるドキュメント・システム）で使用される各種技術の標準化を推進するための標準化団体である。

図6-8 XMLによる表記の例

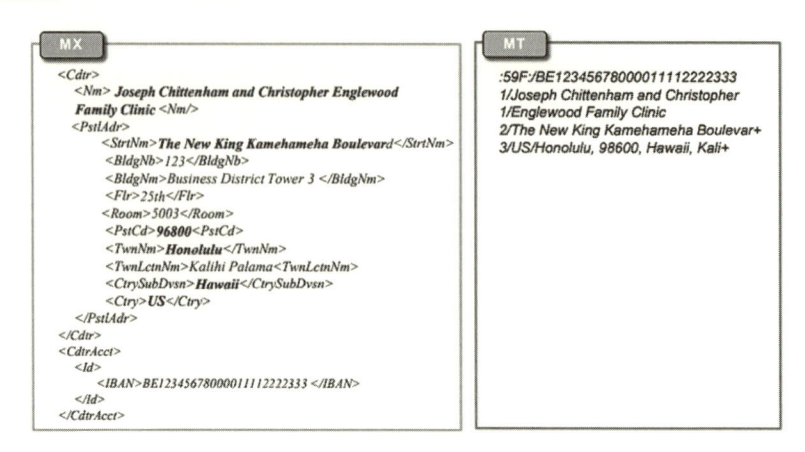

（出所）"Preparing for ISO 20022" BNY Mellon

われ、スペルは適宜省略することができる（ただし、スペースを含めることはできない）。たとえば、通りの名称（street name）を"StrtNm"と表記したり、アプリケーション・ヘッダー（Application Header）を"AppHdr"と記入したりする方法がとられる。

③XMLの特徴

XMLには、（a）システムやアプリケーションを問わずに利用できるという「相互運用性」（interoperability）があること、（b）ユーザーがデータ項目の体系を自由に設計できるという柔軟性があること、（c）コンピュータが処理できる（computer-processable）とともに、人間が読むことができる（human-readable）こと、などの特徴がある。

■XMLのメッセージ機能

XMLによって記述されたメッセージ（MX）では、以下のように、従来のメッセージ（MT）にはなかった追加的なメッセージ機能を有している。

①ツリー構造（tree structure）により、メッセージの階層構造を表現できる。

②多くのフィールドの中から特定のフィールドだけを使用できる。

③あるフィールドが、必須か任意か（mandatory/optional）、繰り返し利用が可能か（repetitive）といった点を示すことができる。

④すべてのレベルにおいて、タグによって、データの始まりと終わりを明示的に示すことができる。

⑤「データ定義」（data typing）により、特定のフィールドに許容される情報の種類（日付、金額など）や表示形式（3文字のアルファベットなど）を指示できる。

⑥「メタデータ[8]」（meta data）によって、データに関する詳細情報を表記できる。

従来のMTにおいては、メッセージの構造、利用上の制限、コード体系の記述などは「ユーザー・ハンドブック」の中で文章によって表現されていたが、MXにおいては、上記のような機能により、それらがメッセージの中で表現できるようになっている。

（3）ISO 20022の概要

XMLと並んで、MXの大きな構成要素となっているのが「ISO 20022」である。ISO 20022は、金融業務で利用される通信メッセージを標準化するための統合的な枠組みであり、ISO/TC68[9]が、2004年に国際規格として制定した。ISO 20022は、「金融通信メッセージの世界共通の規格」となっている。

■ISO 15022とISO 20022

従来、証券分野においては、「ISO 15022」（Data Field Dictionary）というメッセージ・フォーマットの標準があり、Swiftの証券メッセージ（MT 500番台）

---

8) メタデータとは、データそのものではなく、そのデータの定義など、データに関連する情報を記述したデータのことである。

9) 「TC68」（Technical Committee 68）は、ISO（国際標準化機構）のなかで、金融業務における標準化を行う専門委員会である。

は、このISO 15022に準拠したものとなっている。

ISO 20022は、当初、ISO 15022の後継となるメッセージ標準として開発が始められたが、途中で手法やスコープが大きく変更された。すなわち第1に、対象が証券分野のメッセージのみに止まらず、金融取引の全般を幅広く対象とするものに拡大された。このため、ISO 20022の対象には、証券業務のほか、送金業務、貿易金融、カード業務、外為業務などの幅広い金融業務が含まれている。

また第2に、ISO 15022が証券メッセージの構成要素（データ・フィールド、定義情報、フォーマット）を定めた標準であるのに対し、ISO 20022は、具体的な通信メッセージのフォーマットを直接規定するのではなく、むしろその「登録手続き」を規定するものに途中で方針が大きく変更された。

■ レポジトリへの登録

上述のように、ISO 20022は、具体的なメッセージ・フォーマットの内容を直接規定しているわけではなく、むしろ「標準の作成方法とその登録手続き」を規定したもの[10]となっている。そして作成された通信メッセージやその元となる業務モデルは「レポジトリ」（repository）と呼ばれるデータベースに登録され、ISO 20022のウェブサイト上で公開される。メッセージ・フォーマットのユーザー（金融機関やそれをサポートするベンダーなど）は、このレポジトリにアクセスして必要な業務フローやメッセージを入手することができる。

レポジトリへの登録対象となるのは、①対象業務の流れを示した「ビジネス・モデル」、②ビジネス・モデルに基づく通信メッセージの種類、項目などを示した「メッセージ・モデル」、③メッセージ・モデルに基づいて生成され、XMLで記述された具体的な「メッセージ・フォーマット」の3つである（図6-9参照）。

つまり、まず、どのような当事者がどのようなかたちで業務を行うかというビジネス・モデルを設計し、続いてそのビジネス・モデルにおいてどのような

---

10) このため、ISO 20022は「標準化のための標準」（a standard for standards）とも言われる。

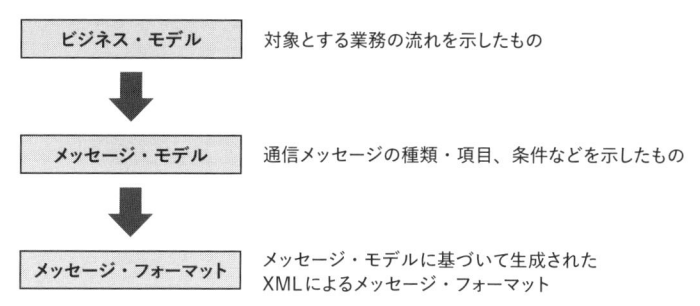

図6-9 レポジトリへの登録対象

| ビジネス・モデル | 対象とする業務の流れを示したもの |

| メッセージ・モデル | 通信メッセージの種類・項目、条件などを示したもの |

| メッセージ・フォーマット | メッセージ・モデルに基づいて生成された
XMLによるメッセージ・フォーマット |

（出所）ISO 20022をもとに筆者作成

通信メッセージが必要となるか（メッセージの種類、項目、条件など）を検討する。そして、それに基づいて具体的なメッセージ・フォーマットがXMLのルールに基づいて記述されることになっている。このように、ISO 20022では、最終的なメッセージ・フォーマットだけではなく、その前提となる業務の流れやそれらの業務に必要となる通信メッセージなども標準化の対象とした3階層（three layer）の構造となっている。

■CBPR＋

ISO 20022は、電文に含まれている多くのデータ要素を異なる組み合わせで使用することが可能な標準となっているため、複数の異なる利用方法が発生する可能性がある。このため、PMPG（後述）の傘下にあるワーキング・グループである「CBPR＋」（Cross-Border Payments and Reporting Plus）が、国際送金に使うための「統一利用ガイドライン」（Usage Guideline）を作成している。このためSwiftのMX対応にあたっては、各金融機関では「CBPR＋による利用ガイドライン」に準拠したISO 20022を導入する必要がある。

■資金決済システムのISO 20022化の動き

ISO 20022の採用に向けて動いているのはSwiftだけではなく、各国の資金決済システムでもSwiftに合わせてISO 20022への移行に向けて動いており、ISO 20022を導入することが世界的な資金決済システムの潮流となってきている。

①欧米などの資金決済システムの動き

まず欧州では、欧州中央銀行（ECB）が2023年3月に資金決済システムである「TARGET2」と証券決済システムである「T2S」とを統合し、それと同時にISO 20022への移行を全面的に実施した（ビッグバン・アプローチを採用）。民間のユーロの資金決済システムである「EURO1」でも、同時期にISO 20022への移行を行った。

また、カナダの「Lynx」、オーストラリアの「RITS」、ニュージーランドの「ESAS」なども、2023年3月から移行を開始した（いずれも、新旧の併存期間あり）。このほか、英国のCHAPSでは2023年6月に、米国のCHIPSでは2024年4月に、それぞれISO 20022への移行を行った。

さらに、米国の「Fedwire」でも、2025年に国内標準からISO 20022への移行を行う予定である（表6-9参照）。

②日本の資金決済システムの状況

わが国においては、一足早く2015年に、「日銀ネット」と「外為円決済システム」において、ISO 20022が採用されている。ただし、採用時期が早かったため、バージョンが古いもの（version 3）となっており、今般のSwiftにおける移行標準のバージョン（version 8）とは、差異が生じている。

外為円決済システムを通じた決済では、海外の銀行からSwiftを経由して日本のコルレス銀行に支払指図が送られ、このメッセージが外為円決済システムを通じて受取銀行に伝えられ、受取人口座への入金が行われる。この過程で

表6-9 各国の資金決済システムのISO 20022への移行時期

年月	資金決済システム
2023年3月	TARGET2（欧州）、EURO1（欧州）、Lynx（カナダ）、RITS（オーストラリア）、ESAS（ニュージーランド）
2023年6月	CHAPS（英国）
2024年4月	CHIPS（米国）
2025年3月（予定）	Fedwire（米国）

（出所）筆者作成

は、version 8に含まれている追加的な情報をversion 3にマッピングするなどの余分な手間が必要となっており、2025年秋をめどに、version 8へのバージョンアップが行われる予定である。

Swiftに合わせて、各国の資金決済システムがISO 20022準拠となることは、国際送金から国内送金までのすべての電文フォーマットが統一されることになるため、各金融機関におけるシステム負担や事務負担が軽減されることにつながるものとみられる。また資金決済の処理スピードの向上にも寄与することが期待されている。

(4) MXの分類と構成

以下では、MXメッセージについて、MTとの対応関係やMXの構造についてみることとする。

■MXのメッセージIDとメッセージ名

前述のように、MTには3桁のMT番号とMT名がついているが、MXにも「メッセージID」(MX ID)と「MXのメッセージ名」(MX name)がついている。

このように各MXのメッセージに2つの識別方法が設けられているのは、①メッセージIDは、コンピュータが読むことができ（computer-readable）、システムでの処理ができる一方、②メッセージ名は、人間が読むことができ（human-readable）、人間がメッセージの内容を理解できるようにするためである。

まず、MTとMXとの対応関係を「カテゴリー1」(MT 100番台)、「カテゴリー2」(MT 200番台)、「カテゴリー9」(MT 900番台)についてみておくこととしよう（表6-10、表6-11、表6-12を参照）。

たとえば、顧客送金についての「MT 103」は、メッセージIDが「pacs.008」、メッセージ名が「FIToFICustomerCreditTransfer」となっている。

MTとMXとは、完全に1対1対応ではなく、複数のMTの機能が1つのMXで実現されている場合もある（MT 102・MT 103 → pacs.008など）。

以下では、MXのメッセージIDとメッセージ名について説明する。

表6-10 カテゴリー1（MT 100番台）におけるMTとMXの対応関係

MT 番号	MT 名	MX の ID	MX 名
MT 101	Request for Transfer	pain.001	CustomerCreditTransferInitiation
MT 102	Multiple Customer Credit Transfer	pacs.008	FIToFICustomerCreditTransfer
MT 102 STP	Multiple Customer Credit Transfer	pacs.008	FIToFICustomerCreditTransfer
MT 103	Single Customer Credit Transfer	pacs.008	FIToFICustomerCreditTransfer
MT 103 STP	Single Customer Credit Transfer	pacs.008	FIToFICustomerCreditTransfer
MT 103 REMIT	Single Customer Credit Transfer	pacs.008	FIToFICustomerCreditTransfer
MT 104	Direct Debit and Request for Debit Transfer Message	pacs.003	FIToFICustomerDirectDebit (when MT 104 is Direct Debit)
MT 104	Direct Debit and Request for Debit Transfer Message	pain.008	CustomerDirectDebitInitiation (when MT 104 is Request for Direct Debit)
MT 107	General Direct Debit Message	pacs.003	FIToFICustomerDirectDebit
MT 110	Advice of Cheque（s）	camt.107	ChequePresentmentNotification
MT 111	Request for Stop Payment of a Cheque	camt.108	ChequeCancellationOrStopRequest
MT 112	Status of a Request for Stop Payment of a Cheque	camt.109	ChequeCancellationOrStopPaymentReport

（出所）"MT and MX Equivalence Tables" Swift, 2018

①メッセージID

　MXのメッセージIDは、「ビジネス・エリア・コード」「メッセージ識別子」「変形番号」「バージョン番号」の4つの要素によって構成されている（図6-10参照）。これらの4つの要素は、ドット（.）で区切って表記される。

　メッセージIDの要素の1つ目は、業務分野を表す「ビジネス・エリア・コード」であり、4桁のアルファベット（小文字）で表記される。

　要素の2つ目は、メッセージの機能を表す「メッセージ識別子」（message

表6-11 カテゴリー2（MT 200番台）におけるMTとMXの対応関係

MT 番号	MT 名	MX の ID	MX 名
MT 200	Financial Institution Transfer for its Own Account	pacs.009	FinancialInstitutionCreditTransfer
MT 201	Multiple Financial Institution Transfer for its Own Account	pacs.009	FinancialInstitutionCreditTransfer
MT 202	General Financial Institution Transfer	pacs.009	FinancialInstitutionCreditTransfer
MT 202 COV	General Financial Institution Transfer	pacs.009	FinancialInstitutionCreditTransfer
MT 203	Multiple General Financial Institution Transfer	pacs.009	FinancialInstitutionCreditTransfer
MT 204	Financial Markets Direct Debit Message	pacs.010	FinancialInstitutionDirectDebit
MT 205	Financial Institution Transfer Execution	pacs.009	FinancialInstitutionCreditTransfer
MT 205 COV	Financial Institution Transfer Execution	pacs.009	FinancialInstitutionCreditTransfer
MT 210	Notice to Receive	camt.057	NotificationToReceive

（出所）"MT and MX Equivalence Tables" Swift, 2018

identifier）であり、3桁の数字で表記される[11]。

　3つ目は、メッセージに目的に即した使用上の制限（特定のタグの使用を制限するなど）が加えられていることを示す「変形番号」（variant）であり、3桁の数字で表記される。特に変形がない時には「001」となり、そこから異なる変形ができるたびに、「002」、「003」というように、数字が増えていく。

　要素の4つ目は、メッセージのバージョンを示す「バージョン番号」（version）であり、数字2桁で表記される。バージョン番号は、最初は「01」からスタートし、メッセージに変更が加えられると、「02」「03」といったかたちで、バージョンの数字が増えていく。

11）　メッセージ識別子は、各ビジネス・エリア内において、順番に付番されるため、数字自体には特に意味はない。

表6-12 カテゴリー9（MT 900番台）におけるMTとMXの対応関係

MT 番号	MT 名	MX の ID	MX 名
MT 900	Confirmation of Debit	camt.054	BankToCustomerDebitCreditNotification
MT 910	Confirmation of Credit	camt.054	BankToCustomerDebitCreditNotification
MT 920	Request Message	camt.060	AccountReportingRequest
MT 935	Rate Change Advice	camt.053	BankToCustomerStatement
MT 940	Customer Statement Message	camt.053	BankToCustomerStatement
MT 941	Balance Report	camt.052	BankToCustomerAccountReport
MT 942	Interim Transaction Report	camt.052	BankToCustomerAccountReport
MT 950	Statement Message	camt.053	BankToCustomerStatement

（出所）"MT and MX Equivalence Tables" Swift, 2018

図6-10 MXのメッセージIDの構成

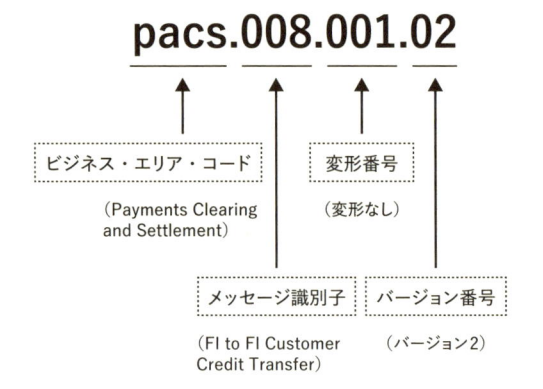

（出所）"ISO 20022 Programme" Swift

　たとえば、「pacs.008.001.02」というメッセージIDは、「pacs」という「資金の清算と決済」（Payments Clearing and Settlement）のビジネス・エリアにおける「金融機関から金融機関への顧客送金」（FI to FI Customer Credit Transfer）のメッセージ機能であり、その変形番号が1番（変形なし）、バージョンが2番であることを示す。

②ビジネス・エリア・コード

　MXのメッセージIDの第1の要素である「ビジネス・エリア・コード」（4桁のアルファベット）は、送金、証券取引、外為取引、デリバティブ取引などの業務分野を示すものであり、MTにおける「カテゴリー」に相当するものである。

　ちなみに、資金の清算と決済は「pacs」、キャッシュ・マネジメントは「camt」、証券取引は「setr」、証券決済は「sese」などと定められている（表6-13参照）。ビジネス・エリア・コードは、ISO 20022の中で定義されている。

　このように、SwiftのMXへの移行では対象に含まれていない証券分野などについても、ビジネス・エリア・コードが付番されており、それに基づいてメッセージの作成も進められている（このため将来的には、これらの分野についても、ISO 20022に移行する可能性が高いものとみられる）。

③MXのメッセージ名

　「MXのメッセージ名」（MX name）は、メッセージ定義＋［変形番号］＋バージョン番号として表記される。

　このうち、「メッセージ定義」（message definition）については、「FIToFICustomerCreditTransfer」（金融機関間の顧客送金）、「CustomerPaymentStatusReport」（顧客送金の現状報告）など、メッセージ内容を示す英語の単語をつなぎ合わせたかたちで定義される。各単語の先頭には大文字が使われ、スペースは含まれない。

　「変形番号」（variant number）は、前述のように標準メッセージを特別な方法で使う場合に発生するものである。変形番号は メッセージ定義の後ろに表記される。たとえば、コーポレート・アクション電文における「変形番号02」では、特定の要素についてフォーマットをISO 15022と同等のものとする「変形」を加えており、変形番号によって利用方法の違いを明確にしている。変形番号は必須ではなく、特に変形を加えることなくベース電文のままで使用されることも多いため、MX名に変形番号が含まれていない場合も多い。

　「バージョン番号」は、上述のメッセージIDと同様に、メインテナンスによってメッセージに変更があった場合に、旧バージョンと区別するために付番

表6-13 主なビジネス・エリア・コード

ビジネス・エリア・コード	ビジネス・エリア	
		英文名
pain	送金の開始	Payment Initiation
pacs	資金の清算と決済	Payments Clearing and Settlement
camt	キャッシュ・マネジメント	Cash Management
dein	デリバティブ取引の開始	Drivatives Initiation
deri	デリバティブ取引	Derivatives
demt	デリバティブ管理	Deribatives Management
trin	外為取引の開始	Treasury Initiation
trea	外為取引	Treasury
trmt	外為取引の管理	Treasury Management
seti	証券取引の開始	Securities Trade Initiation
setr	証券取引	Securities Trade
sese	証券決済	Securities Settlement
semt	証券の管理	Securities Management
seev	証券のイベント	Securities Event
reda	リファレンス・データ	Reference Data
acmt	口座管理	Account Management
colr	担保管理	Collateral
trsi	貿易サービスの開始	Trade Services Initiation
trse	貿易サービス	Trade Services
tsmt	貿易サービスの管理	Trade Services Management
coin	商品取引の開始	Commodities Initiation
comm	商品取引	Commodities
comt	商品取引の管理	Commodities Management
synd	シンジケート業務	Syndication
syin	シンジケート業務の開始	Syndication Initiation
symt	シンジケート業務の管理	Syndication Management
admi	管理	Administration

（出所）"SwiftStandards MX, General Information" Swift

される。2つのバージョンが同時に併存することは可能であるが、Swiftでは古いバージョンについては、一定期間が経過したあとに、合意されたタイミングで廃止される。

MXのメッセージ名の具体例をみると、たとえば「CorporateActionNotification02V14」は、コーポレート・アクションの通知であり、ISO 15022と同期をとった変形番号2であり、バージョンが14であることを示す。

■MXで利用できる文字の種類

前述のようにMTにおいては、電文で用いることができる文字セット（Character Set）として、X、Y、Zの3種類が認められている（本章2.を参照）。これに対してMXの電文では「基礎ラテン文字セット」（Basic Latin Character Set）のみを用いることができることとされている。

基礎ラテン文字セットには、アルファベットの大文字（A-Z）・小文字（a-z）と数字（0-9）のほか、特殊文字（@、#、$、&など）が含まれる。X、Y、Zの文字セットにも特殊文字は含まれるが、基礎ラテン文字セットでは、使える特殊文字の数がこれらよりも多くなっている。

実はISO 20022においては、公式な文字セットとして「UNICODE/UTF-8」という国際標準が指定されている。しかしUNICODE/UTF-8には、中国語、日本語、キリル文字、アラビア文字、数学記号などが含まれており、文字の種類がかなり膨大なものとなっている。送金のメッセージで、これらのさまざまな文字をすべて認めてしまうと、実務上さまざまな混乱を招く恐れがあるため、Swiftでは利用できる文字をISO 20022より大幅に絞って、基礎ラテン文字セットに限定している。

■MX化に伴う用語の変更

MTからMXへの変更に伴い、メッセージ仕様や国際送金に関するいくつかの用語が変更されており、注意を要する（表6-14参照）。

1つは、メッセージ仕様に使われる用語であり、MTの「フィールド」（Field）が、MXでは「エレメント」（Element）に、またMTの「フォーマット」（Format）がMXでは「データタイプ」（DataType）に変更されている。

表6-14 MTとMXとの用語の違い

(1) メッセージ仕様で使われる用語

MT	MX
フィールド（Field）	エレメント（Element）
フォーマット（Format）	データタイプ（DataType）
プレゼンス（Presence）	最小最大（Min Max）
略語／コード（Qualifiers/Codes）	コードセット（CodeSet）
利用ルール（Usage Rule）	テキスト・ルール（Textual Rule）
ネットワーク認証ルール （Network Validation Rule）	エレメント間ルール （CrossElementComplexRule）

(2) 送金メッセージの中で使われる関係者の呼び方

MT	MX
銀行（Bank）	エージェント（Agent）
送金側顧客（Ordering Customer）	送金人（Debtor）
受取側顧客（Beneficiary Customer）	受取人（Creditor）
メッセージの送信者（Message Sender）	送金側中継銀行（Instructing Agent）
メッセージの受信者（Message Receiver）	受取側中継銀行（Instructed Agent）

（出所）"ISO 20022 Programme" Swift

　もう1つが、送金メッセージの中で使われる関係者の呼び方であり、「銀行」（Bank）が「エージェント」（Agent）、「送金側顧客」（Ordering Customer）が「送金人」（Debtor）、「受取側顧客」（Beneficiary Customer）が「受取人」（Creditor）、などと呼ばれるようになっている。国際送金の世界で、長年使われてきた馴染みのある用語が変更されているため、注意が必要である。

■MXにおける新たな取引関係者の定義

　MXのメッセージにおいては、これまでMTでは登場していなかった国際送金の関係者が新たに定義されていることも変更点となっている。1つは、送金人（Debtor）の背後で実質的な送金の依頼人となっている「実質的な送金者」（Ultimate Debtor）である。また、送金人の依頼を受けて送金を開始するノン

図6-11 MXにおける国際送金の当事者

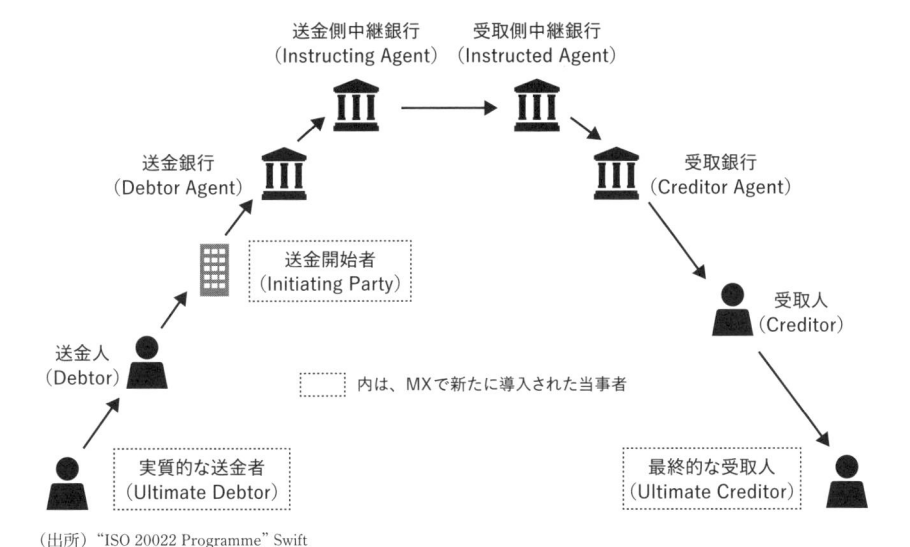

（出所）"ISO 20022 Programme" Swift

バンク（送金業者など）である「送金開始者」（Initiating Party）も新たに定義
された。一方、送金の受取側でも、受取人（Creditor）の先で、送金の最終的
な受益者となる「最終的な受取人」（Ultimate Creditor）が追加的に定義されて
いる（図6-11）。

　これらは、ノンバンクの国際送金業者の台頭といった実態に合わせるととも
に、マネー・ローンダリング対策などのコンプライアンスの強化を目的にした
ものである。

■MXにおけるエレメント

　MXのメッセージにおける「エレメント」（従来のMTにおけるフィールド）
の具体例としては、表6-15のようなものがある。いずれもタグ（<　>）内に、
内容を表す英語の短縮形で表される。たとえば、<PmtMtd> は支払方法（Pay-
ment Method）を、<Ctry> は国名（Country）を、<Cdtr> は受取人（Creditor）
を表す。

表6-15 MXにおけるエレメントの例

エレメント	内容	英語
<Msgld>	メッセージID	Message ID
<PmtMtd>	支払方法	Payment Method
<NbOfTxs>	取引件数	Number of Transactions
<InstrPrty>	決済の優先度	Instruction Priority
<Dbtr>	送金人	Debtor
<TwnNm>	都市名	Town Name
<Ctry>	国名	Country
<ChrgBr>	手数料の負担者	Charge Bearer
<Cdtr>	受取人	Creditor
<Purp>	送金目的	Purpose
<RmtInf>	送金に関する情報	Remittance Information
<ReqdExctnDt>	決済の実行依頼日	Requested Execution Date
<UltmtDbtr>	実質的な送金者	Ultimate Debtor
<InstdAmtCcy>	送金指図金額	Instructed Amount
<EndToEndId>	送金人が付与する送金ID	End to End ID
<TxId>	取引ID	Transaction ID

（出所）Swift 資料をもとに筆者作成

■MXのメッセージ構成

　MXのメッセージ構成をみると、冒頭に「SwiftNetヘッダー」があるのに続き、メッセージの入れ物である「エンベロープ」がある。

　エンベロープは、「アプリケーション・ヘッダー」の部と「ドキュメント」の部に分かれており、ドキュメント部の中に、メッセージの中心をなす「MXメッセージ」が含まれている（図6-12参照）。

（5）MXの特徴

　MXは、MTに比べて、以下のような特徴があるものとされる。

図6-12 MXのメッセージ構成

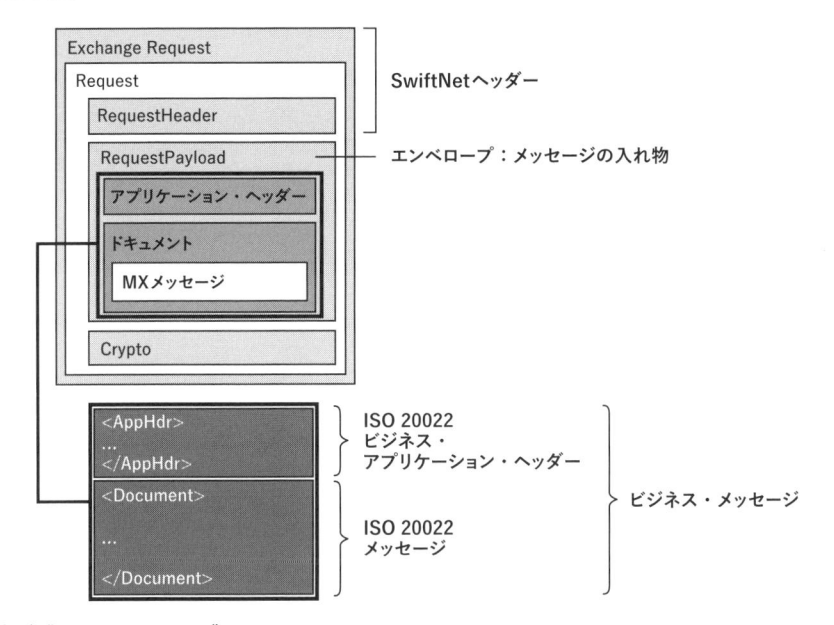

（出所）"ISO 20022 Programme" Swift

■メッセージの柔軟性

　MXのメッセージは、高い柔軟性（flexibility）を有している。たとえば、「メッセージの変形」（message variant）についてみると、「標準メッセージ」に何らかの条件や制約を課して、特別な使い方をすることができる[12]。MXでは、メッセージIDの中に、メッセージの変形番号を明示的に含めることができるため、こうしたメッセージの変形についての対応を柔軟に行うことができる。

■メッセージの拡張性

　MXでは、ISO 20022に定められた「外部コード」（external code）の仕組み

12）　これは、①ローカル市場での特別なニーズに対応する場合、②STP化のためにメッセージに特別な制約を加える場合、などに必要となる。また、証券業務の分野では、ISO 15022とのフォーマット上の同期をとった利用について、証券決済・照合とコーポレート・アクションについてのバリアント（変形）が作成されている。

を利用することによって、新しいコードを通常のメインテナンスよりも短期間で追加することができる。このため、ビジネスの手法が変化した場合にも、それに柔軟に対応することが容易である。

またISO 20022のベース電文で許容されている「補足データ」（Supplementary Data）を利用すると、通常のメインテナンスのプロセスを経ずに、メッセージを拡張することが可能である。ただし、現在のところSwiftで使用する電文では、こうした補足データは使われていない。

■ メッセージの業務特定性

MXは、原則として、1つのメッセージが特定の「業務機能」（business function）のみをサポートする「業務特定メッセージ」となっている。これによって、メッセージの単純化を行うとともに、STP化などを実現している。

一方、従来のMTでは、1つのメッセージが多くの業務機能を含んだ「多目的メッセージ」であった場合も多い。こうしたケースでは、MX化に伴って、1つのMTが複数のMXに分割されることになり、MXの数は、MTに比べてかなり増加することになる。こうした多目的メッセージとなっていた分野としては、「組戻し」や「指図の拒否」（MTでは個別の電文がなく、MT 103/202を特定のフォーマットで使用していた）などがある。

■ メッセージの構造化（ストラクチャード・データ）

MXでは、タグの利用により、メッセージが構造化されたかたちで記述されるようになる（structured data）。これを利用すると、マネー・ローンダリング対策としての「送金関係者のスクリーニング[13]」（「コンプライアンス・チェック」や「AMLチェック」ともいう）の正確性や効率性が向上することが期待されている。

たとえば、MTのフォーマットでは、「受取人情報」という1つのフィールドに、受取人の住所や名前がまとめて平文で書かれており、複数の属性情報（名

---

13) 送金関係者（送金人、受取人など）が、制裁や監視の対象者に該当しないかどうかを、各国の制裁リスト（サンクション・リスト）と照合してチェックすること。

表6-16 MT と MX の名前・住所の表記方法の違い

① **MT のデータ構造**〈名前＋住所がまとめて平文で表記される〉

```
John Hector, Marketing
Department, Sales Division,
HOOGSTRAAT, 6, 1000
Brussels, Belgium
```

② **MX のデータ構造**〈項目ごとに分けて表記される〉

MX のデータ・エレメント			具体例
送金人	名前		John Hector
	住所	部署	Marketing Department
		サブ部署	Sales Division
		ストリート名	HOOGSTRAAT
		建物番号	6
		郵便番号	1000
		都市名	BRUSSELS
		国名	BE
	身分証明書番号	パスポートナンバー	111111111
送金人の口座番号	口座番号	IBAN	BE3000121637141

（出所）"ISO 20022 Programme" Swift

前、住所、都市、国名など）が混在して表記されていた。このため、フィルタリングの過程で、名前と地名、国名などを誤って検知してしまうケースなどがあった[14]。

　これに対して、構造化されたMXでは、氏名・国名・都市名などが明確に区切られて表記されるほか、住所についても「都市名」「ストリート名」「建物番号」といった詳細な項目に分けて記載される（表6-16参照）。こうした項目別に分けた記載になることにより、システムでの読み取りが容易となり、スクリーニ

14）　たとえば、「平野区」や「平野太郎」といった地名や氏名は、「HIRANO」と標記されるため、国名のIRANとして誤検知してしまう例などが挙げられる。

ングにおけるヒット率の上昇と誤ヒット（false hit）の減少が期待されている。

　Swiftの調査によると、「サンクション・スクリーニング」というSwiftのAMLチェックのサービスにおいて、MXの送金データを使ったところ、偽陽性[15]（false positive）の割合が「25〜30％程度減少した」という結果が得られている。誤ヒットが発生すると、人手をかけて事実関係の確認を行うことが必要となることから、偽陽性の減少は、銀行のコンプラ・チェック部署にとっては大きな朗報となるものとみられる。また人手による確認作業のために保留されるメッセージが減ることから、国際送金のスピードアップにもつながることが期待される。

■ 情報量の増加（リッチ・データ）

　従来のMTでは、各データ項目が固定長であったため、文字数に制約が生じており、金融取引に関する詳細な情報を記述するうえでは限界があった。しかし、ISO 20022に準拠したMXは、可変長であるため、記述可能な情報量を必要に応じて増やすことができる。このため、MXへの移行によって、より多くのデータ（rich data）のやり取りが可能になるものとみられる。特に、送金内容の詳細（remittance information）については、複数のインボイス情報や修正インボイス情報（値引きなど）なども含めることができるようになる。

　これを利用すれば、企業では豊富な送金情報を使って「売掛金の消込作業の自動化」などができるようになることが期待されている。また銀行側では、インボイス情報の提供などを新たなサービスとして顧客に提供できるようになる可能性がある。

　また、「送金の目的コード」（purpose code）といった従来のMTにはなかったデータを活用して、送金情報を分析することにより、新たな銀行のビジネスにつなげていく可能性についても検討が行われている。

15）　問題のないメッセージを、誤って不正や異常があるメッセージとして判定してしまうこと。「誤検知」ともいう。

（6）MXへの移行によるインパクト

　前述のように、すべてのSwiftユーザーは、最終期限（deadline）である2025年11月までに、対象となるメッセージについて、MXへの移行を完了させることが必要とされている。MXへの移行は、ネットワーク全体が「新しい言語」（new language）へと移行することを意味しており、「一種のパラダイム・シフト」になるものとみられる。このため、新しいメッセージ標準への移行によるインパクトは、かなり大きなものとなるものとみられている。

　またMX化は、単なるフォーマットの変更という技術的な問題ではなく、これまではできなかったこと（新たな顧客サービスなど）ができるようになるなど、ビジネス面へもさまざまな影響が及ぶ可能性がある。このため、MXへの移行は「単なるテクニカルな話だとは考えない方がよい」（米銀）ものとされており、ビジネスやストラテジー面からも、活用の可能性や影響度合いを検討していく必要があるものとみられる。

4 ｜ マイ・スタンダーズ

　Swiftでは、メッセージ標準の詳細や利用ガイドラインについての情報を共有するために、「マイ・スタンダーズ」（MyStandards）というサービスを運営している。マイ・スタンダーズには、MTとISO 20022（MX）についての「標準スタンダード」（base standards）や「利用ガイドライン」（UG：usage guide-line）などが収納されている。

　マイ・スタンダーズの利用にあたってはライセンスが必要であるが、ライセンスは利用の水準に応じて、①フリー（Free）、②ライト（Lite）、③プレミアム（Premium）、④プレミアム・プラス（Premium+）の4種類に分かれている。

5 | 市場慣行の標準化

　市場取引のSTP化を進め、決済のリスクやコストを低減するためには、上記のようなメッセージの標準化に加えて、各国における「市場慣行（market practice）の標準化」を進めていくことも重要である。

　市場慣行の標準化とは、標準化されたメッセージ・フォーマットをどのように使っていくのかについて、各国の参加者間での共通理解を醸成することである。せっかくメッセージを標準化しても、その使い方が市場ごとに異なってしまえば、メッセージを標準化したことによる効果やメリットは半減してしまうことになる。このため、メッセージの標準化に加えて、市場慣行の標準化を進めていくことが極めて重要となっている。

　こうした市場慣行の整備を行っている国際的な団体としては、資金決済に関する「PMPG」や、証券決済に関する「SMPG」がある。Swiftでは、こうしたグローバルなフォーラムに対しても、事務局機能の提供、情報提供ウェブサイトの運営などを通じて積極的に関与している。

(1) PMPG

　「PMPG」（Payments Market Practice Group）は、資金決済の分野における市場慣行の標準化を進める国際的な団体である。グローバルなプレーヤー（銀行など）の参加を得て、ISO 20022の利用に関するガイドラインなどを作成している。

　PMPGのもとでは、国際送金に関する「CBPR+」（Cross-Border Payments and Reporting Plus）や、大口資金決済システムに関する「HVPS+」（High Value Payment Systems Plus）といったワーキング・グループが活動を行っている。

　「CBPR+」は、クロスボーダーの送金や支払に、ISO 20022のメッセージをどのように利用するかを定義しようとするグループであり、各国のペイメント

のエキスパートによって構成されており、Swiftが議長を務めている。同グループでは、すでに多くの利用ガイドラインを作成しており、これは、Swiftのウェブサイトにある「マイ・スタンダーズ」（MyStandards）に掲載されている。

「HVPS+」は、大口決済システム（High Value Payments System）におけるISO 20022メッセージの利用方法に関するベスト・プラクティスの作成を進めるタスクフォースであり、各国の市場インフラの運営者（中央銀行など）と市場参加者（銀行など）によって構成されている。ISO 20022メッセージを採用する大口資金決済システムが増えてきていることから、各国のシステムで利用するメッセージ間の整合性を保つことにより、クロスボーダー決済における相互運用性を確保しようとするものである。

HVPS+では、すでにいくつかのガイドラインを作成しており、上述したSwiftの「マイ・スタンダーズ」に掲載されている。

（2）SMPG

「SMPG」（Securities Market Practice Group）は、証券分野における市場慣行の標準化を進める国際的な団体である。ISO 15022やISO 20022などのメッセージの利用に関する市場慣行を統一することを目指している。SMPGのゴールは、証券取引における取引プロセス全体（end-to-end）のSTP化を進めることであるとされている。

SMPGでは、傘下に「決済・照合」「投資ファンド」「コーポレート・アクション」などのワーキング・グループが設けられており、それぞれの分野における標準化を進めている。すでに作成されたガイドラインは、Swiftの「マイ・スタンダーズ」に掲載されている。

第7章 Swiftメッセージに使われるコード体系

　Swiftのメッセージにおいては、国際送金などの処理の効率化を進めるため、国名、通貨名、口座番号などに多くのコード体系が使われている。これらのコード体系の多くは、ISO[1]（国際標準化機構）に登録され、国際的に合意された「ISO規格」となっている。

　Swiftでは、これらの国際標準の作成機関（standard-setting body）となっているとともに、いくつかの標準については、自らが「維持管理機関」（maintenance agency）や「登録機関」（RA：Registration Authority）となっており、国際送金などに関連する国際標準の作成や管理・運営において中心的な役割を果たしている。Swiftでは、標準化された金融メッセージをグローバルなネットワークで交換しているため、自らが作成し、維持・管理するコード体系を、自らのメッセージング・サービスで用いるかたちとなっている。すなわち、Swiftのメッセージング業務と国際標準化とは表裏一体の関係にあるものと言える。このため、Swiftでは、こうした国際標準化活動を業務の重要な柱の1つとして位置付け、積極的に関与を行っている。

　Swiftのメッセージに使われているコード体系のうち、ISOに登録されているものは、表7-1の通りである。以下では、これらのうち、主なものについて解説を加えることとする。

---

[1]　International Organization for Standardization の略称。スイスのジュネーブに本部を置く非政府機関であり、さまざまな国際規格を制定している。

表7-1 Swiftのメッセージで使われている主なコード体系

コード体系	略称	ISO の規格番号
① 国名コード	—	ISO 3166
② 通貨コード	—	ISO 4217
③ 企業識別コード	BIC	ISO 9362
④ 国際銀行口座番号	IBAN	ISO 13616
⑤ 国際証券識別コード	ISIN	ISO 6166
⑥ 取引主体識別子	LEI	ISO 17442
⑦ 証券メッセージのフォーマット	—	ISO 15022
⑧ 金融サービスの通信メッセージ標準	—	ISO 20022
⑨ 日付フォーマット	—	ISO 2014
⑩ 時刻表示のフォーマット	—	ISO 8601
⑪ 証券コードの伝送のためのフォーマット	—	ISO 8532

(出所) 筆者作成

1 | 国名コード

Swiftのメッセージにおいて国名を表す場合には、アルファベット2文字の「国名コード」(country code) が用いられる。これは、ISO 3166として国際標準になっている。ISO 3166は、ISO (国際標準化機構) 自身が維持管理機関となっており、国連 (国際連合) による国家の認定に基づき、コードの追加などを行っている。主要国の国名コードは表7-2の通りであり、常にアルファベットの大文字が用いられる (以下、通貨コード、企業識別コードなどでも同様)。

このアルファベット2文字の国名コードは、後述する通貨コード、国際証券識別コードなど、他のコード体系における構成要素として用いられているほか、インターネットのドメイン名 (.jpなど) にも使われている。

表7-2 国名コード（ISO 3166）の例

コード	国名	コード	国名	コード	国名
AR	アルゼンチン	CA	カナダ	DE	ドイツ
AU	オーストラリア	CH	スイス	ES	スペイン
AT	オーストリア	CL	チ リ	JP	日 本
BE	ベルギー	CN	中 国	GB	英 国
BR	ブラジル	FR	フランス	US	米 国

（出所）ISO

2 | 通貨コード

Swiftのメッセージにおいて通貨名を表す場合には、アルファベット3文字の「通貨コード」（currency code）が用いられる。これは、ISO 4217として国際標準となっている。ISO 4217は、英国規格協会（BSI：British Standards Institution）が維持管理機関となっている。

通貨コードのアルファベット3文字のうち、最初の2文字には、上述した国名コード（ISO 3166）が使われ、残り1文字には通貨名のイニシャルが用いられることが多い。

たとえば、日本円の場合には、国名コードの「JP」に、円（Yen）のイニシャルの「Y」を加えて、「JPY」とされている。また、米ドルについては、国名コードの「US」に、ドルのイニシャルである「D」を加えて、「USD」となっている。ただし、複数国の共通通貨であるユーロについては、こうした原則とは異なり、ユーロの略称である「EUR」が採用されている。

主要国の通貨コードは、表7-3の通りである。

表7-3 通貨コード（ISO 4217）の例

コード	通貨名	コード	通貨名	コード	通貨名
ARS	アルゼンチン・ペソ	CLP	チリ・ペソ	JPY	日本円
AUD	オーストラリア・ドル	CNY	中国人民元	KRW	韓国ウォン
BRL	ブラジル・レアル	EUR	ユーロ	MXN	メキシコ・ペソ
CAD	カナダ・ドル	GBP	英ポンド	THB	タイ・バーツ
CHF	スイス・フラン	HKD	香港ドル	USD	米ドル

(出所) ISO

3 | 企業識別コード（BIC）

（1）企業識別コードとは

Swiftのメッセージにおいては、送金銀行、受取銀行、中継銀行など、金融機関名を指定することが必要となるケースが多い。こうした場合には、「企業識別コード」（BIC：Business Identifier Code）が用いられる。BICは、Swiftを使った国際送金でよく用いられることから、「Swiftコード」とも呼ばれる。

BICは、世界の企業ごとに固有の識別コード（unique identifier）を付すことにより、各企業を一意的に識別するためのコード体系である。一般には、英語の頭文字をとって「BIC」（ビック）や「BICコード」と呼ばれることが多い。BICは、ISO 9362として国際標準になっており、国際的に広く用いられている。

BICは、従来は金融機関のみを対象としており、「銀行識別コード」（Bank Identifier Code）と呼ばれていたが、2009年にその対象を非金融機関にまで拡大し、名称もBankからBusinessに変更された（BICという略称は不変）。ただし、実際には銀行間の送金業務、特に国際送金業務において広く利用されている。

（2）BICのコード体系

■ BIC8とBIC11

BICは、全部で11桁のコード体系であり、①「企業プレフィックス」（party prefix：4桁の英数字）、②国名コード（country code：2桁のアルファベット）、③「企業サフィックス」（party suffix：2桁の英数字）、④支店識別子（branch identifier：3桁の英数字）の4つの部分によって構成されている（図7−1参照）。このうち、最初の8桁のことを「企業識別子」（business party identifier）という。最後の3桁の支店識別子については、利用は任意（optional）とされている。

BICの最初の8桁を用いる場合を「BIC8」、支店識別子までを含めて用いる場合を「BIC11」と呼ぶ。11桁を求められた場合に、BIC8に下3桁のX(エックス)を加えて使う場合もある（「BOTKJPJTXXX」など）。

■ 2014年版の導入による全面改訂

BICは、2014年版を導入する際に、コード体系の全面的な見直しが行われた。従来のバージョン（2009年版）では、BICの11桁は、「企業コード」（4桁）、

図7-1 企業識別コード（BIC）のコード体系

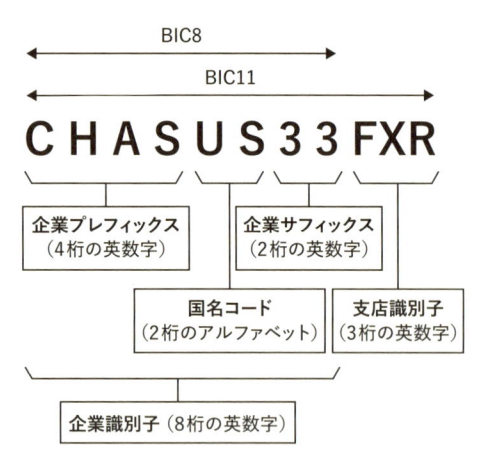

（注）JPモルガン・チェース銀行　マディソン通り支店の例
（出所）Wiseウェブサイトを修正

「国名コード」（2桁）、「地域コード」（2桁）、「支店コード」（3桁）の組み合わせとされていた。これが上記のように企業プレフィックス、企業サフィックスなどに再定義されたため、同じ11桁のコード体系ではあるものの、中身は大きく入れ替わることとなった。

　従来の2009年版では、企業コードや地域コードにより、コード対象機関の名称や所在地を推察することが可能となっていた。たとえば、三井住友銀行の企業コードは「SMBC」、多摩信用金庫は「TAMA」などとなっており、BICは、ある程度、金融機関名と結びついていた。しかし2014年版では、企業プレフィックスと企業サフィックスがランダムな英数字コードで付番されるようになった[2]ことから、見直し後に付番された新たなBICでは、企業の名称や所在地が判別できなくなっている。

（3）BICの構造

　現状のBICは、①企業プレフィックス、②国名コード、③企業サフィックス、④支店識別子、の4つによって構成されている（表7-4参照）。

　このうち、①企業プレフィックスと③企業サフィックスについては、ISO 9362の登録機関となっているSwiftが、ランダムに付番を行うこととされている。②国名コードの部分には、上記のISO 3166による2桁のアルファベットを用いる（この部分については、従来と変更なし）。

　企業プレフィクスの4桁については、規格ではアルファベットと数字の両方の利用が認められているが、BICの登録機関であるSwiftでは、アルファベットのみを利用する方針である（従来からアルファベットのみを利用してきており、アルファベットのみでも十分な数が見込めるため）。

　④支店識別子は、支店、部署、サービスなどを特定するための3桁の英数字コードであり、利用は任意（optional）となっている。

　企業プレフィックスや企業サフィックスの部分は、従来は「企業コード」や

2）　金融業界では、合併や統合などが多発していることから、金融機関の名称等に基づく
　　従来の付番ルールを維持することが困難になってきたことによるもの。

表7-4 企業識別コード（BIC）の各項目

項目	内容
企業プレフィックス （party prefix）	登録機関*がランダムに付番する4桁の英数字コード
国名コード （country code）	ISO 3166に基づく2桁の英文字コード
企業サフィックス （party suffix）	登録機関*がランダムに付番する2桁の英数字コード
支店識別子 （branch identifier）	企業内の支店、部署、サービス等を特定するための3桁の英数字コード （オプション）

（注）＊登録機関は Swift
（出所）筆者作成

「地域コード」であったが、これをすべて一から新しいコードに変更することは、業界全体に大きなコスト負担をもたらすとともに、さまざまな混乱を生じさせる可能性がある。このため、すでにBICの割当てを受けていた企業については、「既存のBIC」（existing BIC）を使い続けることができることとした。そして、新たにBICを割当てる場合にのみ、上記のようなランダムな付番を行うこととしている。

(4) BICデータレコード

上記のように、2014年版によって付番されたBICでは、ランダムな英数字が用いられるようになったため、コードを見ただけでは銀行名などを把握することはできない。このため、企業名や住所などのコードの属性情報は、コードとは別に「BICデータレコード」（BIC data record）として管理されるようになっている。

BICデータレコードとしては、①企業名、②住所、③金融機関（FIN：Financial Institution）か非金融機関（NFIN：Non-financial Institution）かのタイプ別、④支店に関する情報（所在地、部署、提供サービス）などが含まれる。BICデータレコードの正確性を保つこと（最新の情報へのアップデートなど）は、BICの付番を受けた企業（「BIC owner」という）の責任とされている。

BICの登録機関（RA）はSwiftが務めており、BICの登録作業、新規先への
コードの割当て、Swiftのウェブサイト上での「BIC名鑑」（BIC Directory）の
提供などを行っている。

4 国際銀行口座番号（IBAN）

(1) IBANとは

海外送金を行う場合に、相手の口座番号を指定するために使われるのが「国
際銀行口座番号」（IBAN[3]：International Bank Account Number）である。
IBANは、顧客の銀行口座を国際的に一意的（ユニーク）に特定するためのも
のであり、クロスボーダー送金の処理を自動化するうえでは必要不可欠なもの
となっている。世界の約90カ国がIBANを採用しており[4]、これらの国あてに
送金を行う場合には、IBANを記載していないと、手数料が請求されたり、受
取人口座への入金が遅れたり、最悪の場合には受取りが拒否されたりすること
がありうる。たとえば、欧州（ユーロ圏）では、2004年の「EU指令」によって、
欧州域内へのユーロ建ての国際送金については、BICとIBANの両方を記載す
ることが義務付けられている。

IBANは、ISO 13616として国際標準となっており、やはりSwiftが登録機関
（RA）となっている。

(2) IBANの構成

IBANは、①国名コード[5]（アルファベット2文字）、②チェック・ディジット[6]
（数字2桁）、③「基礎銀行口座番号」（BBAN：Basic Bank Account Number）

---

3) 「アイバン」と発音される。
4) 日本では、まだIBANを採用していない。
5) 前述したISO 3166を用いる。

図7-2 IBANのコード体系

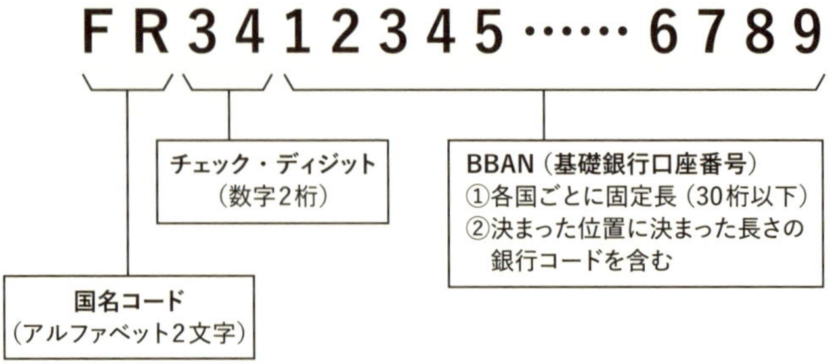

```
F R 3 4 1 2 3 4 5 …… 6 7 8 9
```

チェック・ディジット
（数字2桁）

BBAN（基礎銀行口座番号）
①各国ごとに固定長（30桁以下）
②決まった位置に決まった長さの
　銀行コードを含む

国名コード
（アルファベット2文字）

（出所）筆者作成

の3つの部分から構成されている（図7-2参照）。

　このうち、BBAN（基礎銀行口座番号）の部分には、銀行コード（銀行名、支店名を示す）や国内口座番号が含まれており、各国において、個別の金融機関における個々の銀行口座をユニークに特定するための番号体系となっている。BBANは、30桁以下で固定長とされており、国毎に桁数を決めることができる。

　BBANの中には、決まった位置に固定長の銀行名や支店名を特定する「銀行コード」（bank identifier）を含めることとされている（この銀行コードは、BICである必要はなく、国内コードを使うことも可能である）。BBANの部分は、最大で30桁までとされているため、IBAN全体では、国名コード（2桁）とチェック・ディジット（2桁）を合わせて、最大34桁までとなっている。

　このように、IBANは、各国の「口座番号体系のフォーマット」（桁数や使える文字）についての規格である。このうちBBANの部分は、各国ごとに異なる長さとなっているため、IBANの桁数は国によって異なっている点には注意が必要である（たとえば、ベルギーは16桁、ドイツや英国は22桁、イタリアやフランスは27桁など）。

6）　コード全体が正しいものかどうかを検証（チェック）するために付加される数字であり、入力ミスなどを防ぐために用いられる。

（3）IBANの具体例

IBANの具体例をベルギーについてみることとしよう。ベルギーでは、BBANが、数字3桁の「銀行コード」と数字9桁の「口座番号」によって構成されている（したがって、BBANの部分は12桁となる）。

ベルギーのIBANは、この12桁のBBANの前に、国名コードである「BE」とチェック・ディジット（2桁の数字）を加えた合計16桁となる（図7-3参照）。

（4）IBANの登録と公表

IBANは、Swiftが登録機関（RA）となっているが、登録を申請できるのは、各国の標準化団体（または中央銀行）とされている。この際に登録するのは、IBANの書式仕様（構成要素と各要素の文字数、使える文字）である。すなわち、膨大な数にのぼる個々の口座番号を登録するのではなく、各国ごとの「口座番号体系のフォーマット」を登録する仕組みとなっている。

Swiftでは、登録機関として「IBAN登録簿」（IBAN Registry）を作成し、各国のIBANを公表している。2024年7月時点で、88カ国のIBANが登録されている。

図7-3 IBANのコード体系の具体例（ベルギーの例：計16桁）

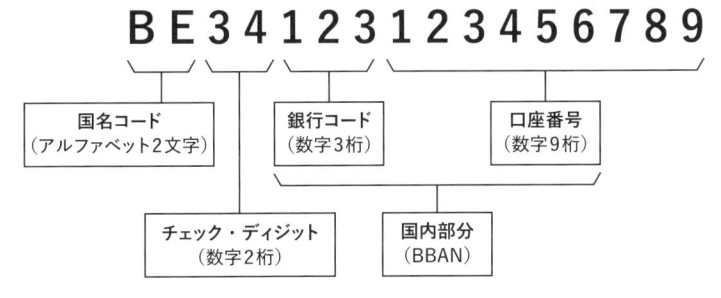

（出所）筆者作成

5 | 国際証券識別コード（ISIN）

（1） ISINとは

Swiftのネットワークは、国際的な証券取引のためにも多く利用されている。たとえば、日本の機関投資家が米国の株式を買ったり、米国の投資家が日本の国債を売買したりする場合の約定や決済に関するメッセージは、Swiftのネットワークを通じて各国の当事者間でやり取りされている（詳しくは第8章を参照）。

こうした証券取引のメッセージにおいては、取引の対象となる株式や債券の銘柄を特定する必要があるが、その際に用いられるのが「国際証券識別コード」（ISIN：International Securities Identification Number）であり、「ISIN[7] コード」とも呼ばれる。

ISINは、全世界で共通となる12桁のコード体系であり、ISO 6166として国際標準になっている。ISINは、①「国名コード[8]」（アルファベット2文字）、②「国内コード」（9桁の英数字）、③チェック・ディジット（数字1桁）の3つの部分で構成されている（図7-4参照）。

図7-4 国際証券識別コード（ISIN）のコード体系

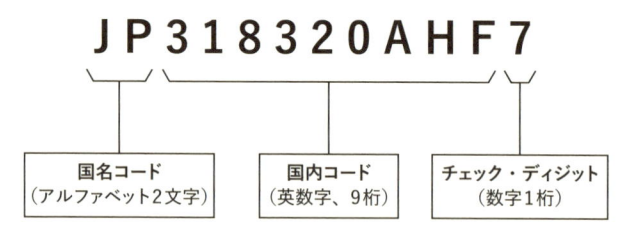

（注）日本取引所グループの社債の例
（出所）東京証券取引所

7） 「アイシン」と発音される。
8） 前述した ISO 3166を用いる。

（2）ISINの付番機関

ISINについては、各国ごとに「付番機関」（NNA：National Numbering Agency）が設置されており、その国で発行された証券（株式、債券など）の国内コードを付番することとされている。これによって、全世界の証券を同一のコード体系の下で一義的に識別することが可能となっている。

また、各国の付番機関（NNA）の国際協会である「ANNA」（Association of National Numbering Agencies）が設置されており、ISINの維持管理機関（maintenance agency）となっている。ANNAには、120カ国以上がメンバー（またはパートナー）として参加しており、世界の主要な証券市場をカバーしている。

わが国については、国内コードの付番を行っている「証券コード協議会」の事務局を務める東京証券取引所がISINの付番機関として登録されている。

（3）ANNAサービスビューロー

ISINについての正確でタイムリーな情報を発信するために「ANNAサービスビューロー」（ASB：ANNA Service Bureau）が設立されている。ASBでは、各国の付番機関（NNA）からISINデータを収集し、これを取りまとめた中央データベースを作成して、ISIN情報を世界の市場参加者に幅広く配信している。2023年末時点で、世界の株式や債券など1億以上の銘柄にISINが付番されている。

---

6 ｜ 取引主体識別子（LEI）

（1）LEIとは

「取引主体識別子」（LEI：Legal Entity Identifier）とは、金融商品の取引を行う当事者[9]（legal entity：法人、ファンドなど）を国際的に識別するためのコー

ド体系である。

　LEIは、法人番号に関する国際規格として「ISO 17442」という国際標準になっており、Swiftのメッセージにおいては、送金の法人顧客、取引当事者などを指定するために用いられる。このほか、米国やEUでは、監督当局にOTCデリバティブなどの取引報告を行う際には、取引当事者のLEIを記載することが義務付けられている。

（2）LEIのコード体系

　LEIは、英数字（alphanumeric）による全部で20桁のコード体系である。LEIは、取引当事者からの申請に応じて、各国における「LEI付番機関」（LOU：Local Operating Unit）がLEIを指定（付番）することになっている[10]。

　LEIは、①LOUを特定するための接頭コード[11]（LOU-prefix：数字4桁）、②予備コード（数字2桁）、③各国のLOUが付番するランダムなコード（12桁の英数字[12]）、④チェック・ディジット（数字2桁）、の合計20桁によって構成されている（図7-5参照）。各国で取引当事者を特定する12桁については、完全にランダムな英数字の文字列となっている。

図7-5 取引主体識別子（LEI）のコード体系

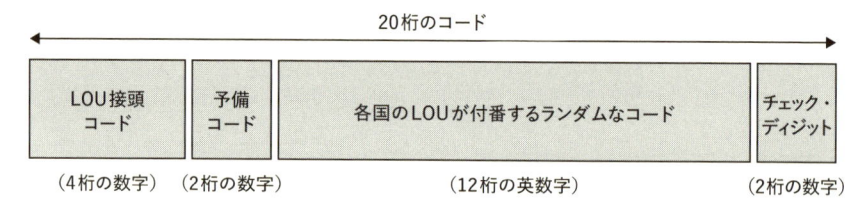

（出所）東京証券取引所の資料をもとに筆者作成

9）　自然人は除く（ただし、個人事業主は取得が可能）。
10）　日本については、東京証券取引所（東証）がLEI付番機関となっている。
11）　東証のLOU-prefixは「3538」となっている。
12）　アルファベットは、大文字のみを利用する。

（3）LEIの推進体制

　LEIの運用や利用推進のために、「グローバルLEI財団」（GLEIF：Global Legal Entity Identifier Foundation）がスイスに設立されている。GLEIFは、金融安定理事会（FSB）によって設立された非営利組織であり、LEIの中央運用機関（COU：Central Operating Unit）として、LEIの発行・登録などについての統一的な基準作りや、各国LOUの統率・管理などを行っている。

（4）BICとLEIの関係

　前述した企業識別コード（BIC）が金融機関を主な付番の対象としており、国際送金業務において広く用いられているのに対し、LEIは、非金融機関である一般企業を広く含んでおり、利用の場面も国際送金に限られず、一段と幅広いものとなっている[13]。

　ちなみにLEIでは、①金融機関、②上場企業、③株式や債券を発行するすべての企業、④金融商品の取引を行うすべての事業体、⑤金融規制当局の管轄下にあるすべての事業体とその子会社、などをすべて付番の対象としており、付番のスコープがかなり広範囲になっているのが特徴である。

　このようにスコープは異なっているものの、BICとLEIは、いずれも金融機関と一般企業の両方を付番の対象としている。このため、ある企業が、BICの付番を受ける一方で、LEIの登録も行っているといった場合がありうる（つまり、1つの企業が、2つの識別子〈コード〉を持っている可能性がある）。

　こうしたダブル付番の状態は混乱を招きやすいことから、BICの登録機関であるSwiftでは、LEIの中央運用機関であるGLEIFと協力して、BICとLEIを紐づけした「BIC-LEIファイル」を作成し、公表している。このファイルには、BICとLEIの両方の付番を受けている企業について、その対応関係（BIC-LEI pair）が掲載されている。このファイルは「オープンソース・ファイル」として、市場参加者が無料で利用し、相互参照を行うことができる。BIC-LEIファイル

13）　たとえば、中国では、輸出入にかかる企業コードとして、LEIを利用している。

は、CSV形式で公表され、毎月更新される。

（5）国際送金におけるLEI

国際送金におけるLEIの利用については、FSB（金融安定理事会）、BIS（国際決済銀行）のCPMI（決済・市場インフラ委員会）などが、国際送金を行う際に法人顧客や受益者を識別する手段として、LEIを利用することを推奨している。また国際的な送金に関する市場慣行の標準化を進める「PMPG[14]」でも、国際送金の指図にLEIを導入することを、数度にわたって提言している。

さらに、各国レベルでの規制状況をみても、インドでは、国内の決済システム（RTGSとNEFT）において、送金金額が一定以上の場合には、支払指図にLEIを含めることを義務付けている。また、英国のイングランド銀行でも、大口決済システムである「CHAPS」において、2024年から金融機関間の取引においてLEIの利用を義務化している。

今のところ、国際送金業務においてLEIが全面的に義務付けされるには至っていないものの、このようにLEIの利用促進に向けた気運は高まりつつある。また、国際送金に用いられるメッセージ・フォーマットが、固定長の「MT」から、リッチ・データを特徴とする「MX」に変更されることも、LEIの利用拡大を後押しするものとみられている。

7 ｜ 証券メッセージのフォーマット（ISO 15022）

Swiftでは、証券取引に関する「MT 500番台」のメッセージ・フォーマットに「ISO 15022」という国際規格を使っている。ISO 15022は、ISO/TC68が作成した証券取引用のメッセージ・フォーマットの規格である。

---

14) Payments Market Practice Groupの略。資金決済の分野における市場慣行の標準化を進める国際的な団体である（第6章を参照）。

Swiftでは、長年、旧国際標準であった「ISO 7775」を利用していたが、2002年に後継となるISO 15022への移行を行った。ISO 15022は、Swiftのほかにも、各国の証券決済機関（NCSD）やユーロクリアなどの国際的な証券決済機関（ICSD）において、幅広く利用されている。

（1）ISO 15022の概要

ISO 15022は、国際的な証券の受渡しに関する通信メッセージについて定めた国際標準である。ISO 15022は、従来の証券メッセージの標準であったISO 7775を大幅に改訂した後継の標準であり、Swiftが登録機関（RA）として維持管理に中心的な役割を果たしている[15]。

ISO 15022は、①メッセージの文法にあたる「シンタックス・ルール」、②メッセージの「作成ルール」、③データ・フィールドの「辞書」（DFD：Data Field Dictionary）などからなっており、これに基づいて作成されたデータ・フィールドの辞書やメッセージのカタログなどが、Swiftによって登録・公表されている。

（2）ISO 15022による証券メッセージ

ISO 15022によって作成される証券メッセージは、①データ・フィールド、②限定子（qualifier）、③フォーマット、の3つの要素により構成される。

「データ・フィールド」とは、そのフィールドが何に関するものかを示す番号である（たとえば、69は「期間」に関するものであることを示す）。また「限定子」は、フィールドに記載する情報をさらに詳細に定義するものである（たとえば、「金利の適用期間」とか、「取引期間」など）。さらに「フォーマット」は、利用できる文字の種類や桁数を定義するものである（たとえば、アルファベット8文字とか、数字10桁など）。

---

15) このようにSwiftでは、ISO 20022とISO 15022の両方において「登録機関」（RA）となっており、国際標準のメインテナンスに大きな役割を果たしている。

前述のようにSwiftでは、資金メッセージについては、ISO 20022へ移行することを決めたが（第6章の3.を参照）、証券メッセージについては、この移行の対象外としており、当面は、ISO 15022の利用を続ける方針である。

8 ｜ 金融通信メッセージの国際規格（ISO 20022）

（1）ISO 20022の概要

　ISO 20022は、XMLをデータ記述言語として利用する、金融通信メッセージの国際規格である[16]。ISO 20022は、当初、証券取引用のメッセージ・フォーマットであるISO 15022の後継規格とすべく開発が進められたが、さまざまな通信メッセージが並立する状況を改善するべく、金融業務の全般において横断的に適用できるXMLベースの通信メッセージ規格として開発することに途中で方針が変更され、2004年に制定された。ISO 20022の登録サービスは、登録機関（RA）であるSwiftが行っている。

　前章で述べたように、Swiftでは、資金メッセージの分野（MT 100番台、MT 200番台、MT 900番台）については、従来の「MT」から、ISO 20022に準拠した「MX」に移行することを決めており、すべてのユーザーが、移行の最終期限（deadline）である2025年11月までに移行を完了させる必要がある（詳細は第6章を参照）。

（2）ISO 20022の特徴

　従来の通信メッセージ規格が、シンタックス（メッセージ作成のための構文）の仕様を詳細に定めていたのに対し、ISO 20022では、シンタックスを作成す

---

[16]　これに対して、従来から利用してきたMTフォーマットは、ISO規格ではなく、Swift独自の通信メッセージ規格である。

る際の基本的な技術・方法のみを定めている。特に、次の点が特徴となっている。

①データ記述言語として「XML」（eXtensible Markup Language）を採用している。

②業務プロセスから具体的な通信メッセージを作成するうえで「メタ標準化」の考え方（モデリング）を採用している。

③モデリングを利用して、既存の通信メッセージをISO 20022ベースのメッセージに作り替える「リバース・エンジニアリング」の手法を取り入れている。

　従来の「固定長フォーマット」の通信メッセージ規格では、決められた長さのフィールドに、決められた方法（文字の種類、桁数など）でデータを記入することが必要であった。これに対して、ISO 20022では、XMLを使うことによって、フォーマットの長さに制限がなくなり、「可変長フォーマット」となった。また、記述の方法（文字数やフォントなど）にも制約がなくなるため、メッセージの柔軟性が飛躍的に高まることとなった。

（3）ISO 20022のメインテナンス

■ISO 20022の管理組織
ISO 20022を管理するための枠組みとしては、以下のようなものがある。

①登録管理グループ（RMG：Registration Management Group）：通信メッセージなどの登録手続きを管理する。

②標準評価グループ（SEG：Standards Evaluation Group）：具体的な個々のメッセージ標準案の妥当性を検証する。資金決済、証券決済などの専門家により、分野別に設けられている。

③登録機関（RA：Registration Authority）：実際にメッセージ・フォーマットなどを登録するレポジトリを管理する。

前述のように、ISO 20022については、Swiftが登録機関（RA）となっており、ISO 20022の維持・管理において中心的な役割を果たしている。

■ISO 20022の変更手続き

ISO 20022のメッセージに変更が必要となった場合には、そのメッセージを使っている利用機関から「変更要求」（change request）が出される。その変更要求がその分野を担当するSEGで審査され、変更が認められると、その内容がISO 20022のウェブサイトで公開される。メッセージの変更は、通常のメインテナンスでは、毎年6月1日を期限として変更要求が提出され、SEGにおける審査などを経て、翌年2～5月の間に公表される。このISO 20022のメインテナンス・プロセスにおいて、Swiftは登録機関（RA）としての役割を果たす。

Swiftでは、Swiftメッセージの変更を毎年11月に「年次改訂」（SR：Standards Release）としてコミュニティに通知する。ISO 20022のメッセージについても更新があった場合には、Swiftコミュニティが準備を円滑に進められるように、変更要求の情報を新しいバージョンの利用開始日（live date）の約12カ月前にSwiftコミュニティに対して通知し、ISO 20022の公表情報に基づいて利用開始日の約6～9カ月前に最終版の情報を通知することとしている（図7-6

図7-6 ISO 20022のメインテナンスとSwiftの役割

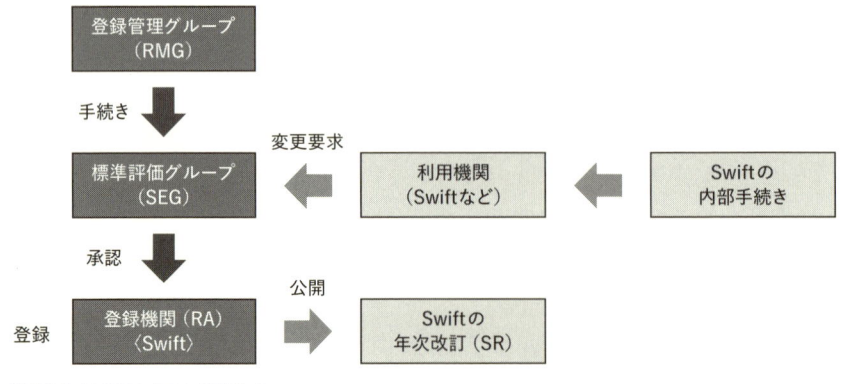

（出所）Swift資料をもとに筆者作成

参照）。

　Swift上で利用されているISO 20022メッセージに変更が必要な場合には、まずSwift内部の手続きとしてSwiftコミュニティから変更要求が集められ、Swiftがコミュニティを代表してISO 20022に変更要求を提出する。その後は他の利用機関から提出された変更要求と同じプロセスを経る。つまりSwiftは、変更要求を行う利用機関であると同時に、変更を登録する登録機関（RA）でもあり、一人二役の役割を担っている。

Swiftの業務の広がり

第8章

証券業務における
Swiftの利用

　本章では、国際的な証券の取引や決済におけるSwiftの利用についてみることとする。Swiftは、主に国際送金に使われているというイメージが強いが、実は国際的な証券（株式、債券など）の取引における約定や決済などにも、幅広く使われている。

　たとえば、日本の機関投資家が米国の国債を買ったり、米国の投資家が日本の株式を売買したりする際の約定や決済に関するメッセージは、Swiftのネットワークを通じて、各国の当事者間でクロスボーダーにやり取りされている。

　国際送金などに使われるSwiftのメッセージが「資金メッセージ」と呼ばれるのに対して、証券業務（取引や決済など）に使われるメッセージは、一般に「証券メッセージ」と呼ばれている。

1 ｜ 証券業務とSwift

（1）Swiftの証券メッセージ（MT 500番台）

　証券メッセージは、Swiftのメッセージ体系の中では、「MT 500番台」として位置付けられている（第6章を参照）。そして、MT 500番台のメッセージ・フォーマットには「ISO 15022」（証券メッセージのフォーマット）という国際

規格が用いられている（第7章の7.を参照）。

　前述のように、資金メッセージ（MT 100番台、MT 200番台など）については、従来の「MT」をISO 20022に準拠した「MX」に移行することとされている（移行期限は2025年11月まで）。しかし証券メッセージについては、Swiftでは引き続きISO 15022に準拠した「MT」を利用していく方針である。

　これは、ユーザーへの移行ニーズのアンケートにおいて、証券メッセージについては、ISO 20022への移行の要望がさほど強くなかったことによるものである。証券決済については、証券決済期間の短縮化（T+3 → T+2 → T+1）など、他にもシステムやビジネス・プロセスに影響を及ぼすプロジェクトが目白押しであり、関係者にMXへの移行の余裕がなかったことも影響しているものとみられる。

(2) 証券メッセージのウェイト

　Swiftの主要サービスである「FINサービス」における構成比（2022年中）をみると、証券メッセージ（MT 500番台）のウェイトが51％と、資金メッセージのウェイト（44％）を上回っており、最大のウェイトを占めるに至っている（図2−3参照）。Swiftは「国際送金のためのネットワーク」というイメージが強いが、実はネットワーク上でやり取りされるメッセージの数では、すでに証券メッセージの方が資金メッセージを上回っているのである。

　このように証券メッセージのウェイトが高くなっているのは、次のような要因によるものである。

①証券の売買や決済に関しては、機関投資家、証券会社、ローカル・エージェント、グローバル・カストディアン、サブ・カストディアンなど、多様な当事者が関与しており、それぞれの間でメッセージのやり取りが行われること。

②1つの証券取引について、売買注文、アロケーション、コンファメーション、決済指図など、何段階にもわたってメッセージのやり取りが行われること。

③証券決済などの「指図」に対しては、必ず「報告」が行われるため、その分、メッセージの数が増えること。

④決済ステータスの通知など、その時点での処理状況を通知するために、同じ１つの取引について、同じ通知メッセージが何度も発出されること。

つまり、(a) 多様な当事者、(b) 多段階の取引処理、(c) 通知や報告の必要性、といった要因から、証券メッセージは件数が増える傾向にある。

(3) 証券メッセージの3分野

Swiftの証券メッセージ（MT 500番台）には、MT 500からMT 599まで、全部で55のメッセージが設定されている。

これらの証券メッセージは、大きく、「証券の売買・約定に関するメッセージ」（TIC：Trade Initiation and Confirmation）、「証券決済に関するメッセージ」（S&R：Settlement and Reconciliation）、「コーポレート・アクションに関するメッセージ」（CA：Corporate Action）の3分野に分けることができる（表8-1）。

■証券の売買・約定に関するメッセージ（TIC）

証券取引の当事者（機関投資家、証券会社など）の間で、売買注文の発注、取引状況の通知、アロケーション[1] の指図、売買報告、などを行う際に利用するメッセージである。

■証券決済に関するメッセージ（S&R）

上記の証券の売買・約定のプロセスが終了すると、次に、実際の証券の受渡しや資金の決済までの間に各種の業務が行われる。S&Rは、こうしたいわゆる「証券ポスト・トレード」の段階で、機関投資家、グローバル・カストディアン、サブ・カストディアンなどの間で、受取指図、引渡指図、受取コンファ

---

1) 執行された大口注文（ブロック・トレード）について、ファンドマネージャーが個別のファンド（顧客の口座）ごとに配分するための配分指図。

表8-1 証券メッセージの3分野と主なメッセージ・タイプ

分野	主なメッセージ・タイプ
①証券の売買・約定に関する メッセージ （TIC）	MT 502（売買注文） MT 509（取引ステータスの報告） MT 513（出来通知） MT 514（アロケーション指図） MT 515（売買報告） MT 517（売買報告に対する承認） MT 518（市場サイドの取引コンファメーション）
②証券決済に関するメッセージ （S&R）	MT 540・MT 541（受取指図） MT 542・MT 543（引渡指図） MT 544・MT 545（受取りのコンファメーション） MT 546・MT 547（引渡しのコンファメーション） MT 535 〜 MT 537（預り残高・取引等のステートメント） MT 548（決済状況の通知） MT 549（ステートメント・決済状況通知の要求）
③コーポレート・アクションに 関するメッセージ （CA）	MT 564（コーポレート・アクションの通知） MT 565（コーポレート・アクションの指図） MT 566（コーポレート・アクションの承認） MT 567（コーポレート・アクションの処理状況の通知） MT 568（コーポレート・アクションに対する詳細の指示）

（出所）"Category5−Securities Markets : Message Reference Guide" July 2022

メーション、引渡コンファメーション、決済状況の通知、などをやりとりする際に用いられるメッセージである。こうしたメッセージを使うことにより、国際的な株式や債券の取引を効率的に決済することが可能となっている。

■コーポレート・アクションに関するメッセージ（CA）

「コーポレート・アクション」とは、証券の価値（株数、価格など）に影響を与えるような企業の財務上の意思決定のことを指す。すなわち、株主の権利や配当などに関する情報のことであり、配当、増資、減資、企業の合併・買収（M&A）、株式分割、株式併合、株式交換、株式の公開買付け（TOB）、スピンオフ（子会社分割など）、債券の利払いや償還に関する情報、などが含まれる。

コーポレート・アクション分野のメッセージは、こうした株主としての権利や配当に関する情報を、機関投資家、グローバル・カストディアン、サブ・カストディアンなどの間でやり取りする際に用いられる。具体的には、①決定内

容を関係者に通知し、②それに対する対応（賛否の意思表示など）を指図し、③対応の内容を確認し、④処理状況を通知する、といった場面で用いられる。

　これら証券メッセージの3分野のうちでも、Swiftのネットワークを通じた利用が最も多いのが、「証券決済に関するメッセージ」（S&R）の分野であり、以下では、この分野を中心に述べる。

2 ｜ 証券決済に関するメッセージ・フロー

（1）証券決済の当事者

　国際的な証券取引では、「機関投資家[2]」（institutional investor）による証券取引が大部分を占める。機関投資家による証券取引においては、「機関投資家」「証券会社」「カストディアン」の3者が証券決済の当事者となる。

　これは、この3者の間で一定の役割分担が行われているためである。まず機関投資家は、運用の方針や投資対象を決定したうえで、売買の指示を行うことに特化しており、証券取引においては買い手となることから、一般に「バイサイド」（buy side）と呼ばれる。また、証券会社は、バイサイドからの注文を受けて、市場での「取引の執行」（trade execution：約定・売買）を行うことに特化しており、「ブローカー」（broker）または「セルサイド」（sell side）と呼ばれる。さらに、機関投資家が保有する証券の保管は、投資家のために証券の保管・管理を行う「カストディアン」（custodian）に委託される。一般的には、金融機関（銀行、信託銀行など）がカストディアンとしての役割を担っている。

　3者の間における決済情報のやり取りは、機関投資家が証券会社（バイサイド）とカストディアンとの間に入って、いわば仲介者のような役割を果たす。

---

[2]　顧客から預かった資金を株式や債券等で運用・管理する大口投資家のこと。年金基金、保険会社、アセットマネジメント会社、投資ファンドなどが含まれる。

すなわち機関投資家では、バイサイドに対しては、売買の注文を行ったうえ
で、どのカストディアンに引き渡すべきか（銘柄、数量など）を伝える。一方、
カストディアンには、どのブローカーからどのように証券を受取るべきかを伝
えることになる。

　このように3者の間での複雑なやり取りがあることに加えて、機関投資家が、
全世界的な証券の保管・決済を一括して受託する「グローバル・カストディア
ン」（global custodian）を利用している場合には、このグローバル・カストディ
アンと、そのために各国において証券の保管・決済業務を行う「サブ・カスト
ディアン」（sub-custodian）（「ローカル・カストディアン」<local custodian>と
も言う）との間でも、メッセージのやり取りが必要となる。

　また、ブローカーが、決済が行われる現地の「ローカル・エージェント」
（local agent）（「決済エージェント」<settlement agent>とも言う）を使ってい
る場合には、現地での決済を行うために、ブローカーではこのローカル・エー
ジェントに対して決済指図を送ることが必要となる。

（2）証券決済指図のメッセージ・フロー

　こうした多くの当事者による証券決済指図のメッセージのフローを示したの
が、図8-1である。ここで、機関投資家（バイサイド）では、証券会社（ブロー
カー）に証券の買い注文を出したうえで、その受取りを、グローバルな資産管
理を依頼しているグローバル・カストディアンに指示する。

　その指示を受けたグローバル・カストディアンでは、その証券の発行国のサ
ブ・カストディアンに対して現地での証券の受取りを指示する。一方で、取引
を実行した証券会社（executing broker）では、買い注文に応じて市場で調達し
た証券を注文主であるバイサイドに引き渡すため、ローカル・エージェントに
対して、引渡指図を出す。

　最終的には、証券決済（証券の受渡し）は、証券が発行された国の証券決済
機関（CSD）において行われ、現地のローカル・エージェントからサブ・カス
トディアンに対して証券の引渡しが行われることになる。

図8-1 証券決済指図のメッセージ・フロー（DVP決済の場合）

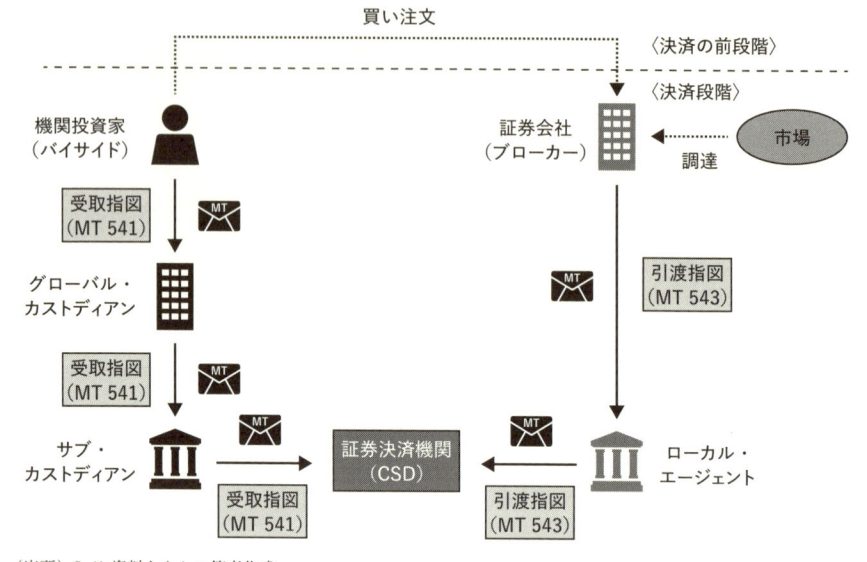

（出所）Swift資料をもとに筆者作成

（3）証券決済指図に使われるメッセージ

■証券の受取り・引渡しの指図（MT 540〜543）

　上記の事例では、まず、機関投資家（バイサイド）が、MT 540〜543を使って、グローバル・カストディアンに対して証券の受取り（または引渡し）を指示する。グローバル・カストディアンでは、主要な市場にサブ・カストディアンを置いて各国における証券決済を可能としているが、そのうち、当該証券の発行国（決済が行われる国）のサブ・カストディアンに対して、やはりMT 540〜543を使って証券の受取り（または引渡し）を指示する。

　当該国の証券決済機関（CSD）がSwiftを使っている場合には、サブ・カストディアンは、MT 540〜543を使ってCSDに対して証券の受取り（または引渡し）を指示して、証券会社のローカル・エージェントとの間で証券決済を完了させる。

■DVP決済の指図（MT 541・543）と非DVP決済の指図（MT 540・542）

証券決済の方法としては、「DVP決済」と「非DVP決済」とがある。このうちDVPは「Delivery versus Payment」の略であり、「証券の引渡し（delivery）と資金の支払い（payment）を相互に条件づけて、一方が行われない限り他方も行われないようにする」という決済の方法である。これにより、資金（または証券）を渡したにもかかわらず、取引相手からその対価となる証券（または資金）を受け取れないという「取りはぐれ」のリスク（証券決済リスク）を回避することが可能となる。DVPによる決済を指図する場合のメッセージとしては、MT 541（受取指図：Receive Against Payment）またはMT 543（引渡指図：Delivery Against Payment）が用いられる。

一方、「非DVP決済」とは、資金の支払いとは関係なく、証券の受渡しのみを行うことであり、「フリー・オブ・ペイメント」（Free of Payment）とも呼ばれる。非DVP決済での決済を指図するメッセージとしては、MT 540（受取指図：Receive Free）またはMT 542（引渡指図：Deliver Free）が用いられる。

主要国では、リスク削減のために、証券決済は原則としてDVPで行うこととされている。このため、SwiftにおいてもDVP決済のためのメッセージが多く用いられている。

■口座保有者と口座サービス提供者

上記のような関係において、他の機関に証券口座を保有している機関のことを「口座保有者」（Account Owner）と呼び、一方、証券口座の保有者に対して、口座管理などのサービスを提供する機関のことを「口座サービス提供者」（Account Servicer）という。証券メッセージに関するSwiftの説明では、こうした用語が使われることが多い。

口座保有者としては、機関投資家、証券会社、グローバル・カストディアン、サブ・カストディアン、ローカル・エージェントなどがある。一方、口座サービス提供者としては、証券決済機関（CSD）、ローカル・エージェント、サブ・カストディアン、グローバル・カストディアンなどがある。

口座保有者と口座サービス提供者との関係は、重層的なものとなっている。たとえば、グローバル・カストディアンは、機関投資家に対しては、口座サー

図8-2 口座保有者と口座サービス提供者との関係（機関投資家〜サブ・カストディアンまでの関係）

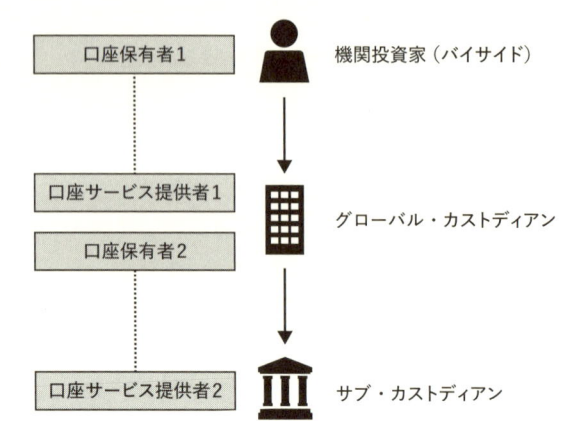

（出所）Swift 資料をもとに筆者作成

ビス提供者としての役割を果たすが、その一方で、サブ・カストディアンに対して、口座保有者となっている（図8-2参照）。また、サブ・カストディアンは、グローバル・カストディアンに対しては口座サービス提供者としての役割を果たす一方で、CSD に対しては口座保有者となっている。

（4）コンファメーションに使われるメッセージ（MT 544〜 MT 547）

CSDにおいて証券決済（証券の受渡し）が完了すると、今度はMT 544〜547により、証券の受取り（または引渡し）の「コンファメーション」（決済指図に対する確認）が送られる。コンファメーションは、口座サービス提供者から口座保有者に対して送られる。このためコンファメーションは、上述した決済指図のフローとは逆の方向に、CSD→サブ・カストディアン→グローバル・カストディアン→機関投資家といった順序で送られることになる。

DVP決済の指図に対しては、「DVP決済のコンファメーション」であるMT 545（受取確認）またはMT 547（引渡確認）が発出される。また、非DVPの決済指図に対しては、「非DVP決済のコンファメーション」であるMT 544（受取確認）またはMT 546（引渡確認）が用いられる。DVP決済のコンファ

図8-3 コンファメーションのメッセージ・フロー（DVP決済の場合）

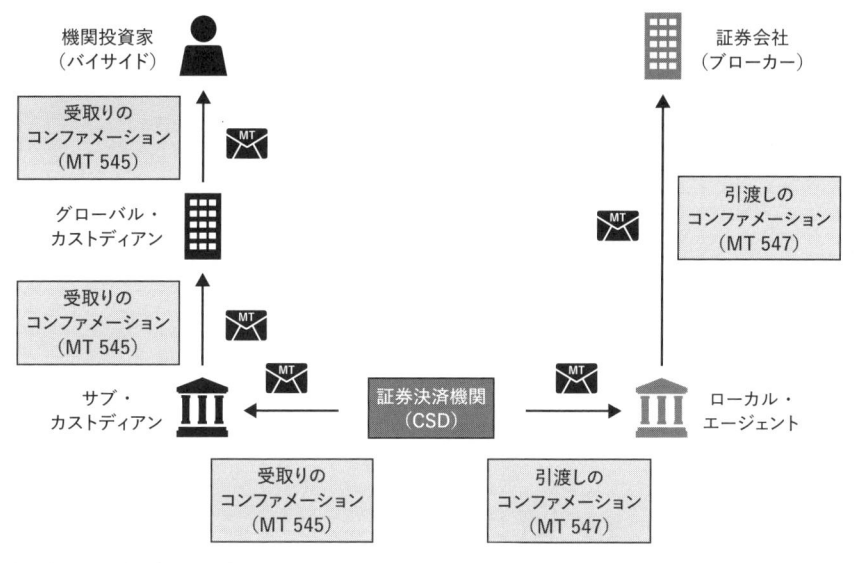

（出所）Swift資料をもとに筆者作成

メーションが行われた場合のメッセージ・フローを示したのが、図8-3である。

（5）決済通知に使われるメッセージ

■決済状況の通知（MT 548）

決済が完了したかどうかについての「決済ステータス」（settlement status）の通知には、MT 548（決済状況の通知）が用いられる（図8-4）。

MT 548は、口座サービス提供者が口座保有者に対して発出するメッセージであり、①サブ・カストディアンからグローバル・カストディアンへ、②グローバル・カストディアンから機関投資家（バイサイド）へ、③ローカル・エージェントから証券会社（ブローカー）へ、などの通知として用いられる。

MT 548は、その時点での処理状況を通知するために、同じ1つの取引について、何度も繰り返し発出されることが多い。このため、Swiftの証券メッセージの中では、最もよく使われるメッセージとなっている。

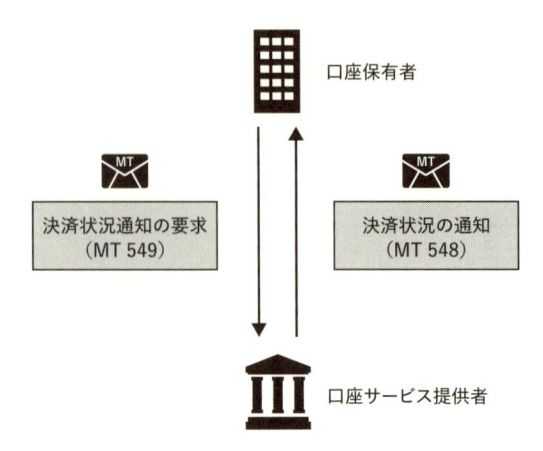

図8-4 決済通知のメッセージ・フロー

口座保有者

決済状況通知の要求
（MT 549）

決済状況の通知
（MT 548）

口座サービス提供者

（出所）Swift 資料をもとに筆者作成

■決済状況通知の要求（MT 549）

口座保有者が口座サービス提供者に対して、各種の報告やステートメントを要求する場合には、MT 549（ステートメント・決済状況通知の要求）が用いられる（図8-4）。MT 549は、上記のMT 548（決済状況の通知）を求める場合以外にも、MT 509（取引ステータスの報告）、MT 535（保有証券の報告）、MT 536（取引結果の報告）、MT 575（資金・証券の統合報告）、MT 576（未執行注文の報告）などの各種ステートメントを要求するために利用される。

3 | 証券メッセージの構成

SwiftのMT 500番台で使われている証券メッセージは、「ISO 15022」という国際標準に基づいて作成されている（詳細は第7章を参照）。証券メッセージは、この国際標準に基づいて、いくつかのブロックに分けて構成されている。すなわち、1つの証券メッセージには、1つまたは複数の「シーケンス」（sequence）と呼ばれるブロックが含まれる。

以下では、このブロックの構成についてみることとする。

(1) シーケンスの構成

各シーケンスは、「ブロック開始フィールド」（Start of Block field）で始まり、「ブロック終了フィールド」（End of Block field）で終わるルールとなっている。その間には、1つまたは複数の「サブシーケンス」(subsequence) または「フィールド」(field) が含まれる。

ブロック開始フィールドのフィールド番号は「16R」、ブロック終了フィールドは「16S」となっており、これらの利用は必須（mandatory）である。

各シーケンスには、A、B、Cの順番で「シーケンス番号」（identifier）が付される。すなわち、シーケンスA、シーケンスB、シーケンスC……の順番となっている。

(2) サブシーケンスの構成

シーケンスのなかに含まれる「サブシーケンス」も、シーケンスと同じ構造となっており、ブロックの「開始フィールド」と「終了フィールド」によって、開始・終了が明示される。

サブシーケンスについても、上位のシーケンスのアルファベットに数字を加えた「サブシーケンス番号」が付される。たとえば、シーケンスAの中のサブシーケンスは、サブシーケンスA1、サブシーケンスA2、サブシーケンスA3……といった順番になる（図8-5参照）。

これを具体的にMT 543（DVPによる引渡指図：Delivery Against Payment）についてみたのが、図8-6である。

(3) フィールドの構成

シーケンス（またはサブシーケンス）には、「フィールド」が含まれ、各フィールドに、決められた形式で、数量、価格、取引相手、口座などのデータ

図8-5　証券メッセージの構成

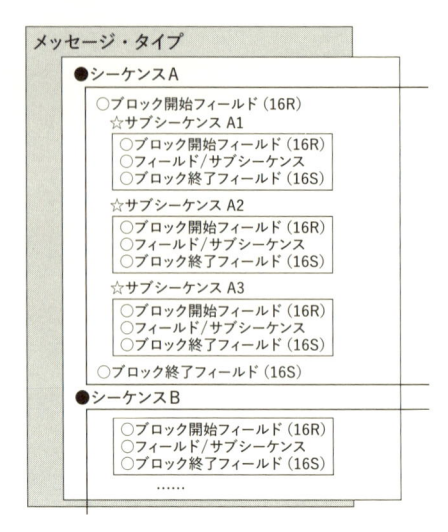

（出所）"Category5-Securities Markets : Message Usage Guidelines" July 2022

図8-6　MT 543（DVPによる引渡指図）のメッセージ構成

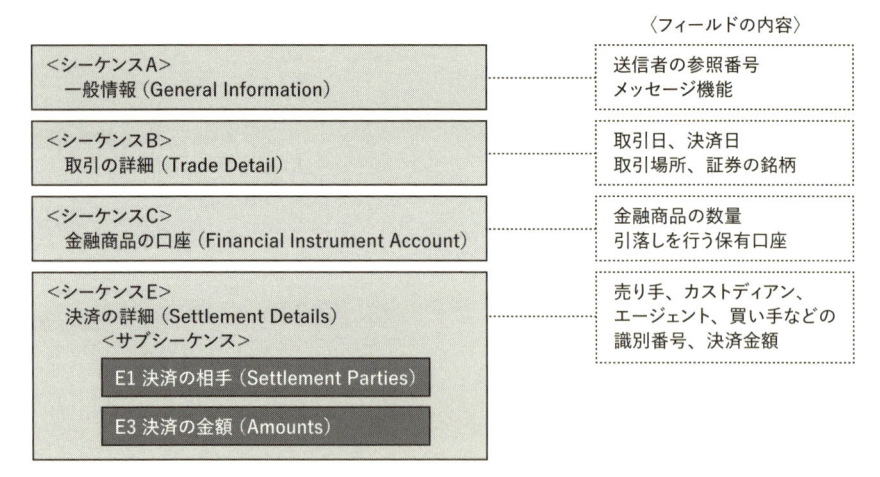

（出所）"Category5-Securities Markets : Message Usage Guidelines" July 2022

を記入してメッセージを作成する。この点は、資金メッセージと同様である。MTごとに書式仕様（使える文字の種類、桁数など）が定められており、ユーザーはそれに従って、必要事項を各フィールドに記入することになる。

フィールドには、「個別フィールド」（discrete field）と「汎用フィールド」（generic field）の2種類がある。個別フィールドは、個別の取引についての特定の情報を記入するためのものである。一方、汎用フィールドは、日付、金額など多くのメッセージで共通して用いられるものである（詳細は後述）。

MTごとの書式仕様においては、個別のフィールドごとに、「プレゼンス」と呼ばれる記入の必要性が定められている。記入が必須（mandatory）である場合には「M」、任意（optional）である場合には「O」、条件付き（conditional）である場合には「C」が表示されている。

このほかの書式仕様としては、①タグ（フィールドを表す番号）、②限定子、③フィールド名、④フォーマット（フィールドの文字数や利用できる文字）などの要素が定められる。

（4）汎用フィールドと限定子

■汎用フィールド

証券メッセージでは、通常の個別フィールドのほかに、いくつかの「汎用フィールド」（generic field）が使用されているのが特徴である。これは、日付、金額など多くのメッセージで共通して使われるフィールドであり、対応するフィールド番号が定められている（表8-2参照）。

たとえば、フィールド番号「:98a:」は、「日付／時刻」を意味する汎用フィールドであり、また「:90a:」は「価格」を、「:24a:」は「理由」を意味している。

フィールド番号は、ISO 15022に準拠して付番されており、証券メッセージにおいては常に同じ内容を意味する。

■限定子

「限定子」（qualifier）は、汎用フィールドにおいて、データの意味を特定する役割を果たすものである。

表8-2 証券メッセージにおける汎用フィールドの例

汎用フィールド名	フィールド番号	利用例
金融商品のタイプ （type of financial instrument）	:12a:	金融商品のクラス
識別番号（number identification）	:13a:	利払い番号、バージョン番号
フラグ（flag）	:17a:	yes または no のフラグ
金額（amount）	:19a:	決済金額、手数料
参照番号（reference）	:20a:	送金人の参照番号など
指標（indicator）	:22a:	取引のタイプ
理由（reason）	:24a:	拒否の理由
ステータス（status）	:25a:	処理のステータス
記述（narrative）	:70a:	取引、決済などに関する記述
金融商品の数量 （quantity of financial instrument）	:36a:	発注数量、確認数量、決済数量
価格（price）	:90a:	取引価格、割引価格
レート（rate）	:92a:	為替レート、金利
場所（location）	:94a:	取引場所、決済場所
当事者（party）	:95a:	取引相手、決済相手、規制当局
口座（account）	:97a:	保護預かり口座、資金口座
日付／時刻（date/time）	:98a:	取引日、決済日、処理時間

（出所）"Category 5–Securities Markets: Message Usage Guidelines" November 2022

　たとえば、フィールド番号「:98a:」（日付／時刻）において、「TRAD」は、「取引日／時刻」（trade date／time）を、「SETT」は「決済日／時刻」（settlement date／time）を、「COUP」は「次の利払い日」（next coupon date）を、「MATU」は「満期日」（maturity date）を意味している。

　限定子も、証券メッセージ（MT 500番台）においては、常に同じ内容を意味する。このように、汎用フィールドと限定子の組み合わせによって、フィールドの内容を詳細に指定することができる仕組みとなっている。

4 ｜ 証券決済指図の見える化

Swiftでは、証券決済指図のトラッキング（リアルタイムの追跡）に取り組んでおり、これを「Swift Securities View」（証券決済指図の見える化）と呼んでいる。Swiftでは、戦略ビジョンの1つとして、「Smarter Securities」（賢い証券業務の推進）を挙げており、証券決済指図の見える化は、この一環と位置付けられている。

（1）証券決済指図の見える化の背景

Swiftが「証券決済指図の見える化」を進めている背景には、証券決済の過程において、多くの当事者間における複雑なプロセスのなかで生じている非効率性がある。特に、証券決済における指図照合の過程で発生しているディスクレ処理は、関係者にとっては大きな悩みの種となっている。

証券決済における「ディスクレ」（discrepancy）とは、①証券指図の内容の不突合、②「標準決済指図[3]」（SSI：Standing Settlement Instruction）のミスマッチ、③引渡し予定となっている証券の残高不足の発生、などである。

いったんディスクレが生じると、事実関係の確認や指図の修正のために、双方の当事者において多大な労力と時間を要することになる。本邦アセットマネジメント会社の例でみると、毎日、約2％の取引でディスクレが発生しており、その度にカストディアンやブローカーとの間でメールや電話でやり取りを行う必要があり、そのために、日々2〜3時間の時間的なコストを要している[4]。

こうした従来からの証券決済の非効率性やディスクレ問題に加えて、ここに

---

3) 取引を行うたびに、決済口座を通知していると、手数がかかるほか、事務ミスも起きやすくなる。このため、当事者間でファンドごとに決済を行う口座等の決済条件を事前に登録しておくのが一般的である。SSIを登録しておくことにより、決済の都度、決済に用いる証券口座および資金口座を相互に通知し、確認する必要がなくなる。

4) Sibos 2022での報告による。

来て、Swiftが証券決済指図の見える化に取り組んでいる背景には、以下のような2つの要因がある。

■フェイルに対するペナルティの発生

1つは、EUの「証券集中保管機関規則」（CSDR[5]）により、2022年2月から「決済規律制度」（SDR：Settlement Discipline Regime）の規則が発効したことである。これにより、EU内のすべての証券決済機関（CSD）においてフェイル[6]を発生させた場合には、フェイルの起因者（発生の原因を作った当事者）にペナルティ（遅延損害金）が科されることになった。こうしたペナルティの厳格化により、従来通りのやり方を続けているだけでは、ペナルティの件数・金額が増えるものとみられている。

欧州証券市場監督局（ESMA）の推計によると、欧州市場では、株式決済のうち5〜10％、債券決済では2〜4％でフェイルが発生している。これらのフェイルに対するペナルティの総額は、年間30億ドル（4500億円）にものぼるものと推計されている。

さらに、個社ベースでみると、1件ごとのペナルティの金額はさほど大きくなくても、受託者責任の観点からは決済管理の厳格化が求められるほか、いったんペナルティが発生すると、社内でのレポーティングや報告書の作成などの追加作業も発生するため、各社ともペナルティの発生は極力避けたいとの意向である。こうした事後処理が煩雑となるペナルティの発生を削減するうえでも、証券決済の透明化や効率化の必要性が高まっている。

■証券決済期間の短縮化の動き

2つ目には、世界的な証券決済期間の短縮化が進んでいることである。株式などの決済期間については、長年、約定日の3日後に決済を行う「T+3決済」

---

5) Central Securities Depositories Regulation の略。EUにおける証券決済を改善し、証券決済機関（CSD）の許認可と監督の協調を図ることを狙いとしている。

6) 証券決済に関して、決済期日になっても、売り手から買い手に対する証券の受渡しが行われない状態のこと。当初の決済予定日が過ぎた時点で証券の受渡しが行われていなくても、そのことのみをもって債務不履行とはせずに、これを容認する市場慣行のことを「フェイル慣行」といい、多くの市場で採用されている。

が市場慣行として一般的であった。しかし、決済リスク（カウンターパーティ・リスク）の削減、コストの削減などの観点から、2010年代には、各国市場で株式などの「T+2決済」への短縮化が行われた[7]。

　これに続いて米国では、2024年5月に株式などの決済を「T+1決済」（約定の翌日決済）に短縮した（図8-7参照）。関係の深いカナダとメキシコの市場も同時期にT+1決済に移行した。またインド市場でも、2022〜2023年にかけてT+1決済に移行したほか、ロシアでも、モスクワ取引所（MOEX）が、2023年7月から株式と債券をT+1決済に移行している。

　こうした動きを受けて、英国でもタスクフォースを設立し、T+1決済に向けた検討を始めている。欧州（EU）についても、「米国市場がT+1化に動いた以上は、EU市場でもT+1化は避けられない」（ドイツ銀）ものとみられている。

　このように、全世界的に株式などの決済期間のT+1化に向けた気運が高まっているが、決済期間がT+2からT+1に短縮されると、売買の約定のあと、約定の確認・承認や決済の準備にかけられる時間は約半分に減ることになり、ポスト・トレードの処理部門には大きな負担がかかることになる。証券メッセージの不一致が発覚したり、指図の修正が必要になったりした場合にも、相手との問い合わせに使える時間は従来よりも格段に少なく、切迫した状況で行わざる

図8-7 日米欧市場における株式等の決済期間短縮化の動き

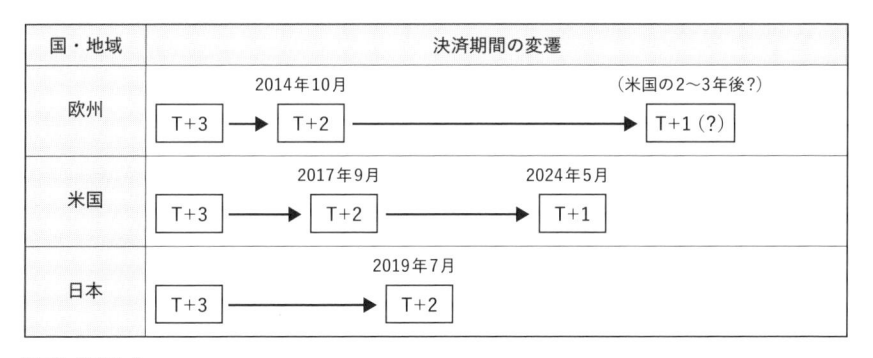

（出所）筆者作成

---

7)　欧州市場では2014年10月に、米国市場では2017年9月に、日本市場では2019年7月に、株式等のT+2決済への短縮化が行われた。

をえないことになる。また、関係者の間での照合や連絡が不十分なうちに決済時刻を迎えるケースが増えれば、フェイルの大幅な増加につながる可能性もある。

こうした要因から証券市場では、株式などのT+1決済に向けて、まず手作業のプロセスを極力減らすとともに、全面的な自動化（full automation）を進めることが不可欠とみられている。これに加えて、短いタイムフレームの中で決済を円滑に進めるためには、関係する当事者が決済指図をリアルタイムにトラッキングして、その処理状況を常時モニタリングしつつ、効率的に処理を行っていくことが必要との認識が高まっている。

（2）UTIの活用

このように、ペナルティの厳格化やT+1決済によるポスト・トレードの時間的制約などへの対応のために、証券決済の効率化という市場ニーズが高まっている。こうした状況に対応するために、Swiftが打ち出しているのが、証券取引の1件ごとに、ユニークな取引番号を付けて決済指図などのトラッキングを行うことであり、この取引番号（識別子）のことを「UTI」（Unique Transaction Identifier）という。この識別子は、証券取引の追跡を行うためのものであり、これを使った取引の追跡機能のことを「証券トラッカー」（Securities View Tracker）と呼ぶ。Swiftでは、UTIの利用によって、関係者の間で決済指図の処理状況などをリアルタイムでモニタリングできるようにすることを目指している。

UTIには、すでに「ISO 23897：2020」という国際標準が存在しており[8]、それをそのまま、Swiftの証券メッセージの中で利用することとしている。UTIは、英数字からなる52桁のコード体系（alphanumeric code）である。このうち、最初の20桁（英数字コード）は、UTIの付番を行う機関についてのユニークな「取引主体識別子」であり、「LEI[9]」（Legal Entity Identifier）が用いられる。

---

8) UTIは、これまでも「OTCデリバティブ取引」の当局への報告などに利用されてきた。
9) 金融取引等の主体（主に法人）を識別するために、世界共通のルールのもとで発行される番号（詳細は第7章の6.を参照）。

図8-8 UTIの構成

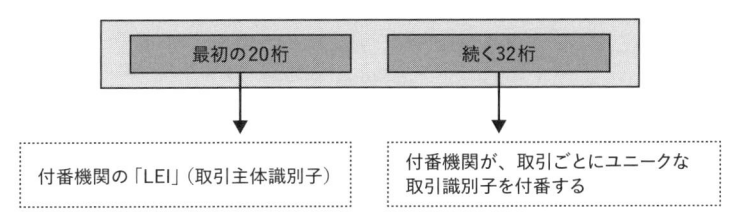

（出所）筆者作成

また後半の32桁については、付番機関が、取引ごとにユニークな取引識別子を付番することとされている（図8-8参照）。

　Swiftでは、UTIを取扱えるようにするために、証券決済のメッセージ（MT 540番台）の中に、専用のデータ・フィールドを追加したほか、UTIを追跡できるようにするための中央プラットフォームによるトラッキング機能（Securities View Tracker）を提供している。

（3）UTIの付番方法

　UTIの付番方法は、①取引が証券取引所などの「取引所取引」によって行われ、「トレード・マッチング・プラットフォーム」を用いる場合と、②そうしたプラットフォームを使わない「相対取引」の場合で異なっている（図8-9参照）。いったんUTIが付番されると、その取引についての決済が完了するまで、同じUTIが使い続けられる。

■取引所取引の場合

　取引所取引については、売り手と買い手の約定照合を行う「トレード・マッチング・プラットフォーム」でマッチングが行われた際に、プラットフォームによってUTIの付番が行われ、売り手と買い手に対してUTIが通知される。

　こうしたマッチング用のプラットフォームとしては、米国で証券決済を行う

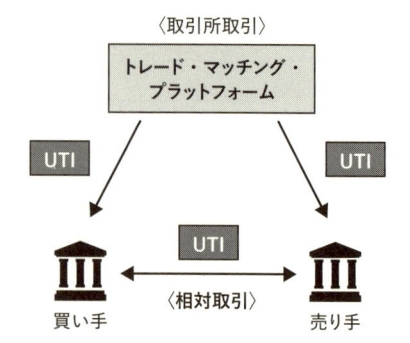

図8-9 UTIの付番方法

①トレード・マッチング・プラットフォームを使う
　場合（取引所取引）
　→プラットフォームにおけるマッチングの際に
　　付番がなされる

②相対取引の場合
　→ 売り手と買い手のコンファメーションの際に
　　当事者間で付番を行う

〈取引所取引〉
トレード・マッチング・
プラットフォーム

UTI　　　　UTI

UTI

買い手　〈相対取引〉　売り手

（出所）Swift 資料をもとに筆者作成

DTCCが運営する「CTM」（Central Trade Matching Platform）などが想定され
ている。

■ 相対取引の場合

　一方、相対取引の場合には、約定後に買い手と売り手との間でバイラテラル
に（二者間で）行われる「コンファメーション」（取引確認）の際に、当事者
間でUTIの付番が行われる。

■ ブロックUTIとアロケーションUTI

　UTIは、「ブロックUTI」（ブロック取引レベルのUTI）と「アロケーション
UTI」（アロケーション後のUTI）とが別々に発行される。

■ 国際送金用のUETRとUTIの違い

　UTIは、「取引の追跡を行うために使われる識別子」という意味では、すでに
Swift GPIで広く使われている国際送金用の識別子である「UETR」（Unique
End-to-end Transaction Reference）ときわめて類似している。その意味では、
SwiftがSwift GPIで得た送金トラッキングのノウハウを証券決済に応用したも
のと言えるだろう。

　しかし、UETRについては、Swift独自の識別子をSwift自身が付番している

表8-3 UETRとUTIの違い

	国際送金の取引番号	証券取引の取引番号
識別子の名称	UETR*	UTI**
識別子の体系	Swift独自のもの	国際標準(ISO 23897)
識別子の付番機関	Swift自身	Swiftの外部 (トレード・マッチング・プラットフォームまたは当事者間)

(注) ＊ UETR：Unique End-to-end Transaction Reference
　　 ＊＊ UTI：Unique Transaction Identifier
(出所) 筆者作成

のに対し、UTIは、国際標準である識別子をSwift以外の外部機関が付番するという点で違いがある(表8-3)。

(4) UTIの利用方法

■UTIによるトラッキング

UTIの付番後は、関係者(機関投資家、証券会社、グローバル・カストディアン、ローカル・カストディアン、CSDなど)の間で、UTIを使って取引を特定して証券決済指図のモニタリングを行うことができる(図8-10)。

取引チェーンの関係者が、約定から決済の完了までのポスト・トレードのライフサイクルの全般(end-to-end)にわたって、共通の識別子(common identifier)を使うことにより、関係者の全員が決済指図をリアルタイムでトラッキングし、複数の決済指図を比較し、必要なら修正を加える、といったことが可能となる。このように、取引関係者が決済チェーン(settlement chain)の全般にわたって、共通の識別子を使うことにより、取引を一貫してリアルタイムでトラッキングすることができ、ポスト・トレードの透明性と効率性が飛躍的に高まることが期待されている。

■UTIの追跡機能によるメリット

UTIを使った決済指図の追跡機能により、(a)「照合や決済プロセスのリアル

図8-10 証券決済指図の見える化

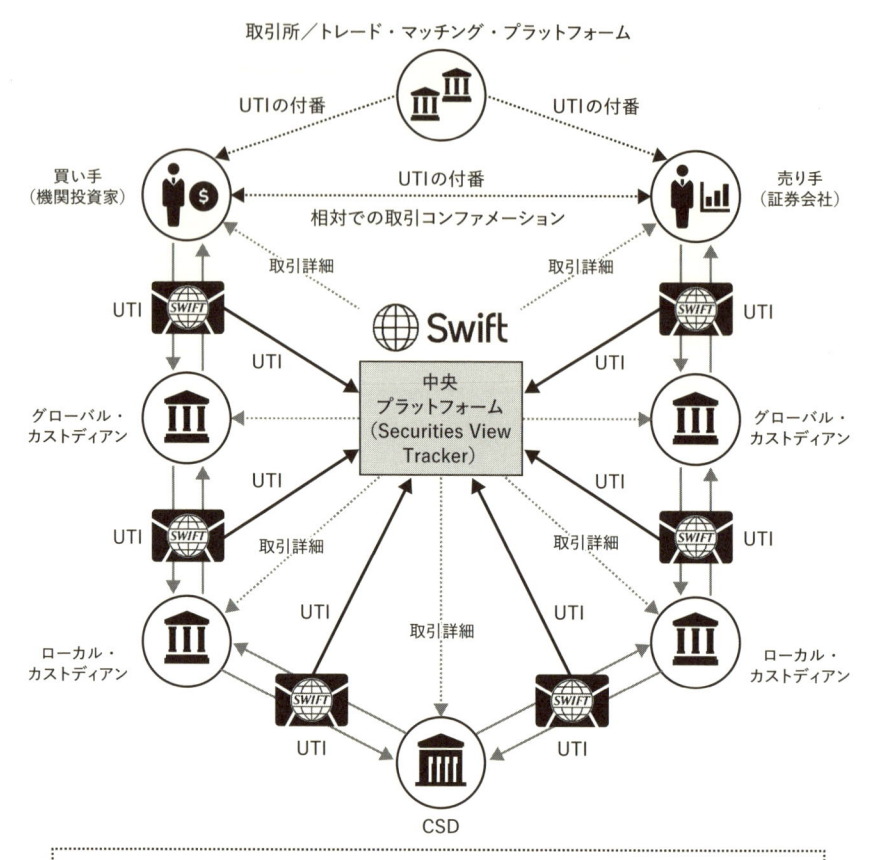

取引所／トレード・マッチング・プラットフォーム

UTIの付番後は、関係者の間で、UTIを使って取引を特定し、照合、決済指図等が行われる

（出所）スイフト・ジャパン

タイムでのモニタリング」（real time monitoring）、(b)「取引情報の過誤・アンマッチの早期発見」（early detection）、(c)「決済指図の相違に対する警告の発出」（alert message）などに役立てることができ、決済の効率性を高めるほか、異例処理を効率化し、フェイルを削減するなどの効果が期待される。

　具体的には、①フェイルの可能性がある取引を特定し、早期に解決を図る、②売り手側と買い手側の決済指図に相違があることを早期に発見する、③一方

の取引当事者の決済指図が漏れていることを見つける、といったことが実現可能とみられる。

これらの機能は、オペレーショナル・リスクやコストの削減に貢献し、特にディスクレ対応に威力を発揮するものと期待されている。従来は、ディスクレが発生すると、約定日、銘柄、取引金額などを記載して、1件ごとにメールなどで問い合わせを行っていたが、UTIの利用によってリアルタイムのトラッキングができるようになると、取引の特定や原因の究明などが格段に迅速に行われるようになるものとみられる。

証券決済のプレーヤーとなっているSwiftユーザーでは、取引の追跡状況を①ユーザーの端末の画面上（GUI）で見ることもできるし、②各社のバックオフィスのシステムと統合して利用することもできる。

■UTIの普及に向けて

UTIを用いたSwiftのシステムは、2023年から一般に利用可能となっており、2023年秋の段階で、カストディアン、ブローカーなど約150の金融機関がUTIの導入に向けてサイン済みである。しかし、UTIの利用者（および利用予定者）は、市場参加者全体からみると、未だごく一部に止まっている。

UTIが広範に利用されるようになれば、業界全体として大きなメリットをもたらすものとみられるが、導入のためにはシステム対応が必要となるなど、個別の金融機関にとってはそれなりの負担も求められる。このため、多くの市場参加者がUTIを使用し、UTIの利用が業界のスタンダードなプラクティスとなるまでには、まだかなりの時間がかかるものとみられている。

こうしたことから、UTIをマーケットに浸透させていくためには、①UTIのメリットについてさらなる啓蒙活動を行うとともに、②UTIの利用をすべての市場参加者に義務付けていくことが必要ではないか、との議論も聞かれている。

因みに、国際送金で用いられている「UETR」は、2017年1月の導入当初は、「利用は任意」として導入された。しかしその後、2018年11月に、すべての送金にトラッキング用のUETRを付番することが義務付けられ（mandatory UETR）、その結果、国際送金の迅速化に大きな成果をあげた。証券決済におけ

るUTIについても、同じような経緯を辿って市場参加者全体に対する義務化が行われ、それによって市場で幅広く使われていくようになっていくというシナリオも想定される。

第9章 市場インフラにおけるSwiftの利用

　ここまで述べてきたように、Swiftは金融機関のための通信ネットワークとして設立され、現在は、世界210カ国以上の約1万1700行の金融機関を結んで、金融メッセージの交換を行っている。

　こうした個別の金融機関を結んだ通信における利用に加えて、Swiftの果たしているもう1つの重要な役割として、各国における資金決済システムや証券決済システムなどの「市場インフラ」（MI：Market Infrastructure）における利用がある。本章では、市場インフラにおけるSwiftの利用について述べる。

1 ｜ 市場インフラにおけるSwiftの利用方法

　市場インフラ（資金決済システム、証券決済システムなど）においてSwiftを利用する方法としては、大きく分けて、①通信ネットワークとしての利用、②FINコピー・サービスの利用、③市場インフラの運営主体としての利用、④バックアップ・サービスとしての利用、などの形態がある。以下では、市場インフラによる、これら4つのSwiftの利用方法について述べる。

(1) 通信ネットワークとしての利用

　市場インフラがSwiftを利用するための最も基本的な方法は、市場インフラの「通信ネットワーク」（communication network）としてSwiftを利用することである。この場合、Swiftは、市場インフラと市場参加者との間を結ぶネットワークとしての役割を果たす（図9-1参照）。すなわち、市場インフラの参加者（金融機関）は、Swiftのネットワークを通じて、支払指図や決済指図を市場インフラに送るとともに、市場インフラにおける決済状況や口座残高の状況についてのモニタリングを行い、また支払指図の優先度の変更や取消しなどの指図を行うことができる。

　こうした市場インフラの通信ネットワークには、その国の通信業者を使ったネットワークが用いられることも多く、これらは、一般に「独自ネットワーク」（proprietary network）と呼ばれる。しかし近年では、専用ネットワークに替えてSwiftのネットワークを利用し、Swiftのフォーマットで支払指図を送る市場インフラが増えてきている。特に、欧州の市場インフラでは、Swiftのネットワークを利用しているケースが多い（詳細は後述）。

　通信ネットワークとしてのSwiftを利用するメリットとしては、第1に、Swift

図9-1 市場インフラの通信ネットワークとしてのSwiftの利用

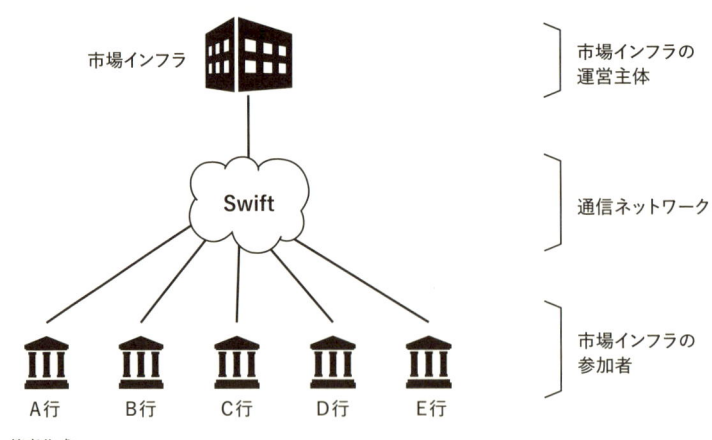

（出所）筆者作成

のネットワークの安全性と信頼性が高いことがある。発展途上国などでは、国内の通信業者の信頼度が十分でない場合も多く、その場合には、Swiftの利用が選択されることになる。

第2に、市場インフラの参加者である金融機関が、すでにSwiftを利用しているケースが多いことである。この場合、金融機関では既存のSwift接続を使えばよいため、市場インフラに参加するために、新たなネットワークに接続したり、そのための機器を導入したりする必要がない。そして、国内の送金（国内の決済システムへの接続）と国際的な送金（海外の銀行との接続）とを同じネットワーク（同じ接続インターフェース）を使って行うことができることも大きなメリットとなる。

(2) FINコピー・サービスの利用

市場インフラにおけるSwiftの第2の利用法として、Swiftが市場インフラにおいて利用するために開発した「FINコピー・サービス」（FIN Copy Service）を使う方法がある。FINコピー・サービスには、「Yコピー」、「Tコピー」などがある。これらは、いずれもSwiftの基本機能であるFINサービスを市場インフラ用に応用した付加価値サービスである（詳細は後述）。

(3) 市場インフラの運営主体としての利用

市場インフラにおけるSwift利用の第3の形態として、Swiftが市場インフラの開発や運営までを請け負うケースがある。この場合、Swiftでは、ネットワーク部分のみならず、支払指図の処理やキュー（待ち行列）の管理などの「決済処理プロセス」の部分も含めて、システムをデザイン・開発し、契約期間中のシステム運営を担うことになる。

このようにSwiftがシステム提供者（vendor）としての役割を果たしている例としては、ユーロの資金決済システムである「EURO1」（大口決済システム）や「STEP1」（小口決済システム）がある。両方の運営主体である「EBA」（ユーロ銀行協会：Euro Banking Association）がシステムの運営をSwiftに全面的に

委託している。

　このほか、オーストラリアの「NPP」（New Payments Platform）についても、Swiftがデザイン設計から開発、テスト、運営までを担当し、2018年2月から稼働を開始している。NPPは、24時間365日（「24/7」ともいう）にわたって、1件ごとにリアルタイム決済を行う「インスタント・ペイメント」と呼ばれる小口決済システムである。メッセージにはISO 20022を採用しているほか、「アドレス指定データベース[1]」（Addressing Database）の機能を有するなど、先進的な決済システムとなっている。

（4）バックアップ・サービスの利用

■MIRSの概要

　市場インフラにおけるSwiftの4番目の利用形態として、バックアップ・サービスの利用がある。Swiftでは、「MIRS」（ミアス：Market Infrastructure Resiliency Service）と呼ばれる大口決済システムに対するバックアップ・サービスを提供している。多くの中央銀行では、大口決済システムを、リアルタイムでの決済を行う「RTGSシステム[2]」として運営している。こうしたRTGSシステムは、インターバンク取引などを対象として巨額の決済を行っており、各国における金融システムの中枢を担っている。このため、RTGSのシステムがダウンするような事態が発生すると、金融市場の機能が全面的に麻痺することになりかねない。このため各国中銀では、「メインセンター」のほかに、「バックアップセンター」を設けて、大規模災害の発生時などにおける代替機能を確保することが一般的となっている。

　MIRSでは、メインセンターとバックアップセンターが同時にダウンするといった、極めてまれな事態が発生した場合にも、Swiftのセンターがバックアップとして機能し、業務継続を可能とするサービスである。すなわち、こうした

---

1)　携帯電話番号やメールアドレスで相手口座を指定して送金ができるようにするための銀行口座と携帯電話番号との対照データベース。
2)　「Real-Time Gross Settlement」の略で「即時グロス決済」のこと。RTGSシステムでは、参加行から送られる決済指図の1件ごとに、即時に決済が行われる。

緊急事態が発生した場合には、Swiftが通常のバックアップセンターをさらに補完する「第2バックアップセンター」としての機能を提供することになる。

MIRSでは、Swiftのストレージ設備や電文フォーマットを駆使して、ダウン発生時の各行の残高を再構築し、中央銀行がRTGS決済の機能を再び提供できるようになるまでのサポートを行う。

すでに英国の「CHAPS」、香港の「CHATS」などのRTGSシステムがMIRSを採用している[3]。これらのケースでは、①RTGSシステムの果たす役割が極めて重要であることから、万が一のケースであっても業務継続ができるようにしておくことが不可欠であること、②自らが第2バックアップセンターを新たに構築する負担に比べれば、少ない費用で導入できること、などがMIRS採用の理由となっている。

■MIRSの仕組み

MIRSは、メインとバックアップのセンターがいずれもダウンした場合に、Swiftのセンターで業務を継続するサービスであり、原則として、すでにSwiftのYコピー（後述）を使っているRTGSシステムが対象となる。

MIRSを導入したRTGSシステムでは、通常時には、15分ごとに「チェックポイント・メッセージ」（各参加行の残高など）をSwiftに対して送っておく。そして、メインとバックアップのセンターが2つともダウンするといった異例の事態が発生した場合には、決済システムの運営者である中央銀行では、Swiftに対してMIRSの立ち上げ（activation）を要請する。

たとえば、直近のポジションの送付（15分ごと）から6分後にダウンが発生したとすると、その6分間については、SwiftのYコピーに決済指図のコピーが残っているため、これを使って日中ポジション（running position）を復元する。

復旧までのプロセスをみると、平常時の「休眠モード」（Dormant mode：ポジションの通知のみを行う）から、①MIRSの立ち上げ（中央銀行とSwiftで協議）、②日中ポジションの再構築（Yコピーのデータを利用）、③「アクティブ・モード」への移行（Swiftが決済機能を引き継ぐ）、といった順で行われる。

---

3) CHAPSは2014年に、CHATSは2016年から、それぞれMIRSを稼働させている。

MIRSでは、メイン（またはバックアップ）サイトが復旧するまでの間、RTGS決済の機能を提供することになる。

MIRSは、特定の中央銀行向けの専用サービスではなく、「共有サービス」（shared service）として構築されているため、利用するRTGSシステムの数を増やすことが可能となっている。

---

2 ｜ 市場インフラに用いられるメッセージング・サービス

市場インフラに用いられるメッセージング・サービスとしては、以下のようなものがある。市場インフラでは、これらのうちから必要なものを組み合わせて使うことができる。

（1）FINサービス

FINサービスは、市場インフラのために最も基本的な機能を提供するものであり、支払指図の送信や決済結果を通知するためのメッセージとして用いられる。

市場インフラにおけるFINサービスの利用方法としては、「Yコピー」「Tコピー」「Vシェイプ」などがある。

■Yコピー
①Yコピーの概要
「Yコピー」（Y-Copy）は、A行からB行に対しての支払指図が送信されると、このメッセージの主要部分をSwiftのシステム（Yコピー・エンジン）がコピーして、市場インフラを運営する「中央機関」（CI：Central Institution）に送る仕組みである。Yコピーは、主として中央銀行が運営する「RTGSシステム」を構築するために用いられる。すなわち、中央機関（CI）では、支払銀行（A行）の口座に十分な残高があることを確認したうえで、リアルタイムで銀行間

の資金決済の処理（A行口座の引落しとB行口座への入金）を行う。

1990年代半ばから、欧州各国の中央銀行が「決済システムのRTGS化[4]」を進めるなかで、中央機関（CI）である中央銀行にはすべての決済情報（顧客名など）を送らずに、決済処理のための必要最低限の情報（決済金額、決済日、通貨、受取銀行名など）のみをコピーして送りたいというニーズが出てきた。こうした市場のニーズに応えて開発されたのが、Yコピーである。

②Yコピーの仕組み

Yコピーでは、「メッセージの保管」（ストア）→「メッセージのコピーと伝達」→「中央機関（CI）による承認」（オーソライズ）→「メッセージのリリース」（フォワード）の順番で処理が行われる。メッセージのフローがYの字のようになることから、Yコピーと呼ばれる（図9-2参照）。

すなわち、支払銀行から送られた支払指図は、まずYコピー・エンジン内に保管（ストア）され、そのうち決済処理に必要な部分のみがコピーされて[5]、中央機関（CI）に伝達される。中央機関（CI）では、支払銀行の口座に十分な資金残高があることを確認したうえで決済処理を行い、Yコピーに対して「承認」（オーソライズ）を発出する[6]。この承認を受取ると、Yコピー・エンジンではオリジナルの支払指図（受取人名などを含む）を受取銀行に対してリリースする（フォワード）。これを受けた受取銀行では、支払指図に従って、受取人の口座への入金処理を行い、送金の処理が完了する。

この仕組みでは、中央機関（CI）において銀行間の資金決済を行った支払指図のみがリリースされるため、受取銀行が支払指図を受取った時点において、すでに銀行間の資金決済は完了していることになる。

Yコピーは「クローズド・ユーザー・グループ」（CUG）を組成して利用され、

---

4) RTGS化が行われる前は、多くの決済システムは、ネット金額（受払いの差額）について、1日に1回の時点決済を行う「時点ネット決済システム」であった。
5) メッセージ全体のコピー（full copy）とすることも可能である。
6) 支払銀行の口座残高が不足している場合には、中央機関（CI）はYコピーに対して、「承認」（authorize）ではなく、「決済拒否」（reject）の回答を行う。この場合、Yコピー・エンジンでは、受取銀行に対するオリジナルの支払指図のリリースは行わず、支払銀行に対して「決済中止の通知」（abort notification）を発出する。

図9-2 Yコピーの仕組み

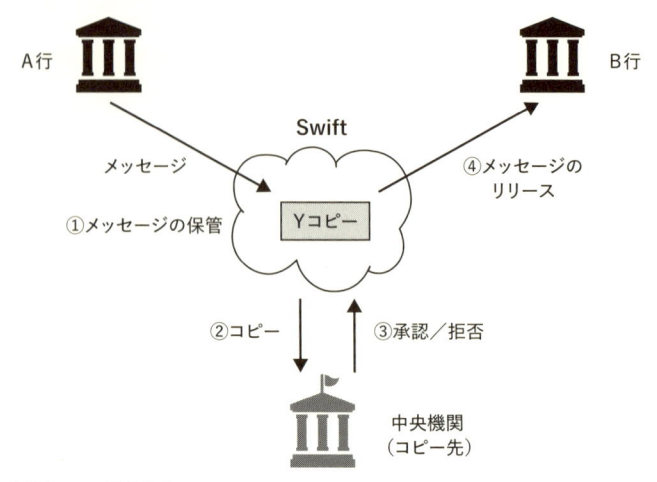

（出所）Swift 資料をもとに筆者作成

利用者の範囲（メンバーシップ）は、中央機関（CI）が決めることができる。利用者は、Swiftメッセージのヘッダーに専用のコードを入れることによって、Yコピー用のメッセージであることを指示する仕組みとなっている。

■Tコピー

①Tコピーの概要

「Tコピー」（T-Copy）は、Yコピーと同様に、支払指図のコピーを中央機関（CI）に送るサービスであるが、(a) メッセージの一部のみではなく、オリジナルのメッセージ全体がそのままコピーされて中央機関（CI）に送られること、(b) 中央機関（CI）における処理や承認が必要とされないこと、などの点がYコピーとは異なっている。つまりTコピーでは、受取ったメッセージを、そのままコピーして中央機関（CI）に送ることになる。この形態では、メッセージのフローがTの字のようになることから、Tコピーと呼ばれる。

②Tコピーの利用例

Tコピーを利用している例としては、「CLS銀行」が挙げられる。CLS銀行

は、多通貨の同時決済（CLS：Continuous Linked Settlement）を行う仕組みで
あり、銀行として設立されているが、実際には一種の決済システムとして機能
している。CLS銀行では、「PVP[7]」という仕組みによって、外為取引における
2つの通貨の受払い（決済）を同時に実施している。これによって、時差が存
在することによって2つの通貨の決済に時間のずれが生じ、それによって一方
の通貨を支払ったのに他方の通貨を受け取れないという「外為決済リスク」が
発生することを防止している[8]。

　CLS銀行における決済では、決済メンバーであるA行が、取引相手のB行に
対して、取引内容を確認するための「コンファメーション」（MT 300[9]）を送
ると、そのコピーがTコピーによってCLS銀行に送られる（同じくB行も、A
行に対してコンファメーションを送り、そのコピーがCLS銀行に送られる）。
CLS銀行においては、A行とB行の両方からのコンファメーションを照合し、
内容が一致していることが確認されると、それがCLS銀行に対する決済指図と
なり、両行には「照合済み」（matching）のステータスが通知される。この仕
組みにおいて、コンファメーションのコピーは、TコピーによってCLS銀行に
送られるが、これは、オリジナルのコンファメーションの単純なコピーとなっ
ている（図9-3参照）。

　なお、Swiftでは、CLS銀行に関して「CLSサードパーティー・サービス」
という仕組みも提供している。これは、CLS銀行の「決済メンバー」（CLS
member）と、決済メンバーの顧客として間接的にCLS決済を利用する「サー
ドパーティー」（third party）との間をつなぐサービスである。このサービスで
は、外為取引を行ったサードパーティーが取引相手に送ったコンファメーショ
ンのコピーを、Swiftのシステム（third party service HUB）が、そのサードパー
ティーが決済を依頼している決済メンバーに対して送る。そして、その決済メ
ンバーでは、受け取ったコンファメーションのコピーをCLS銀行に送り、自行
の取引分と併せて決済を行う。

7）　Payment versus Paymentの略。外為取引の決済において、売渡通貨と買入通貨の受払
　　いを同時に行う仕組みのこと。
8）　CLS銀行の詳細については、『外為決済とCLS銀行』（東洋経済新報社）を参照のこと。
9）　外為取引のコンファメーションのためのメッセージ。

図9-3 Tコピーの仕組み（CLS銀行のケース）

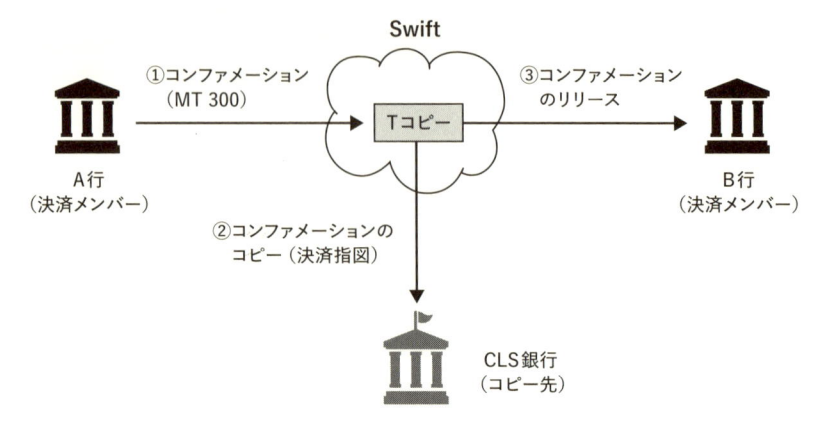

（出所）　Swift資料をもとに筆者作成

■Vシェイプ

「Vシェイプ」（V-Shape）は、支払銀行が支払指図（FINメッセージ）を中央機関（CI）に直接送り、中央機関（CI）において決済処理を行って、その結果を再びFINメッセージで受取銀行に通知するという形態である。ここでやり取りされるメッセージは、フル・メッセージ（full payment message）であり、メッセージの一部だけが抽出されたりすることはない。この形態では、メッセージのフローがVの字のようになることから、Vシェイプと呼ばれる（図9-4参照）。

　この形態は、FINサービスをそのまま利用したものであり、メッセージの保管やコピーなどは行われない。このため、FINコピー用の追加的な料金を支払わなくてよいというメリットがある。安価なコストでYコピーに類似した決済の仕組みを実現するために、小規模な途上国などで用いられることが多い。

　Vシェイプでは、FINメッセージがそのまま中央機関（CI）に送られ、Swift側では、特にメッセージの保管やコピーが行われない点が、YコピーやTコピーとの違いとなっている。

図9-4 Vシェイプの仕組み

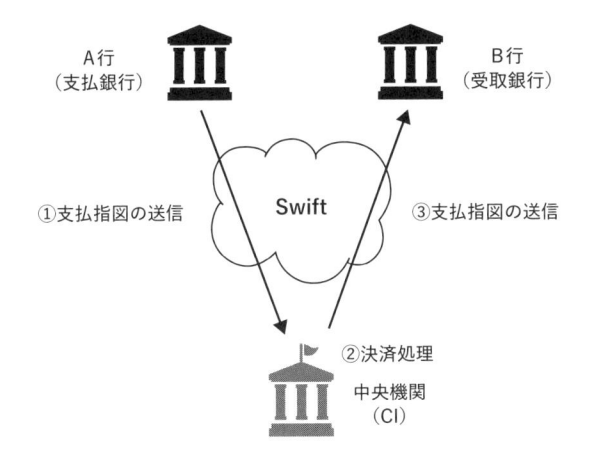

（出所）Swift 資料をもとに筆者作成

（2）InterActサービス

　FINサービスが、従来型の「MT」のフォーマットによるメッセージの受送信をサポートするのに対して、InterActサービスは、ISO 20022に準拠した「MX」のメッセージを受送信するために用いられる。InterActにはリアルタイムのモードもあるが、市場インフラにおいては、通信の安定性の高い「ストア＆フォワード」のモードが用いられる。

　InterActサービスは、メッセージ・フォーマットがISO 20022に準拠している市場インフラにおいて用いられる。

　FINサービスと同様に、利用方法には、YコピーやVシェイプなどの形態がある。ISO 20022（MX）用のコピー・サービスは、「SwiftNetコピー」と呼ばれる。いずれも機能としてはFINサービスによるものと同様であり、違っているのは、メッセージのフォーマットが異なっている点のみである。

（3） WebAccess サービス

WebAccess サービスは、Swift が市場インフラの参加者に、安全で信頼できるウェブのチャネルを提供するものである[10]。これを使うことにより、中央機関（CI）では、参加者に対して、決済状況や口座残高などをモニタリングするためのウェブ・アプリケーション（スクリーン・ベースのチャネル）を提供することができる。中央機関（CI）では、クローズド・ユーザー・グループ（CUG）を組織することにより、アクセスできる参加者の範囲を管理することができる。一方、参加者からのアクセスの正当性を確認するための「認証サービス」（authentication service）は、Swift が中央で提供する。

このウェブ・アプリケーションにより、市場インフラの参加者は、①自行口座の残高確認、②決済処理のステータス（決済の完了、未済など）の確認、③キュー（待ち行列）内における支払指図の順番の入れ替え、④支払指図の優先度（priority）の変更、⑤他行に対する仕向限度額（sender limit）の変更、⑤例外的な処理（exception and error）、⑥流動性の管理、などの幅広い操作を行うことができる。

（4） FileAct サービス

FileAct サービスは、大容量の「ファイル」を受送信するためのサービスである。市場インフラにおいては、主に、利用状況の報告、統計レポート、ユーザー・ディレクトリ、リファレンス・データ[11] などの容量の大きいレポート類を受送信するために用いられる。

---

10) 従来は、「Browse サービス」と呼ばれるサービスであったが、Swift では 2019 年に同サービスのサポートを中止し、WebAccess サービスへの移行を行った。
11) 金融機関が国際送金や決済業務で使用する情報をまとめたデータベースのこと。具体的には、通貨コード、国名コード、企業識別コード、決済システムへの参加状況、決済に用いる口座などを含む。金融機関では、このリファレンス・データを参照することによって、正確かつ迅速な取引処理を行うことができる。

(5) バルク・ペイメント・サービス

Swiftでは、上記のような複数のメッセージング・サービスを組み合わせて、主として各国における小口決済システムである「ACH」（Automated Clearing House）向けにパッケージ化したサービスである「バルク・ペイメント・サービス」（Bulk Payments）を提供している。

同サービスでは、FileActサービスが主たるメッセージング・サービスとなっており、緊急を要さず（non-urgent）、小口（low-value）の支払指図を多数含んだ「ファイル」が、ACHの利用者である金融機関から、ACHに一括して送られる。そしてACHでは、各行ごとの受払いの差額の計算など、銀行間の決済処理が行われる。ただし、決済の締切り時間（cut-off time）の間際などの緊急性が高い状況では、リアルタイムのInterActサービスを用いて、1件ごとの決済指図を送ることもできる。

同サービスは、ACHにおける集中決済（centralized clearing）において用いられるケースが多い。ACHの運営者が、サービス管理者（service administrator）として、参加者の範囲やサービス内容などを決める。

同サービスでは、利用方法の標準化を進めるために、「ルールブック」が作られており、ユーザーはこれに従って、決済指図のファイルをACHに送る。ACHごとに「クローズド・ユーザー・グループ」（CUG）が設定され、そのメンバー間でのみ、メッセージのやり取りを行うことができる。

3 | 資金決済インフラにおけるSwiftの利用

(1) Swiftを利用している資金決済インフラ

「資金決済インフラ」は、インターバンク（銀行間）で大規模な資金の受払いを行う「大口決済システム」と、企業や個人が比較的少額での支払いや送金を行う仕組みである「小口決済システム」とに大別される。Swiftは、大口と小

口の両方の決済システムにおいて利用されている。世界全体で、合わせて100以上の資金決済システムにおいて利用されており、Swiftの果たしている役割の大きさがわかる。

これらの多くは、各国において「システミックな影響の大きい資金決済システム」（SIPS：Systemically Important Payment System）と位置付けられており、それぞれの国の金融市場において極めて重要な役割を果たしている。

■大口決済システムにおける利用

Swiftの資金決済システムにおける利用は、歴史的な経緯もあって、大口決済システム（HVPS：High Value Payment System）が中心となっている。その多くは、即時グロス決済を行う「RTGSシステム」である。

2024年初の時点で、80カ国以上の大口決済システムがSwiftのネットワークを利用している。具体的にみると、主要国では、ECBのTARGETサービス、英国のCHAPS、スウェーデンのRIX、カナダのLynx、香港のCHATSなどがある。このほか、東南アジア（タイ、フィリピン、スリランカなど）、中南米（チリ、バハマ、ベネズエラなど）、中東（バーレーン、クウェート、イスラエルなど）、アフリカ（アルジェリア、チュニジア、南アフリカなど）等の国の大口決済システムでも、Swiftを利用している。

また、特定の国を対象としていない決済システムとして、全世界を対象としている「CLS銀行」やEU全域をカバーしている「EURO1」などでも、Swiftが利用されている。

一方、米国の「Fedwire」や日本の「日銀ネット」においては、独自の国内ネットワーク（proprietary network）が用いられている[12]。

■小口決済システムにおける利用

小口決済システム（LVPS：Low Value Payment System）についても、上述のバルク・ペイメント・サービスなどを利用した例が増えてきており、2024年初の時点で、世界の約25の小口決済システムが、Swiftのネットワークを利用

---

12) Fedwireでは、「FedLine」というネットワークが使われている。

している。具体的には、EUの「STEP2」や「RT1」、オーストラリアのNPP、シンガポールのFAST、スペインのIberpayなどがある。

ただし、米国の「ACH」や日本の「全銀システム」においては、Swiftは用いられておらず、各国の独自ネットワークが利用されている。

（2）ECBの決済インフラにおけるSwiftの利用

欧州の決済システムにおいては、Swiftをネットワークとして利用している例が多いが、なかでも大口ユーザーとなっているのが、ECB（欧州中銀）の「TARGETサービス」におけるSwiftの利用である。

TARGETサービスは、以下の4つのシステム（サービス）の総称である。

①T2（TARGET2）：大口の資金決済を行う。
②T2S（TARGET2-Securities）：証券決済を行う。
③TIPS（TARGET Instant Payment Settlement）：リアルタイムの小口決済を行う。
④ECMS（Eurosystem Collateral Management System）：ユーロ全域の担保管理を一元的に行う。

ECBでは、従来は別々に運営してきたT2とT2Sを統合するプロジェクト（T2/T2S Consolidation）を2023年3月に完了させ、これにより、上記4つの決済関連サービスが一体的に運営されるようになった。

これに伴い、TARGETサービスへのアクセスは、単一のゲートウェイである「ESMIG」（Eurosystem Single Market Infrastructure Gateway）を通じて行われるようになった（同時にメッセージも、ISO 20022に準拠したものに変更された）。

ESMIGは、すべてのTARGETサービスに対する単一の入り口（single access point）となる（図9-5参照）。ESMIGへの接続には、複数のネットワーク提供者が認められており、ライセンスを受けた先が「ネットワーク・サービス・プロバイダー」（NSP：Network Service Provider）として指定を受ける。NSPと

図9-5 TARGETサービスにおけるSwiftの利用

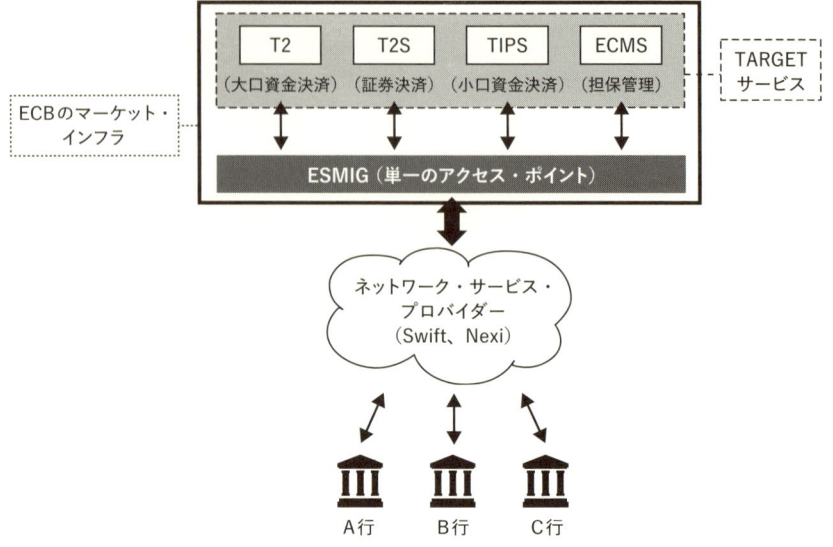

（出所）ECB資料をもとに筆者作成

しては、これまでにSwiftとNexi社（イタリア）の2社が指定を受けており、ユーザーはどちらかを選ぶことができるが、多くの先は従来から使ってきたSwiftを選択している[13]。

4 | 証券決済インフラにおけるSwiftの利用

Swiftは、資金決済インフラだけではなく、多くの証券決済インフラにおいても利用されている。

---

13) 約900の金融機関がSwiftを選択したものとされている。

（1）Swiftを利用している証券決済インフラ

「証券決済インフラ」としては、「証券決済機関」（CSD：Central Securities Depository）や「清算機関」（CCP：Central Counterparty）などがある。これらのCSDやCCPでも、市場参加者（ユーザー）との間をつなぐネットワークとして、Swiftを利用している。CSDでは、参加者との間をSwiftのネットワークで結んでいるほか、資金決済システムやCCPとの間もSwiftで結んでいることが多い。

2024年初めの時点で、世界で80以上のCSDと約35のCCPがSwiftを利用しており、100以上の証券市場インフラがSwiftに依存して業務を行っている。これらの中には、メインのネットワークとして利用している場合のほか、バックアップ用のネットワークとしてSwiftを利用している場合も含まれる。

Swiftを利用している事例としては、米国の「DTCC」、オーストラリアの「ASX」、Euroclearグループの「ESES」や「Euroclear UK&アイルランド」、スイスの「SIS」、南アフリカの「Strate」などを挙げることができる[14]。

このうちASXでは、株式の決済を行う「CHESS」のほか、債券の決済を行う「Austraclear」でもSwiftを利用している。

また、国際的な証券決済機関（ICSD）である「ユーロクリア・バンク」や「クリアストリーム・インターナショナル」では、専用のチャネルと並んで、Swiftの利用を可能としている。

（2）ESESにおけるSwiftの利用

Euroclearグループでは、複数国のCSDを傘下に置いているが、このうち、Euroclearベルギー、Euroclearフランス、Euroclearオランダの3つのCSDについては、決済システムを1つ（single platform）に統合しており、これを「ESES」（Euroclear Settlement for Euronext-zone Securities）と呼んでいる。これによ

---

[14]　日本の証券保管振替機構（JASDEC）でも、一時期、Swiftによるアクセスを認めていたが、利用する金融機関が少なかったことなどから、2018年にSwiftによるアクセスを廃止している。

図9-6 EuroclearのESESにおけるSwiftの利用

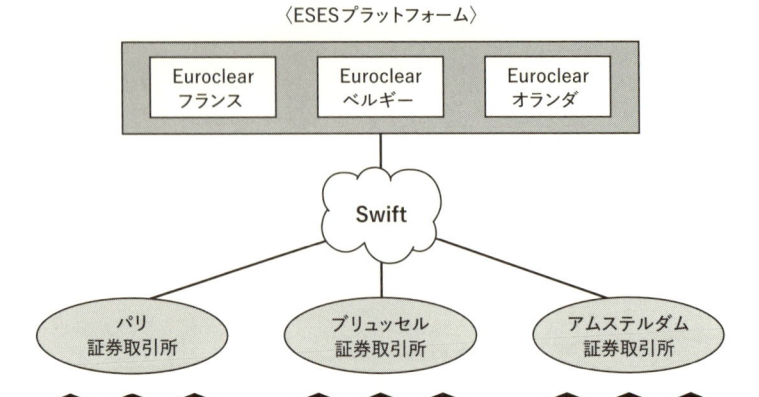

〈ESESプラットフォーム〉

（出所）Euroclear 資料をもとに筆者作成

り、パリ証券取引所、ブリュッセル証券取引所、アムステルダム証券取引所の3市場における取引は、実質的に1つの取引所として運用されるようになっており、これら3つの市場参加者間では国境をまたいだ取引であっても国内取引と同様に決済ができるようになっている。

このESESのシステムでは、ネットワークにSwiftを利用しており、3つの市場の参加者を結んで、相互に決済ができるようにしている（図9-6参照）。ESESの接続方法は、「Euroclearコネクト」と呼ばれているが、「システム同士を接続したSTP接続」（EuroclearConnect for STP）と「画面で入力を行うスクリーン・ベースの接続」（EuroclearConnect for screens）の2つが準備されている。

（3）証券決済インフラにおけるSwiftを通じた証券業務

証券決済インフラとその参加者の間では、Swiftのネットワークを通じて、以下のようなさまざまな証券業務とそのためのメッセージの交換を行うことができる。

■清算と決済

まず第1に、Swiftのネットワークを通じて「清算と決済」（clearing and settlement）を行うことができる。Swiftでは、証券決済のために、2種類のメッセージを用意している。

①DVP（Delivery versus Payment）決済用：証券と資金を同時に受渡しする。
②FOP（Free of Payment）決済用：資金と証券の決済を別々に行う。

DVP決済用には、「DVPによる受取指図」（receive against payment instruction）と「DVPによる引渡指図」（deliver against payment instruction）が、FOP決済用には、「FOPによる受取指図」（receive free instruction）と「FOPによる引渡指図」（deliver free instruction）がある。

■取引の照合

第2に、「取引の照合」（securities reconciliation）のメッセージにより、Swiftを通じて、ポジションの照会や報告を行うことができる。具体的には、次のことを行うことができる。

①保有証券の種類や数量の報告（statement of holdings）
②取引の実施報告（statement of transactions）
③執行未済の発注に関する報告（statement of open orders）

■担保管理

第3に、「担保管理」（collateral management）のメッセージにより、以下のことを行うことができる。

①担保の要求（collateral claim）
②担保の差し入れ（collateral proposal）
③担保の差し替え（collateral substitution）

■コーポレート・アクション

第4に、CSDと参加者の間で「コーポレート・アクション」のメッセージにより、次のことを行うことができる。

①コーポレート・アクションの通知（corporate action notification）
②コーポレート・アクションに対する指図（corporate action instruction）
③コーポレート・アクションの確認（corporate action confirmation）

■CCPにおけるマッチングとネッティング

第5に、CCPと参加者との間で、「約定後のマッチングとネッティング」（post-trade matching and netting）のメッセージにより、次のことを行うことができる。

①取引照合（trade confirmations）
②取引通知（trade notifications）
③ポジション管理（position management）

■規制当局への報告

第6に、「規制当局への報告」（regulatory trade reporting）を行うことができる。米国のドッド・フランク法や欧州の市場インフラ規制（EMIR：European Market Infrastructure Regulation）では、一定規模以上の店頭デリバティブ取引（OTC derivative）について、「取引情報蓄積機関」（Trade Repository）に報告することが求められているが、FINコピーやFINインフォームの仕組みを使うと、取引メッセージのコピーを自動的に取引情報蓄積機関に送ることができる。

■資金管理

第7に、「資金管理」（cash and liquidity management）のメッセージにより、次のことを行うことができる。

①証券決済に関する資金の支払いや引落しの指図

②口座間の資金移動の指図

③ノストロ・アカウント[15] の残高照合（nostro reconciliation）

---

15)　海外のコルレス銀行に自行名義で有する外貨建てのコルレス勘定のこと。

事業法人による
Swiftの利用

　グローバル化の進展に伴い、多くの事業法人（企業）は、ワールドワイドにビジネスを展開するようになっており、それにつれてグローバル企業では、世界各国の数多くの銀行と取引を行うようになっている。こうした国際的なマルチバンク環境の中で、事業法人が個別の銀行ごとに通信チャネルを開設し、管理することは煩雑かつ非効率であり、またコスト負担も重い。こうした中で、Swiftでは、事業法人を世界中の銀行と結んでメッセージをやり取りできるようにするためのサービスを提供している。このため、Swiftは、銀行間のメッセージ通信のみならず、銀行と事業法人とを結ぶネットワークとしても活用されるようになっている。本章では、事業法人によるSwiftの利用について述べる。

1 ｜ 事業法人とSwift

（1）利用禁止から限定的な利用へ

　Swiftは、もともとは利用者を銀行に限定したネットワークとしてスタートした。このため、当初は、銀行の顧客である「事業法人」（Corporate）については、Swiftのネットワークに直接アクセスすることはまったく認められていなかった。

その後1998年になって、限定的なメッセージについてのみ、事業法人がSwiftを使うことができる「TRCO」というアクセス手法が導入され、事業法人によるSwiftネットワークへのアクセスが初めて認められた。TRCOは「Treasury Counterparty」（金融取引の相手方）の略であり、事業法人が「金融取引のコンファメーション」（取引確認）に限って、金融機関との間で受送信することを認めた限定的なアクセス・モデルであった。TRCOでは、事業法人が利用できるメッセージの種類がコンファメーションに限られており、企業にとってニーズの高い国際送金やキャッシュ・マネジメントなどのメッセージを利用することはできなかった。コンファメーションの種類は、外為、デリバティブ、マネーマーケット取引など、比較的広範囲となっていたものの、Swiftへのアクセスを認められるためには多くの金融機関から推薦を受ける必要があるなど、参加条件はかなり厳格なものとなっていた。このため、TRCOの利用はさほど拡大しなかった。

（2）事業法人による一般的なアクセスの容認へ

次に2001年になると、特定の金融機関が、自行の顧客グループ（user group）に対して、自行との間をSwiftのネットワークで結ぶ「MA-CUG」（Member-Administered Closed User Group）という方式が導入された。ただし、企業がこのMA-CUGを使って複数の取引先銀行とSwiftによる通信を行うためには、各銀行が運営するユーザー・グループにそれぞれ個別に参加する必要があり、このため利便性には限界があった。

さらに2007年には、Swiftでは「SCORE」（Standardised Corporate Environment）と呼ばれる、より一般的な事業法人のSwiftネットワークへのアクセス手法を導入した。SCOREでは、Swiftが単一のユーザー・グループを運営し、事業法人ではその1つのグループに参加するだけで、一挙に多くの金融機関との間でメッセージの交換ができるようになった。このため、企業にとっての使い勝手は格段に向上した。

こうした使い勝手がよいアクセス手法が導入されたことや、金融機関サイドでも、企業向けのサービスを拡充するための手段として取引先へのSCOREの

導入に注力していることから、事業法人によるSwiftの利用は拡大してきている。Swiftを利用する事業法人は、当初は、世界中でビジネスを展開する巨大なグローバル企業が中心であったが、近年では、中堅企業にまでそのすそ野が広がってきている。

　なお、MA-CUGも引き続き運用されているため、Swiftへのアクセスを希望する事業法人では、利用するサービスをMA-CUGにするか、SCOREにするかを決めたうえで、Swiftの利用を進めることになる。以下では、MA-CUGとSCOREについて、それぞれの仕組みや特徴について述べることとする。

2 │ MA-CUGによるアクセス

(1) MA-CUGの概要

　事業法人がSwiftのネットワークにアクセスする一般的な方法として、最初に認められたのがMA-CUGである。MA-CUGは、「Member-Administered Closed User Group」（メンバーが管理するクローズド・ユーザー・グループ）の略である。

　MA-CUGでは、ある金融機関が管理する「クローズド・ユーザー・グループ」（CUG）に登録された事業法人は、その金融機関との間で、Swiftのネットワークによる通信が認められる。

　MA-CUGでは、金融機関が、自行の顧客企業に対してSwiftのネットワークを通じてサービスを提供することを目的としている。コンファメーションに限定されていたTRCOとは異なり、利用できるメッセージの種類には特に制限がなく、送金指図のほか、キャッシュ・マネジメント、外為・デリバティブ、貿易金融、証券取引などの各分野について、金融機関と事業法人の間でメッセージを送受信することができる。ただし、金融機関を通さずに、事業法人同士が直接、Swiftによる通信を行うことは認められない。

　CUGに入ることのできる企業の範囲については、MA-CUGを設立・管理す

る金融機関が決定することができ、未上場の企業などについても参加が認められる。

(2) MA-CUGの限界

MA-CUGでは、参加企業は、クローズド・ユーザー・グループ（CUG）を管理する金融機関との間でのみ、直接、通信を行うことができる。したがって、ある企業が複数の取引銀行との間で、Swiftのネットワークを通じて通信を行いたい場合には、各行が管理するCUGに、それぞれ個別に登録を行うことが必要である。たとえば、M社が取引先3行（A行、B行、C行）とSwiftによる通信を行おうとすると、M社では、各行が管理する3つのCUGにそれぞれ登録を行うことが必要となる（図10−1参照）。

複数のCUGに登録するためには、手続きも煩雑であるし、その分のコストもかかる。このため、SwiftがSCOREを導入した時点（2007年初め）では、MA-CUGの仕組みを利用してSwiftにアクセスしていたのは、世界でわずか約180社にすぎなかった。

図10-1 MA-CUGによる事業法人のアクセス

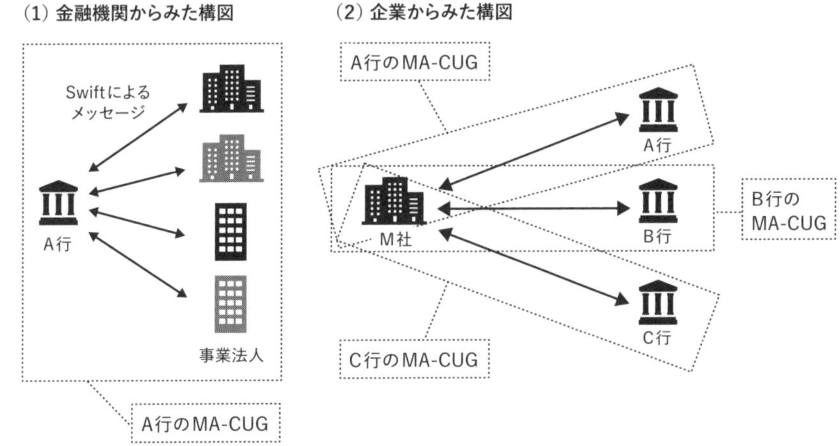

（1）金融機関からみた構図 / （2）企業からみた構図

（出所）筆者作成

なお、MA-CUGは、利用企業の範囲が広く認められているなど、SCOREにはない特徴を備えているため、SCOREの導入後も継続されている。

3 | SCOREによるアクセス

(1) SCOREの概要

事業法人によるSwiftへのより一般的なアクセス方法として、2007年に導入されたのが、「SCORE」（Standardised Corporate Environment）である。

SCOREでは、事業法人は、Swiftが運営する1つのクローズド・ユーザー・グループ（CUG）に参加すれば、このSwiftのCUGに参加しているすべての金融機関との間で、メッセージやファイルの交換を行うことができる。これを「多対多のCUGモデル」（many-to-many CUG model）と呼んでいる。SCOREを使えば、事業法人では世界中の銀行との間をつなぐ単一のチャンネル（single channel）として、Swiftを利用することができる。

ただし、MA-CUGと同様に、SCOREでは、Swiftによる企業同士の直接通信（corporate-to-corporate traffic）は行うことができず、あくまでも金融機関と事業法人との間のSwiftによる通信をサポートするサービスである（図10-2参照）。その意味では、金融機関のネットワークとして発展してきたというSwiftの基本原則は、辛うじて維持されているものと言える。

SCOREは、2006年のSwiftの年次総会において、株主（金融機関）の圧倒的な賛成多数により認められた。こうした背景には、銀行と企業との通信部分については、各行ごとに個別のシステムを提供して無益な競争を行うよりも、ネットワーク部分については共通化を行って、企業がアクセスしやすくしたうえで、本業のサービス・レベルで競争を行っていく方が業界全体としてはメリットが大きいとする考え方があったものとされている。

図10-2 SCOREによる事業法人のアクセス

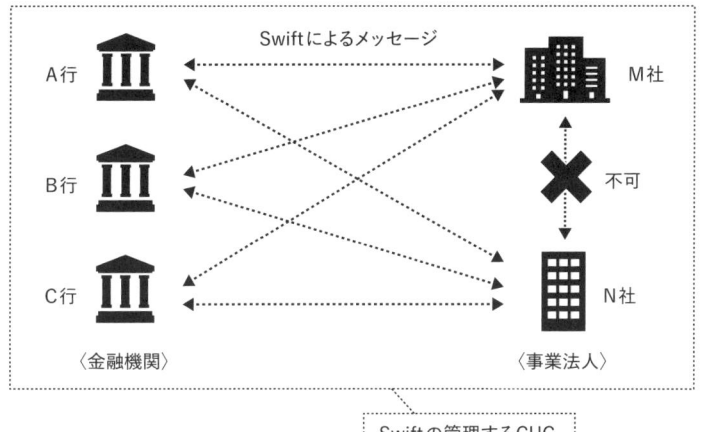

（出所）筆者作成

（2）SCOREへの参加条件

　SCOREへの参加には、以下の3つの参加条件が定められており、この条件の何れかに該当する事業法人では、金融機関との間でSwiftを通じたメッセージ交換を行うことができる。

■FATFメンバー国の上場企業

　1つ目の条件は、「FATFのメンバー国における証券取引所への上場企業」であることである。すなわち、米国、欧州、日本などの証券取引所に上場している企業は、SCOREに参加することができる。

　FATF（ファトフ）とは、「資金洗浄に関する金融活動作業部会」（Financial Action Task Force）のことであり、マネー・ローンダリングに関する国際協調のための活動を行う機関である。日本を含む40の国と地域がメンバーとなっている（2024年3月時点）。

第3部　Swiftの業務の広がり

第10章　事業法人によるSwiftの利用

233

■ 上場企業の子会社

2つ目の条件として、FATFのメンバー国の上場企業の「子会社」（SCORE適格企業が過半数を保有する企業）についても、①財務状況が健全であること、②会計監査を受けていること、などを条件にSCOREに参加することができることとされている。

■ 金融機関の推薦を受けた企業

3つ目の条件が、FATFのメンバー国に所在し、かつSCOREを提供している金融機関によって、「推薦」（recommendation）を受けることである。つまり、金融機関の推薦を受ければ、上場企業でなくても、SCOREを利用することができる。

当初、SCOREへの参加資格は、上場企業とその子会社（上述の1つ目と2つ目の条件のみ）であったが、基準の見直し（緩和）によって、銀行による推薦を受けた企業も認められるようになり、非上場企業にもSwift利用の門戸が開かれた。

（3）SCOREでのメッセージング・サービスと利用メッセージ

■ SCOREにおけるメッセージング・サービス

SCOREにおけるメッセージング・サービスとしては、①FINサービスと、②FileActサービス（リアルタイム方式とストア＆フォワード方式の両方）を利用することができる。

このうち、FINサービスは、国際送金や証券取引などに関する個別のメッセージを受送信するために利用される。メッセージのタイプは、「MT」や「MX」として規定されている（第6章を参照）。

一方、FileActサービスは、大量の支払いデータなどをファイルに入れて送るサービスであり、Swift以外のフォーマット（EDIFACT、ANSI-X12など）で作成されたデータやドキュメントを送ることも可能である。

■SCOREでの利用メッセージ

SCOREにおけるFINサービスは、金融機関が取引先の事業法人に対して、「国際送金」「キャッシュ・マネジメント」「証券取引」「金融取引のコンファメーション」などのサービスを提供することを目的としており、そのためのメッセージが利用可能となっている。

具体的には事業法人では、Swiftのネットワークを通じて、①銀行への送金依頼のメッセージ、②銀行からの口座情報の通知、③外為・デリバティブ取引のメッセージ、④証券決済のメッセージ、などを受送信することができる。

■SCOREの提供銀行

SCOREによる事業法人のアクセス・サービスを提供している銀行は、「SCORE銀行」（SCORE bank）と呼ばれる。2022年9月時点で、世界の約2230行がFINサービスを、約850行がFileActサービスをSCOREにより提供している。どの銀行がどのサービスを提供しているかは、Swiftのウェブサイト上にある「銀行の準備状況ポータル」（Bank Readiness Portal）によって確認することができる。

（4）事業法人のSwiftへの接続方法

事業法人がSwiftのネットワークに接続を行う方法としては、事業法人の負担を軽減するため、クラウドベースなどで簡便に接続する方法が用意されている。これらのうちいくつかは、メッセージ量が少ない中小金融機関でも、Swiftに接続する手段として利用している。事業法人がSwiftに接続する方法としては、以下の4つがある（図10-3参照）。

■アライアンス・ライト2

「アライアンス・ライト2」（Alliance Lite2）は、クラウドベースでSwiftに簡便かつ低コストで接続する方法である。事業法人のほか、中小金融機関でもこの方法を用いて接続を行っている。アライアンス・ライト2では、パソコン、ブラウザー、インターネット接続、セキュリティ・トークン（安全を確保する

図10-3 事業法人によるSwift接続の4つのオプション

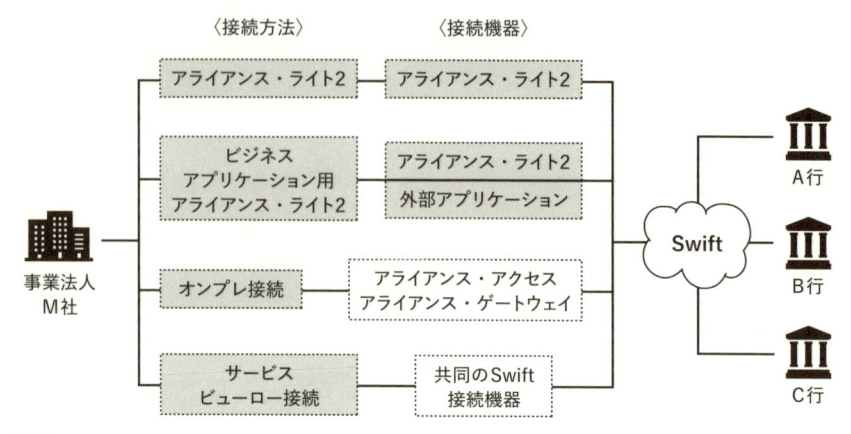

（出所）Deloitte 2021

ための専用のUSBトークン）があれば、Swiftへの接続ができる。事業法人で
はこれを使えば、Swiftに接続するための機器を導入する必要がなく、また社
内でのメインテナンスも不要である。アライアンス・ライト2では、事業法人
が必要とするすべてのメッセージの受送信を行うことができ、一般には「Swift
に接続する最も簡単な方法」とされている。ただし、アライアンス・ライト2
は、すでに新規販売を終了している。

■ビジネスアプリケーション用アライアンス・ライト2（L2BA）

「ビジネスアプリケーション用アライアンス・ライト2」（L2BA：Alliance
Lite2 for Business Application）は、上述のアライアンス・ライト2を外部業者
（application provider）が提供するソフトウェア・アプリケーション（CMS[1]、
TMS[2]、ERP[3] など）と組み合わせて使う形態のものである。

Swiftでは、この方式においてSwiftへの接続の仕様を遵守している業者を
「認定アプリケーション・プロバイダー」（qualified Application Provider）とし

---

1) Cash Management System の略。キャッシュ・マネジメント・システム。
2) Treasury Management System の略。財務管理システム。
3) Enterprise Resource Planning の略。統合基幹業務システム。

て認定している。この「パートナー・プログラム」（Swift Partner Programme）によって、認定を受けたプロバイダーでは、アライアンス・ライト2をプラグ&プレイ方式でアプリケーションに簡便にセットアップできるようにしている。このため、アライアンス・ライト2と同様に、比較的簡単にSwiftに接続を行うことができるものとされている。この機能については、今後、「ビジネス・コネクト」（第4章を参照）に移行していく予定である。

■オンプレ接続

自社のシステムセンターでSwift用の接続機器を維持・管理してSwiftに接続する方法である。これは、比較的メッセージ量が多い大企業に適した接続方法となっており、メッセージの処理効率は高く、複雑な処理も可能であるが、その分、社内システムとの連携や維持・補修などにコストもかかる。いわば金融機関並みの接続を行う方法であり、4つのオプションのなかでは、最もコストが高い方法となる。接続用のインターフェースには、「アライアンス・アクセス」や「アライアンス・ゲートウェイ」を利用する（第4章を参照）。

■サービスビューロー接続

事業法人がSwift接続用の機器の設定やメインテナンスなどを自社で行うことを避け、外部にアウトソースしたい場合には、Swiftのネットワークへの接続業務を受託する「サービスビューロー」（Service Bureau）に委託することも可能である。社内のシステム・リソースに限界がある場合には、こうした選択肢がとられる。

■実際の接続方法

実際に事業法人がどのような方法でSwiftへの接続を行っているのかをみると、サービスビューローによる接続が62％と最も大きなウェイトを占めている[4]。これに、クラウドを使った接続（アライアンス・ライト2およびビジネスアプリケーション用アライアンス・ライト2）が35％で次いでいる。コストのかか

4）　Deloitte（2021）。

るオンプレ接続は3%と極めて少ない。

　2017年以降に参加した事業法人では、クラウド・ソリューションによる接続のウェイトが半分（48%）にまで高まっており、クラウドによる接続を選択する企業が増えていることがわかる。事業法人では、概して負担感の少ない接続方法を選択している。

（5）SCOREのメリット

　従来、事業法人では、各取引銀行との間に別々の通信手段を保有する「マルチ・バンク・チャネル」（Multiple Bank Channels）のかたちで、各銀行との情報のやり取りなどを行っていることが多かった。これがSCOREを利用すると、Swiftを「シングル・ゲートウェイ」として、世界の数多くの銀行との間で安全にメッセージのやり取りができるようになる（図10-4参照）。これにより、以下のようなメリットが得られるものとされている。

■コストと複雑さの削減
　安全性と信頼性の高いSwiftのネットワークを通じて、多くの取引先銀行との間で、標準化されたかたちでメッセージ交換ができる。これにより、マルチバンク環境の下で、多くの銀行との連絡に要するコストや複雑さを削減するこ

図10-4 SCOREによるシングル・ゲートウェイとしてのSwift

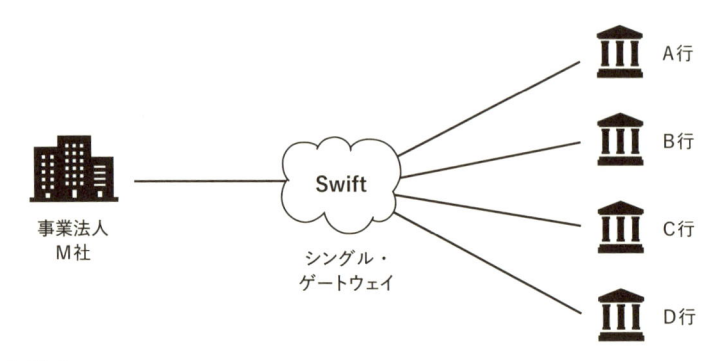

（出所）筆者作成

とができる。

　また、Swiftを単一のチャネルとすることにより、多数の銀行とのコミュニケーション・チャンネルを別々に管理する必要がなくなる。たとえば、数十もの個別行のオンライン・ポータルに別々にログインして口座情報を取得し、それをまた社内システムに手作業で打ち込むといった手間のかかる労働集約的な作業が必要なくなることになる。

■世界中の銀行とのメッセージ交換

　Swiftを「シングル・ゲートウェイ」として、世界中の多くの銀行との間で決済指図の送信や各種レポートの受取りなどができるようになる。世界展開を行っているグローバル企業では、これを利用して、世界中の支払いや送金の業務を1カ所に集約化した財務拠点（しばしば「ペイメント・ファクトリー」と呼ばれる）を作り、グループ企業全体の支払いを世界的に一元化するといった動きもみられている。

■リアルタイムでの口座情報の把握

　世界中の銀行から、日中の口座情報（入出金の状態や残高情報）をリアルタイムで入手することができるようになる。これを「資金の可視化」（funds visibility）と呼んでいる。Swiftでは、これを「1つのチャネルで、世界中の口座が見られる」（One channel, one global view）といった言い方で表現している。こうした口座データは、社内の財務システムと直接連携することも可能である。

　すでにSCOREを使っている事業法人からは、「15分もあれば、世界中にある60の銀行口座の残高を集約することができる」といった声も聞かれている[5]。

■資金繰りの改善

　自社が取引を行う世界中の銀行の口座情報をリアルタイムで得られるというメリットを活かせば、余剰資金を集約化する「プーリング[6]」（pooling）の仕組

5）　Deloitte（2021）。

みを導入したり、資金の余裕がある口座から資金不足の口座へと資金を移したりすることによって、全体としての自社の資金繰りを改善することができる。

4 │ 事業法人によるSwiftの利用状況

（1）Swiftの利用企業数

　Swiftへのアクセスが MA-CUG に限定されていた時期には、Swift を利用している事業法人の数は約180社にすぎなかった（2006年末）。

　その後、2007年1月に SCORE を導入して以降、Swift を利用する事業法人の数は順調に増加してきており、2023年末の時点で、世界で約2800社（およびその子会社、現地法人など）が Swift を利用している。日本でも、約50社がSwift を使って銀行との通信を行っている。米国の「フォーチュン500」（全米の上位500社）でみると、約半分の企業が、Swift を利用して銀行とのやり取りを効率化している。

（2）Swift利用企業の地域別分布

　SCORE の利用企業の地域別分布をみると、欧州地域（EMEA）が53％と半分を占めており、米州地域（Americas）が34％でこれに次いでいる。アジア太平洋地域（Asia Pacific）は13％とあまり利用が進展していない（図10-5参照）。ただし、2017年以降の参加企業についてみると、アジア太平洋地域の比率が24％にまで高まってきており、アジア企業の利用が進みつつあることがわかる。

6）　プーリングには、①予め定めたルールに基づき、複数の口座間で自動的に資金移動を行うサービス（アクチュアル・プーリング）、②複数の口座間での資金移動は行わないが、複数の口座の合計残高に対して、利息の計算を行って付利を行うサービス（ノーショナル・プーリング）、などがある。

図10-5 事業法人のSwift利用状況（地域別）

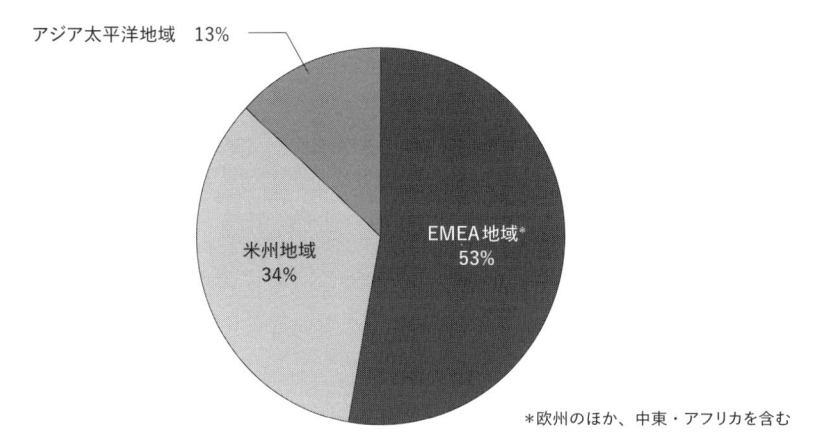

*欧州のほか、中東・アフリカを含む

（出所）Deloitte 2021

（3）Swift利用企業の規模

SCOREの利用企業を規模別にみると、年商が100億ドル以上（27%）、10〜100億ドル（32%）といった大企業が半分以上を占めている。ただし、5億ドル

図10-6 事業法人のSwift利用状況（規模別）

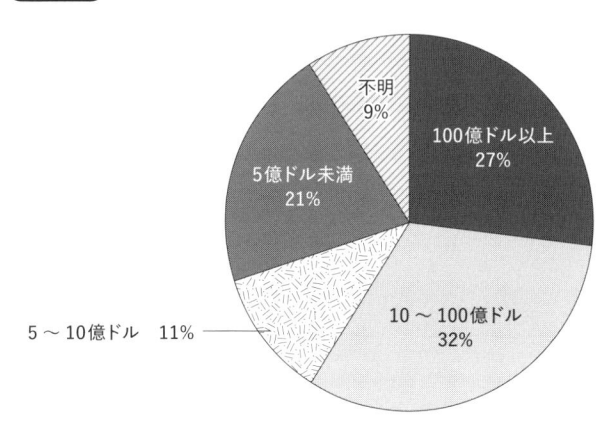

（注）年商（annual revenue）ベース
（出所）Deloitte 2021

未満といった中堅企業も21%を占めており、利用企業は大企業から中堅企業へと広がってきている（図10-6参照）。

2017年以降に参加した事業法人については、こうした中堅企業の比率は32%にまで高まっており、Swiftを利用する企業の裾野は広がりを見せている。

第**4**部

Swiftの変革

第 11 章

国際送金の改善に向けた
Swiftの対応

　国際送金については、従来から「遅い、高い、分かりにくい」といった利用者の不満が蓄積されていた。国際送金は、一般にSwiftを使って行われることから、これは「Swiftを使った国際送金の仕組み」に対する不満であったとみることもできる。こうした利用者の不満を受けて、ノンバンク業者が割安な国際送金のサービスに参入してきているほか、G20などの国際的な枠組みでも国際送金の改善に向けて乗り出してきている。

　こうした環境変化を受けて、Swiftでは、国際送金を「早く、安く、透明に」するために、いくつかの新たな国際送金のためのサービスを導入してきており、国際送金の効率性の向上に努めている。

　本章では、国際送金の効率化に注目が集まっている背景についてみたうえで、それに対するSwiftの対応についてみることとする。

1 ｜ 国際送金の効率化に向けた動き

（1）国際送金に対する不満

　従来の国際送金（クロスボーダー送金）についてみると、まず、海外の受取人口座に入金されるまでに2〜4日程度がかかることが少なくなかった。また

国際送金にかかる手数料も、最低でも数千円のコストがかかるなど、国内送金の料金（百円〜数百円程度）に比べるとかなり割高であった。また、国際送金では、送金銀行と受取銀行の間に複数の中継銀行を介することも多く、中継銀行では送金金額から自行の手数料を差し引くことが多いため、着金してみないと最終的にいくら入金されるのかがわからないといった問題もあった。また、相手の口座に着金しているのかどうかがなかなか確認できないことも多く、海外への送金頻度が高い企業などでは不満が高まっていた。

　このように、従来の国際送金については「遅い、高い、分かりにくい」といった利用者の不満が募っていたが、これには理由があった。国際送金においては、送金人から送金依頼を受けた「送金銀行」が、受取人の口座を有する「受取銀行」との間で、直接のコルレス関係（個別の契約関係）を持っているとは限らず、その場合には、2行の間に「中継銀行」（1行または複数行）をはさんで送金の処理を行うことになる。そうした場合、「送金銀行」→「中継銀行1」→「中継銀行2」→「受取銀行」といった順番で、Swiftの送金メッセージが伝言ゲームのように、逐次処理のかたちで順次伝えられていくことになる（図11-1参照）。その際には、各銀行が送金メッセージを受取るたびに、メッセージの要件やコンプライアンスなどのチェックを行い、それに対して各行で手数料

図11-1 国際送金の仕組み（従来）

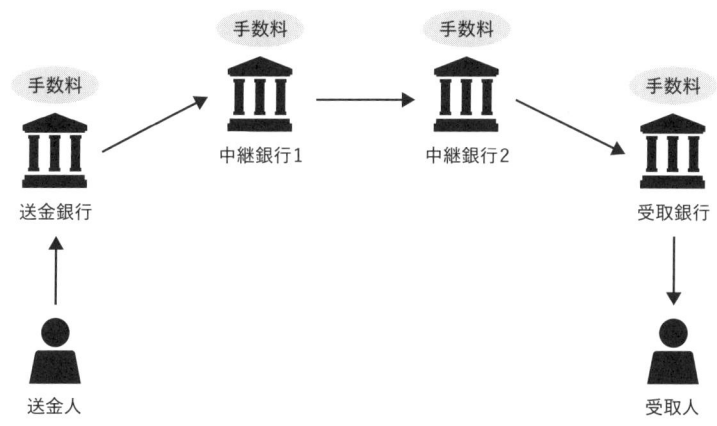

（出所）筆者作成

が課されていくことになる。こうした複数のコルレス銀行が関与した仕組みのもとで、「遅い、高い、分かりにくい」という国際送金の構造ができ上がっていたのである。

(2) 国際送金の効率化が注目されている背景

ここにきて国際送金の効率化が注目されるようになっているのには、いくつかの背景がある。1つは、小口決済システムのイノベーションにより、国内送金については効率化がほぼ達成されたため、残された課題として、国際送金の高コストや非効率性がクローズアップされるようになったことである。

2つ目に、ノンバンク業者がこの分野に参入し、従来の銀行チャネル（Swiftを通じたルート）より、安い手数料や早い着金をセールス・ポイントとして、業務の拡大を図っていることである。

3つ目には、こうしたタイミングで、世界の主要国からなる「G20[1]」がクロスボーダー送金の改善を優先事項の1つとして取り上げたことである。これにより、他の国際機関も改善に向けた行程表を作るなど一斉に動き出し、クロスボーダー送金の改善に向けた動きが、大きな国際的な潮流となっている。

以下では、これら3つの背景についてみることとする。

■国内決済における効率化の達成

国内における小口決済システムの動向についてみると、各国では利便性の高い「インスタント・ペイメント」（「ファスター・ペイメント」とも呼ばれる）の導入が広がってきた。

インスタント・ペイメントは、24時間365日（「24/7」ともいう）について、リアルタイムの決済を提供する小口決済システムのことであり、手数料が無料で提供されることも多い。こうした「24時間365日の即時送金」の導入により、「送金の着金までに時間がかかる」「平日の昼間しか送れない」といった国内送

---

1) G7（フランス、米国、英国、ドイツ、日本、イタリア、カナダ）、EUに加え、アルゼンチン、オーストラリア、ブラジル、中国、インド、インドネシア、メキシコ、韓国、ロシア、サウジアラビア、南アフリカ、トルコの首脳が参加する枠組みのこと。

金の問題が一挙に解決されることとなった。また、こうしたインスタント・ペイメントでは、ケータイ番号などを使って簡単に送金ができる（送金の際に相手の口座番号が不要）といった付加的なサービスが提供されているケースも多く、利用者にとってはかなり利便性が高い送金手段となっている。

インスタント・ペイメントの先陣を切ったのは、英国の「ファスター・ペイメント」（2008年に稼働を開始）であるが、その後も、「FAST」（シンガポール）、「NPP」（オーストラリア）、「RT1」（ユーロ圏）、「RTPネットワーク」（米国）などが相次いで稼働している。

また、24/7の即時送金においては、中央銀行が大きな役割を果たしているのも特徴であり、ユーロ圏ではECB（欧州中銀）が「TIPS」を導入（2018年に稼働開始）したほか、米国でもFedが「FedNow」を導入（2023年に稼働を開始）している。しかもこうしたインスタント・ペイメントの導入は、先進国のみに止まらず、途上国にもかなりの広がりをみせており（インド、トルコ、ブラジル、メキシコ、インドネシア、サウジアラビアなど）、すでに60以上の国で導入が行われている。

こうした小口決済システムの改革によって、国内送金については利便性、低コスト化、効率化などがほぼ達成されてきている。このため、残された問題として、クロスボーダー送金のコストの高さや非効率性が、逆にクローズアップされてきているのである。

■ ノンバンク業者による国際送金への参入

これまで銀行がほぼ独占してきた[2]国際送金の世界に、ノンバンク業者が参入してきたことも、国際送金に対する注目を集めることとなった。こうしたノンバンク業者は、Swiftにとってはライバルの登場を意味するため、対抗策を講じる必要性が高まることとなった。

こうしたノンバンク業者の国際送金業務への参入の事例としては、①リップルや②Wise社、などを挙げることができる。

---

2) 従来から、ウェスタンユニオン、マネーグラムなどの「国際送金業者」は存在していたが、主として「労働者送金」（海外への出稼ぎ労働者による母国への送金）などに用いられており、市場シェアはさほど高くなかった。

①リップル

「リップル」（Ripple）は、リップル社（正式名は、Ripple Labs Inc.）が進める「国際送金の高速化、低コスト化」のための決済の仕組みであり、その国際送金ネットワークは「リップルネット」（RippleNet）と呼ばれる。

リップルは、ブロックチェーン（分散型台帳技術）により構築された「XRPレッジャー」と呼ばれる台帳のネットワークに、参加行がそれぞれ接続して台帳を共有しつつ、効率的に送金を行う仕組みとなっている。送金銀行（または送金業者）と受取銀行（同）をリップルネットでつなぐことにより、直接送金ができるようにし、わずか3〜5秒というほぼリアルタイムで、かつ格安な手数料で国際送金が実行できるようにしている（図11-2参照）。

リップルでは、ネットワーク上のネイティブなデジタル資産である「XRP[3]」を有しており、XRPを「ブリッジ通貨」として、異なる通貨間での送金を行うことも可能となっている。

図11-2 リップルの送金モデル

①従来のコルレス銀行を使ったモデル（2〜4日）

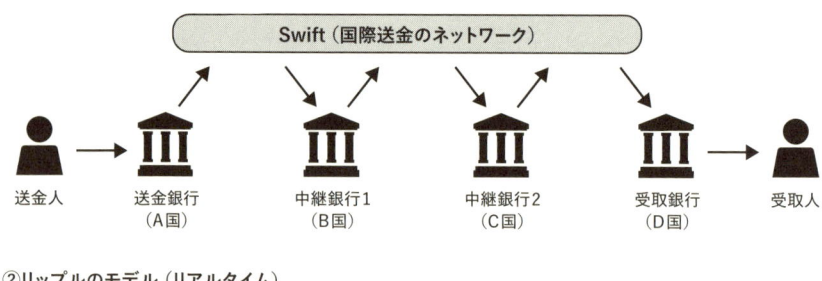

②リップルのモデル（リアルタイム）

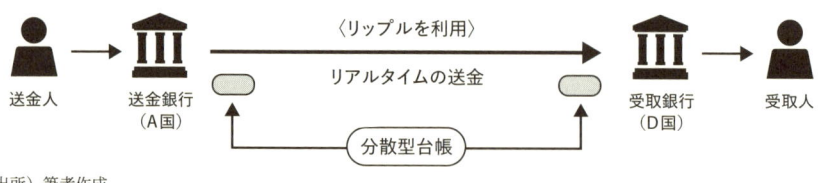

(出所) 筆者作成

---

3)「エックス・アール・ピー」と読む。

リップルネットには、2023年8月時点で、世界の45カ国から300社以上が参加している（参加者は、銀行および送金業者など）。

②Wise社

Wise社（Wise Payments Limited、旧TransferWise）は、複数の国際送金をとりまとめて、可能な限り国内送金に変換することによって手数料を削減し、格安な国際送金を実現する仕組みである。

具体例でみてみよう（図11-3）。日本のAさんが米国のBさんに1000ドル（日本円で15万円）を送る必要があるとしよう。一方で、米国のCさんが日本のDさんに1000ドル相当（日本円で15万円）を送る必要があるものとする。この場合、Wise社では、AさんからDさんに15万円を日本の国内送金の仕組みを使って送る。一方、米国では、Wise社ではCさんからBさんに1000ドルをやはり米国の国内送金の仕組みを使って送る。このようにWise社では、日本と米国のそれぞれにおいて国内送金を行うことによって、国際送金によって生じる為替コストなどの高い手数料を回避する仕組みとなっている。

このように双方向の国際送金を多く集めることができれば、その大部分を国内送金として処理することができ、手数料を大幅に削減することができる。な

図11-3 Wise社のビジネスモデル

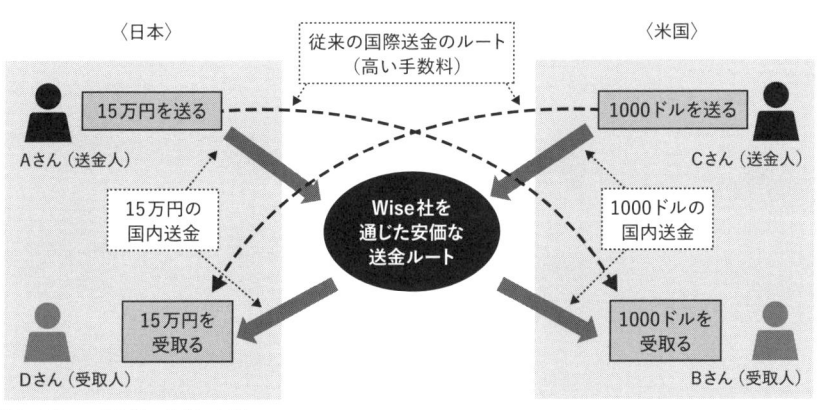

（注）1ドル＝150円で換算した例
（出所）「ビジネスIT」を修正

お、両国間の双方向で常に同じ金額の送金があるとは限らないため、差額分については、Wise社では、各国に資金を保有しておいて一時的に立替え払いを行ったり、国際送金によって処理を行ったりしている。

■G20のイニシアティブ

国際送金の改善に向けては、国際的なイニシアティブも大きく影響している。世界の主要20カ国からなる「G20」では、2017年にクロスボーダー送金の改善を、優先事項の1つとして設定した。これを受けて、FSB（金融安定理事会）やBIS/CPMI（国際決済銀行／決済・市場インフラ委員会）などが「改善に向けたロードマップ（行程表）」を作成し、「送金コスト」「着金スピード」「アクセス」「透明性」という4点について目標を設けており、2027年までに、これら4つの目標を達成するように求めている（表11−1参照）。

こうした国際的な枠組みによるイニシアティブも、Swiftに対して国際送金の改善を進めることを促す大きな要因となっている。

表11-1 G20による国際送金のターゲット

ターゲット	内容
①送金コスト	国際送金の平均コスト（手数料＋為替コスト）を1％未満とすること すべての送金ルートのコストが3％を上回らないこと
②着金スピード	国際送金のうち、75％が1時間以内に利用可能となること 残りの25％は、1日以内に着金すること
③アクセス	エンドユーザーは、送金を送る／受取るために、少なくとも1つのオプションを持つこと
④透明性	トータルな送金コスト、着金までの予想される時間、送金のステータスのトラッキング、サービス条件などを透明にすること

（出所）FSB（2021）をもとに筆者作成

2 | Swift GPI

　上記のような環境変化に対応して、Swiftでは、国際送金の効率化や高速化に向けていくつかの対応を行ってきている。最初の対応となったのが、「Swift GPI」である。

(1) Swift GPIとは

　Swift GPIは、Swiftの提供する国際送金のサービスであり、GPIは「Global Payments Innovation」の略である。Swift GPIは、従来からの国際的なコルレス銀行業務を改革することを目指しており、2017年1月から稼働を開始している。

　Swift GPIでは、参加者間での「サービス・レベル合意書」（SLA：Service Level Agreement）に関するルールブック（「GPI SLA」）を作成し、GPIのすべての参加者がこのSLAを遵守することによって、国際送金の早期着金などを実現しようとするものである[4]。

(2) Swift GPIの4つの目標

　Swift GPIでは、①国際送金の即日着金、②手数料の透明性、③送金の追跡可能性、④レミッタンス情報の統一性、の4つを確保することを目的としている。これにより、国際送金のスピード（speed）、透明性（transparency）、追跡性（tracking）を高めることを目指している。

■国際送金の即日着金
　国際送金の即日着金は、これまで2～4日かかっていた送金の到着を、遅く

---

4)　したがってSwift GPIは、基本的には「従来のコルレス銀行の仕組みをブラッシュアップしたもの」であり、新しい決済の仕組みなどを構築したものではない。

とも当日中にしようとするものである。ただし、実際の着金時間は、後述のように送金から5〜30分以内など、さらに早くなっている。

■ 手数料の透明性

手数料の透明性とは、国際送金の各処理段階における手数料や外貨に転換するための為替コストなどを、ユーザーがすべて見ることができるようにする（full visibility）ということを意味している。

■ 送金の追跡可能性

4つの目標のうちでも最も重要なのが、「送金の追跡可能性」であり、そのために「GPI トラッカー」という追跡機能が導入された。これは、送金銀行が送金指図を送る際に、ユニークな追跡番号を付番し、それによって、受取人の口座に入金されるまでの送金指図のステータスを順次追跡していくものである。

送金指図ごとのユニークな追跡番号は、「UETR」（Unique End-to-end Transaction Reference）と呼ばれ、最初に送金銀行が送金指図を送る際に付番される。その後、送金チェーン内の各行では、送金の処理ステータスを「GPI コンファメーション」として直ちにSwiftに送り、送金指図がどこまで処理されたのかを関係者がリアルタイムで確認できる仕組みとしている。それによって、受取人の口座に入金されるまでのステータス（A行で処理中／B行での処理が完了など）をリアルタイムで追跡していくことが可能となっている（図11-4参

図11-4 GPIトラッカー（追跡機能）の仕組み

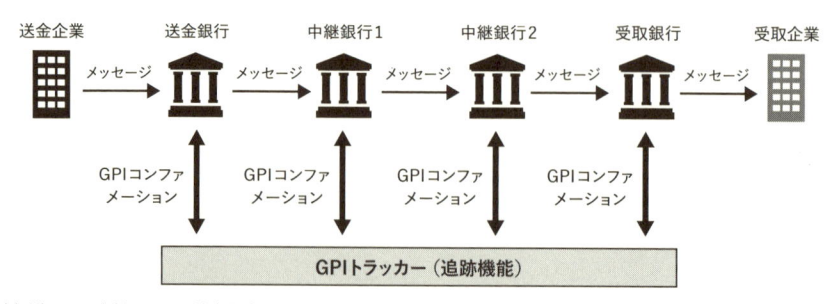

（出所）Swift 資料をもとに筆者作成

照)。

　こうしたGPIトラッカーの機能により、個々の送金ルートごとの処理時間が明らかになるため、各行での送金の処理がスピードアップされ、結果的に送金全体に要する時間が短縮化されるという仕組みになっている。

■ レミッタンス情報の統一性

　レミッタンス情報の統一性は、送金指図に最初に添付された「レミッタンス情報」（インボイス番号、請求書番号など）が送金プロセスの途中で変更されないようにすることを意味する。

（3）Swift GPIのための3つの機能

　Swiftでは、Swift GPIの機能を実現するために、①GPIディレクトリー、②GPIトラッカー、③GPIオブザーバーという3つの機能を導入している。この3つの機能は密接に関連しているが、中でもGPIトラッカーにより、送金指図の処理ステータスがリアルタイムで確認できるようになった意義が特に大きかったものとみられる。

■ GPIディレクトリー

　「GPIディレクトリー」は、Swift GPIのすべての参加行（「GPIメンバー」ともいう）について、BIC（企業識別コード）、取扱通貨、送金のカットオフタイム（締切時間）などを一覧にしたものである。

　これを使うことにより、Swift GPIの参加行は、①どの銀行がGPIの参加行となっているか、②どの送金ルートを使えば効率的に送金を行うことができるのか、などを知ることができる。

■ GPIトラッカー

　前述のように、送金指図がどこまで処理されたのかをリアルタイムで追跡する「ペイメント追跡機能」を可能にするために「GPIトラッカー」という機能が導入された。送金メッセージごとにユニークな追跡番号を付番することに

よって、最初に送金銀行が送金指図を発出してから、最終的に受取銀行で受取人口座への入金が行われるまでのすべてのプロセスについて、送金処理のステータスをすべての関係者がリアルタイムで知ること（これを「end-to-end visibility」という）が可能となった。

送金銀行が最初に送金指図を送る際に、ユニークな追跡番号（tracking number）である「UETR」を付番し、それによって、受取人口座に入金されるまでのステータスを順次追跡していくことが可能となっている。これは、「国際宅配業者（DHLなど）では荷物の輸送状況を追跡できるのに、なぜ送金指図については、追跡ができないのか」というSwiftユーザーの素朴な疑問をもとに、宅配業者の追跡モデルに倣ってペイメントの追跡機能を実現したものである。このGPIトラッカーのサービスは、Swiftが管理するクラウド上で運営されている。

GPIトラッカーでは、送金処理のステータスは、「処理済み」（completed）、「処理中」（in progress）、「保留中[5]」（on hold）、「却下」（rejected）の4種類で表示される。これにより、関係する銀行では、その送金指図が現在どの銀行で処理中であるとか、中継銀行での処理が終わった、といった状況をリアルタイムで確認することができる。

さらに、銀行がこうした「送金のステータス情報」を、自行の取引先企業に通知するサービスを提供すれば、企業サイドでは、自社の送金がどこまで処理されているかを、銀行に問い合わせることなく、リアルタイムで知ることができる（すでに、いくつかの銀行では、企業向けにこうしたサービスを提供している）。

なお、送金処理のステータスは、①GPI参加行の画面に表示する方式（GUI方式）、②プッシュ方式（ステータスの変更があった際にのみ通知を受取る）、③プル方式（必要な時にデータベースにアクセスしてステータスを入手する）、の3つの方法で入手することができる。

---

5) ①口座情報などに誤りがある場合、②処理のために追加情報が必要な場合、などには送金指図が保留されることがある。

■GPIオブザーバー

「GPIオブザーバー」は、Swift GPIの参加行が、ルールブック（GPI SLA）に準拠した送金の取扱いができているかどうかを1カ月ごとにまとめてレポートする機能である。

この機能を通じて、GPI参加行では、上述した「国際送金の即日着金」「手数料の透明性」「送金の追跡可能性」「レミッタンス情報の統一性の確保」の4項目について、「GPI品質インデックス」（GPI Quality Index）として、自行の達成率をみることができる[6]。

各項目とも90％以上が合格ラインとされており、合格項目は、画面上では「緑色」で表示される。90％未満の場合には、未達成ということで「オレンジ色」で表示される（この段階では、未達成であることは他のメンバーには見えない）。このオレンジ色の未達成項目が6カ月以内に改善されない場合には、「赤色」で表示されるようになり、他のメンバーにも未達成であることが表示される（visible to GPI community）。こうしたGPI未達成の項目が多くあった場合には、他のメンバーでは送金ルートとしてその銀行を使わなくなるため、当該メンバーの国際送金ビジネスには大きな打撃となることが予想される。このように、GPIのルールが達成できていない先に対しては、他のメンバーへの公表を通じて改善のプレッシャーがかかるような仕組みとなっており、全体としてGPI準拠の比率が上がるように設計されている。

こうした達成率は、通貨ごと、相手行ごと、国ごとなどに分けて分析することも可能である。また、GPI品質インデックスは、自行についてのインデックスのほか、GPI参加行全体の「コミュニティ・インデックス」も表示されるため、全体の中での自行の相対的な位置付けを知ることができるようになっている。

（4）Swift GPIの利用状況

Swift GPIを導入予定の先（サイン済みの先）は、4450行以上にのぼってお

6）　こうした機能によりSLAの達成率を確認するということは、Swift GPIは「ベスト・エフォート・ベースである」（達成されないこともありうる）ということを意味する。

り、Swiftのユーザー全体（約1万1700行）の約4割を占めている（2023年末時点）。これらのGPIの導入予定先が取り扱うクロスボーダー送金は、Swift全体の国際送金のうち、約9割を占める。

導入予定先のうち、すでに約2200行が「ライブ行」（live GPI member）として、実際にSwift GPIによる国際送金を行っている。GPIによる送金ルート（country corridor）は3300以上に上っており、150以上の通貨による送金をカバーしている。これらのルートを通じて、1日平均で5300億ドル（≒80兆円）のクロスボーダー送金がGPIによって送られている。

当初は、クロスボーダー送金のうちごく一部がGPIによって送られていたが、今や、Swiftを通じたクロスボーダー送金のうち、80％がGPIによって送られるようになっている（2023年末時点）。つまり国際送金は、すでにGPIによって送られるのがむしろ主流となっているのである。このためGPIを利用した送金は、国際送金における「ニュー・ノーマル」（新常態）になっているものとされている。

（5）Swift GPIによる着金時間

Swift GPIによる国際送金の着金時間をみると、48％が送金の開始から5分以内、11％が30分以内となっている（図11-5参照）。つまり、合わせるとSwiftを使った国際送金の約6割が30分以内に受取人の口座に到着しており、GPIを使うことにより、着金までの時間はかなりスピードアップされている。

これに6時間以内の着金（20％）を加えると8割となるほか、ほぼ100％が24時間以内に相手の口座に着金しており[7]、「国際送金の即日着金」という目標をほぼ達成している。

国際送金については、未だに着金までに2〜4日を要していると考えている人も少なくないが、上記のようにSwift GPIの導入によって、国際送金は予想以上にスピードアップされてきており、国際送金の着金時間については、「か

---

[7] 一部、着金までに1日以上かかっている分を含む。これらについては、着金国側の規制が、遅れの主な原因となっている。

図11-5 Swift GPIの着金時間（2023年末）

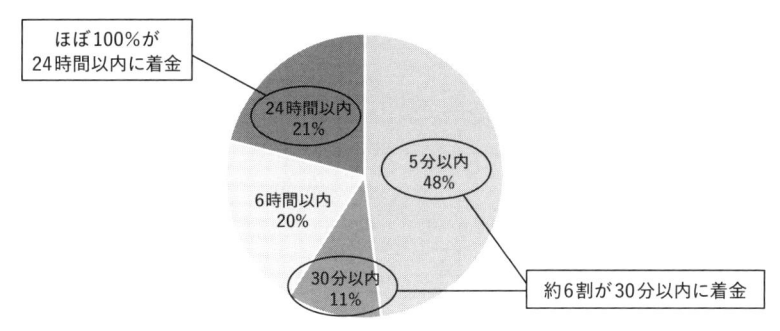

（出所）Swift資料をもとに筆者作成

なりの時間がかかる」という旧来の認識を根本的に改める必要があるだろう。

（6）追跡番号などの義務付けの動き

Swiftでは、Swift GPIに関していくつかの義務付けを行ってきており、GPIのメリットがコミュニティ全体に広がるように努めている。

■追跡番号の義務付け

Swiftでは、2018年11月から、すべての送金指図に追跡番号（UETR）を付番することを義務付けた。これを「UETRの義務化」（Mandatory UETR）という。これにより、Swift GPIに参加していない銀行（non-GPI member）も含めて、銀行が送金指図を発出する際には、必ず追跡番号が付番されることとなった。

この義務付けにより、Swiftネットワーク上の「すべての送金指図」が追跡できるようになった（all payment trackable）。つまり、どの銀行まで届いており、どの銀行で処理中となっているか、といったステータスがすべての送金指図について、リアルタイムに確認できるようになった。また送金ルートの途中に、GPIの未参加行（non-member）が入っている場合でも、追跡ができるようになった。これを「拡張されたトラッキング」（extended tracking）と呼んでいる。

この義務付けのために、まだGPIに参加していないメンバー（non-member）

に対しては、機能が限定された「基本トラッカー」（Basic Tracker）が提供されている。これにより GPI の未導入先も含めて、すべての Swift ユーザーが追跡番号を付番することが可能となっている。

■着金通知の義務付け

Swift では、2020年11月から、すべての Swift ユーザーに「着金通知」（confirmation）の発出を義務付けた。これにより、送金指図を受取った受取銀行では、ただちに着金したこと（送金の受取り）を送金銀行に通知することが求められるようになった。この着金通知の義務付けにより、送金サイドの銀行では、着金の有無を即座に確認できるようになり、大きなメリットが得られることになった。これを「ユニバーサル・コンファメーション」（Universal Confirmation）と呼んでいる。

さらに、いくつかの銀行では、この着金情報をリアルタイムで、自行の顧客（送金企業）に通知するサービスを始めており、企業では、銀行に問い合わせることなく、着金を即座に確認することができるようになっている。

この着金通知の義務付けにより、企業にとっては「相手への着金を早期に確認できる」というメリットがあるほか、銀行にとっても「送金は着いたのか」という企業からの着金の問い合わせが大幅に減る[8]というメリットが期待される。

（7）Swift GPI の応用サービス

Swift では、Swift GPI の導入後、GPI の仕組み（トラッカー）を応用したサービスをいくつか開発しており、複数の応用サービスを展開している（表11-2参照）。これらの応用サービスの機能についてみると、以下の通りである。

■GPIによる銀行間送金（gFIT）

Swift GPI は、当初、「顧客送金」（MT 103）のみを対象としていたが、その

8）「顧客からの問い合わせの7割以上は、送金は着いたのか、いつ着くのかという質問である」（米銀）ため、こうした機能がうまく軌道に乗れば、銀行にとっては、顧客への問い合わせ対応の面で大きな省力化につながることが予想される。

表11-2 GPIの応用サービス

GPI サービス	略称	主な内容
① GPI による銀行間送金 （Financial Institution Transfer）	gFIT	銀行間の送金を GPI で行うサービス
②事業法人向けの GPI （GPI for Corporates）	g4c	複数銀行による GPI 送金のトラッキング情報を、1 つの画面で企業に提供するサービス（マルチバンク対応）
③ストップ＆リコール	gSRP	GPI を使って、送金の途中であっても、送金の中止や取消しをするサービス
④ケース・レゾリューション	gCASE	送金メッセージの間違いや欠落を、GPI トラッカーを通じて、直接、送金銀行に問い合わせるサービス
⑤プリ・バリデーション	Pre-Val	送金メッセージを発出する前に、受取人口座などの正確性をチェックするサービス

（出所）Swift 資料をもとに筆者作成

後は、これを送金資金の払込みである「カバーペイメント[9)]」や一般的な「金融機関間の送金」にも拡大している。後者の金融機関間の送金（Financial Institution Transfer）をGPIによって行うサービスのことを「gFIT」と呼んでいる。

■ 事業法人向けのGPI（g4c）

Swiftでは、企業向けの機能として、複数銀行によるGPI送金のトラッキング情報を、単一画面でまとめて提供するサービスを提供している。このサービスは、「事業法人向けのGPI」（GPI for Corporates）と呼ばれ、「g4c」と略称される。

これを利用すると、企業側では、1つの画面で複数の銀行にかかる送金の状況をまとめて、リアルタイムに「見える化」することができるようになる。「見える化」ができるのは、送金の経過時間、送金ルート、手数料、中継銀行の数

---

9) 国際送金を行う際に、送金銀行が受取銀行に預金を持っていない場合には、送金銀行は受取銀行に対して受取人への支払いを送金指図で依頼するとともに、別のコルレス銀行を通じて、送金資金の払込みを行う。この送金資金の払込みのための指図を「カバーペイメント」という。

などである。

　g4cを使うと、複数銀行（マルチバンク）と取引している大手企業にとっては、本来は銀行ごとに別々に提供される送金のトラッキング情報を一括して把握・管理できるようになるため、利便性が大きく高まることになる。また、g4cの利用企業では、マルチバンクからのGPI情報を、そのまま社内システムに取り込んで利用することも可能となっている。

■ ストップ＆リコール

　GPIの機能を使って、送金の途中であっても、送金指図の中止や取消しを行うサービスを「ストップ＆リコール」(Stop and Recall Payment service) と呼び、「gSRP」と略称する。これを使うと、GPIトラッカー経由で、ネットワーク全体に対して「キャンセル措置」(network cancellation) を行うことができるとともに、対象となる送金指図の処理を行っている銀行に対して「差し止め請求」(stop and recall request) を出すことができる（図11-6参照）。

　この場合、送金ルートにおける途中の銀行（すでに処理が終了した先など）には差し止め請求は行かず、送金を処理中の銀行にのみ差し止め請求が送られ、送金の処理がストップされる。処理を行っている銀行にのみ、直接、請求

図11-6 ストップ＆リコールの仕組み

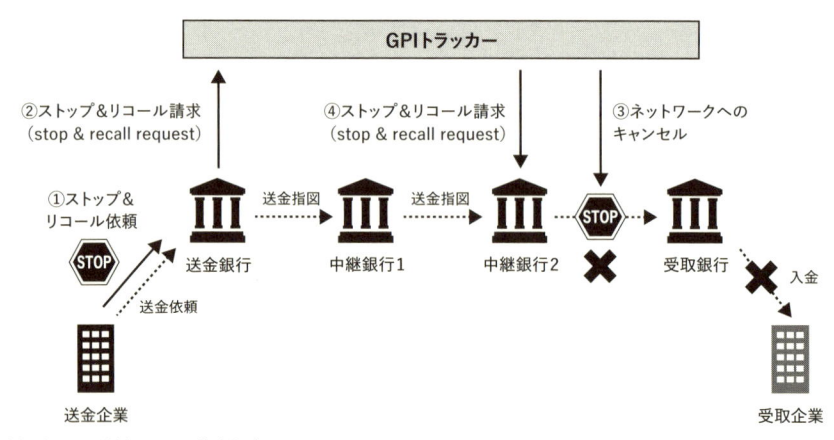

（出所）Swift資料をもとに筆者作成

が行くため、差し止めまでの時間が節約されるほか、影響する範囲を絞り込むことができる。

gSRPを使うと、企業が銀行に送金を依頼したあとで、請求書が二重請求であったことや、同じ請求書に対する二度目の支払いであったことに気付いた場合などに、相手口座への入金が行われる前に、早い段階で取消しを行うことができる。

■ケース・レゾリューション

Swift GPIを応用したサービスのもう1つが、送金メッセージの間違いや欠落を、GPIトラッカーを通じて、直接、送金銀行に問い合わせるサービスである。このサービスを「ケース・レゾリューション」（Case Resolution service）と呼んでおり、「gCASE」と略称している。

こうした問い合わせは、従来は、送金ルート内の中継銀行（複数の場合もある）を逆方向に辿って、何段階ものプロセスを経て行うことが必要であったが、gCASEでは、送金銀行に対して直接の問い合わせができるため、プロセスや時間を大幅に短縮することが可能となっている。図11-7の例でみると、中継銀

図11-7 ケース・レゾリューションの仕組み
（中継銀行2が送金銀行に問い合わせを行うケース）

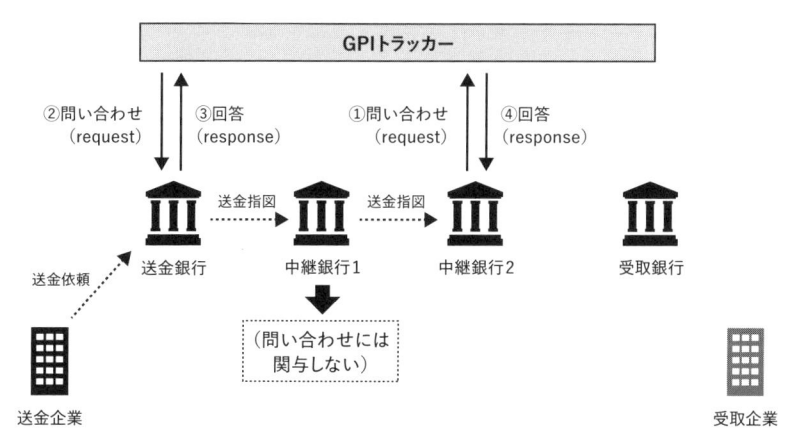

（出所）Swift資料をもとに筆者作成

行2では、gCASEを通じて、送金銀行に対して直接、問い合わせを行うことができる（その際、中継銀行1は、この問い合わせには関与しない）。

プリ・バリデーション（後述）やケース・レゾリューションは、国際送金における異例処理を削減し、それに関連する問い合わせ業務を合理化することを目指している。こうした異例処理は、件数的には、国際送金全体のごく一部（2%程度）に過ぎないものとされているが、いったん発生すると、事実関係の問い合わせや確認作業に相当な手間と時間を要する。このため、こうした異例対応の発生を防止し、また送金銀行に対して直接的な問い合わせができることによるメリットはかなり大きいものとみられる。

なおSwiftでは、上述の「ストップ＆リコール」と「ケース・レゾリューション」を合わせて、「ケース・マネージメント・サービス」（Case Management service）と呼んでいる。

■GPIオブザーバー・アナリティクス

Swiftでは、自行のGPIによる国際送金の流れ（トラフィック）を分析できるようにするための「GPIオブザーバー・アナリティクス」（GPI Observer Analytics）というサービスを提供している。この分析サービスは、GPI参加行のみが利用することができる。

このサービスでは、自行のGPIトラフィックを、①コリドー（送金経路）ごと、②相手行（BIC）ごと、③GPIルールの遵守状況（通貨ごと、国ごとなどの即日着金の比率など）、などにブレーク・ダウンして分析することが可能である。

また、自行のGPIによる送金実績を、①Swiftのネットワーク全体のGPIトラフィックと比較する、②自国のコミュニティのトラフィックと比較する、などのかたちで分析することもできる。

このサービスでは、データの可視化（visualization）にも力を入れており、①送金が何分以内に着金しているかを示す「スピード・バー・チャート」や、②自行からの主要な送金ルートを示す「ネットワーク・ダイヤグラム」、などを表示することができる。このアナリティクスは、クラウド・ベースのサービスであるため、ユーザー側では、ハードウェアやソフトウェアの追加・変更を行う

ことなく、利用することができる。

（8）プリ・バリデーション

GPIを応用したもう1つのサービスとして、「プリ・バリデーション」がある。これは、送金銀行が送金メッセージを発出する前に受取人口座などの情報の正確性をチェックするサービスであり、2021年から導入されている。このサービスは、「事前の検証」という意味で「プリ・バリデーション」（Pre-validation）と呼ばれ、「Pre-Val」と略称されている。

■プリ・バリデーションの概要

「プリ・バリデーション」は、送金銀行が国際送金を送る前に、受取人の口座番号や名前、送金指図における必要項目の有無などを検証することができるサービスである。送金メッセージの発出前にこうした検証（チェック）を行うことにより、送金ルートを通じて処理がかなり進んだ後になって、口座番号が相違しているとか、名義人の名前が違っているといった事態が事後的に発生するのを避けることができる。これによって、（中継銀行などを経て）受取銀行にメッセージが着いてから、初めて異例対応が必要なことが発覚するといった事態を回避し、「摩擦のないスムーズな送金」（これをSwiftでは「frictionless payment」と呼んでいる）を実現することができるものとされている。

受取人口座のエラーは、従来は、受取銀行に送金メッセージが到着してから初めて判明し、それをまた送金ルートを逆方向にさかのぼって、複数の仲介銀行を経由して送金銀行に問い合わせるといった煩雑な手続きが必要となっていた。しかし、受取人の口座情報の正確性を送金メッセージの発出前にチェックできれば、こうしたエラーの発生や問い合わせの作業がなくなり、大幅な効率化につながることになる。

プリ・バリデーションは、もともとSwift GPIの応用として出てきたものであるが、対象はGPI送金に限定されるものではなく、Swiftのネットワーク上のすべてのメッセージについて利用することができる。プリ・バリデーションでは、通常の送金メッセージのルートとは異なる「SwiftグローバルAPIゲート

図11-8 プリ・バリデーションの仕組み

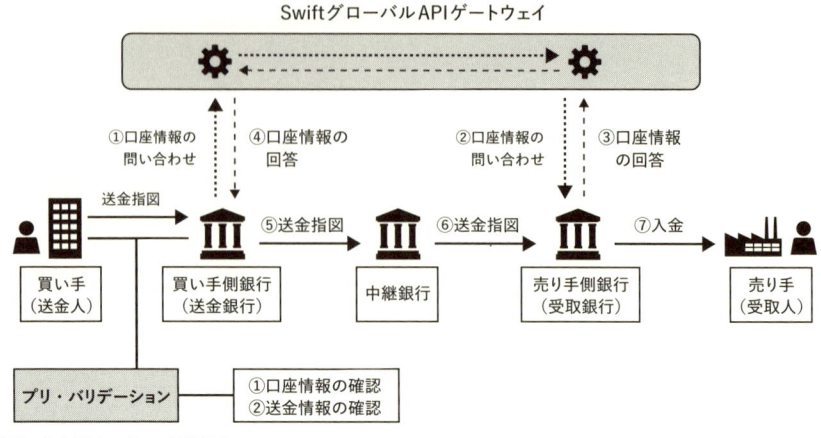

(注) 受取銀行がデータ提供銀行となっているケース
(出所) Swift 資料をもとに筆者作成

ウェイ」を通じて問い合わせや回答が行われる（図11-8参照）。また、問い合わせと回答は、送金銀行と受取銀行の間で直接行われ、このやり取りには、送金ルートの途上にある中継銀行は関与しない。

プリ・バリデーションにおける検証は、「送金1件ごとに」（single valida-tion）、「リアルタイム」（real-time validation）で行われる。

■ 検証（バリデーション）の内容

プリ・バリデーションでは、以下のような項目を事前にチェックすることができる。これにより、着金の遅れや着金拒否などを防止することができる。

①受取人口座の検証（Beneficiary Account Verification）

受取人の口座番号や名前が正しいかどうかを、事前に確認することができる。

②送金内容の検証（Payment Validation）

取引の性格（context of transaction）を決めることになる、「送金先の属性（個

人か企業か）」「着金国」「送金する通貨」「送金金額」などを入力すると、それにしたがって、着金国（ローカル・マーケット）において必要とされるメッセージ項目（送金目的コード、法人番号、納税者番号など）に脱落がないかどうかをチェックすることができる。

■プリ・バリデーションの実現方法

プリ・バリデーションでは、「APIコール」により、問い合わせを行う。問い合わせ側を「照会銀行」（API data consumer）、回答側を「データ提供銀行」（API data provider）という。

送金銀行では、SwiftのAPIを通じて、受取人の口座情報の検証を求める「検証リクエスト」を送る。問い合わせ先は、2つのパターンに分かれる。まず、送金先がデータ提供銀行となっている場合には、当該銀行に対して口座情報の検証要求が行われる。

一方、送金先がデータ提供銀行となっていない場合には、Swiftのネットワーク上でこれまでに行われた取引（transaction data）を集約してある「中央データベース」（Central BAV：Beneficiary Account Verification）に対して照会が行われる（図11-9参照）。これらの2つのパターンのどちらかによる検証を行ったうえで、Swiftでは、送金銀行に対して口座情報の「検証結果」（口座情

図11-9 プリ・バリデーションの実現方法

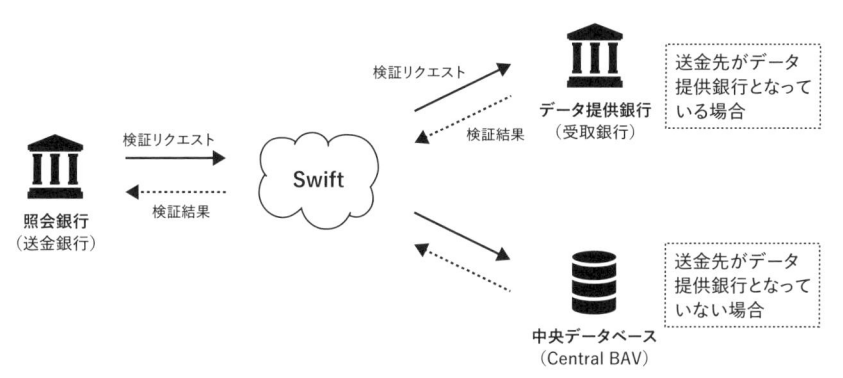

（出所）Swift 資料をもとに筆者作成

報が正しいかなど）を送り返す。送金銀行では、その検証結果に基づいて、送金メッセージを修正したり、送金を中止したりすることができる。

■プリ・バリデーションの制約

プリ・バリデーションの機能については、今のところ、以下のような制約がある。

①データ提供銀行の制約

受取銀行がデータ提供銀行となっている場合には、自行の顧客口座に対する問い合わせであるため、比較的正確な回答を行うことができる。

しかし、データ提供銀行となるためには、APIコールへの対応などが必要となるため、一定のシステム対応を行わなければならない。このため、データ提供銀行となっている先は、2023年秋の段階では20行程度に止まっている。検証のウェイトをみても、データ提供銀行による検証は全体の1割程度であり、9割は中央データベースによる検証となっている。

今後は、50行程度が追加的にデータ提供銀行となる準備を進めており、これが完了すると、全体の4割程度がデータ提供銀行による検証となる予定である。

②中央データベースによる検証の制約

一方、中央データベースによる検証については、現状では一定の限界がある。1つ目は、中央データベースには口座名義人の名前が含まれていないことから、名前のチェックができていないことである。これは、欧州の個人情報の保護規定が厳しい（口座番号と名前をペアで保有することを制限している）ことが影響しているものとされる。ただし、Swiftでは、将来的には、セキュリティの強化などを行ったうえで、「名前の検証」（name validation）を可能にしていく方針である。

2つ目には、中央データベースに含まれているのは、過去に送金が成功した場合のデータであるため、1回でも送金の実績があればチェックできるものの、まったく初めての送金を行う場合には、突合するためのデータが存在していない（このため検証ができない）ことである。

3つ目には、過去に送金が行われたあとで、その口座が閉鎖されたといった場合には、その口座が存在するものとして検証がなされてしまうことである。これを防ぐためには、Swiftでは、各行からの閉鎖口座などについてのデータ提供を受けて、中央データベースを頻繁にアップデートしておく必要があるが、そこまでの膨大な手間をかけることは実際には難しいものとみられる。

このように、中央データベースによる検証は、現状では一定の限界が生じており、未だ発展途上の段階にあるが、Swiftでは、今後、機能の向上に向けて改善を図っていく計画である。

---

3 | Swift Go

国際送金の効率化に対するSwiftの2つ目の対応が、Swift Goである。

（1）Swift Goとは

Swift Goは、主として中小企業や個人による「小口のクロスボーダー送金」（low value cross-border payment）を低コストかつ迅速に実現できるようにすることを目的とした送金サービスである。クロスボーダー送金の効率化・スピードアップに向けたSwiftによる対応としては、Swift GPIに次ぐ第2弾となる。

Swift Goは、2021年7月に稼働を開始した。その後2年が経過した2023年6月までに約640行が利用の契約を行っており、このうち約300行が稼働を開始している。

Swift Goの対象通貨は、現状では、米ドル、ユーロ、英ポンドの3通貨のみとなっている。Swiftでは、今後、参加国や参加行が増えるのに従って、対象とする通貨を増やしていく予定である。

Swift Goは、小口送金用のサービスであるため、送金額には、1件150〜190万円程度の上限が設けられている（通貨毎に、それぞれ1万ドル、1万ユーロ、1万ポンドが上限とされている）。

（2）Swift Goの実現方法

Swift Goでは、参加行間で、Swift GPIよりもさらにタイトな「サービス・レベル・アグリーメント」（SLA）を締結することによって、効率的でスピーディな国際送金を実現している。すなわち、Swiftが設定したタイトなSLAを厳守することを約束して、Swift Goに参加することになる（たとえば、着金までは最大4時間以内とするなど）。

また、①送金フォーマットを1つに絞る（single format）ほか、②手数料体系も2種類のみにする[10]（STP送金と非STP送金の区別のみ）など、SLAの単純化（simple SLA）を行っている。

さらに、前述した「プリ・バリデーション」（事前検証）を導入することによって、受取人の口座情報、送金電文の適合性、送金の着金時間とコストの確認、などを送金メッセージの発出前に行い、人手をかけずに国際送金を処理できる仕組みとしている。

Swift Goは、ビジネス・レイヤーのみの変更であり、Swiftの使い方そのもの（メッセージの発出・受取りなど）には、特に変更はない。なお、GPIに参加していない銀行（non-GPI member）であっても、Swift Goを利用することができる。

（3）Swift Goの必要性と特徴

■Swift Goの必要性

Swift Goが必要となっている理由として、Swiftでは、銀行の国際送金業務に対する「フィンテック企業の脅威」を挙げている。個人や中小企業による国際送金の分野には、多くのノンバンク業者やフィンテック企業（payment fintech）が参入して、急速にその存在感を高めており、こうした状況に手をこまねいていれば、将来的には、銀行による国際送金業務がじり貧になってしまう可能性があるものとみている。このため、銀行セクターが小口のクロスボーダー送金

10）　これを「シンプルな手数料モデル」（simple fee model）と呼んでいる。

の分野で競争力を保っていく（remain competitive）ためには、Swift Goの機能が不可欠であるとして、Swiftメンバーにその利用を働き掛けている。

■Swift Goの特徴

Swift Goの特徴としては、以下のような点が挙げられる。

①STP化による処理

第1に、Swift Goでは、「STP」（Straight Through Processing）による処理を前提としている点である。銀行では、自行の「アプリ」（application）にSwift Goの機能を入れて顧客に提供するかたちを取り、顧客がアプリに送金の必要事項（受取人の口座番号、名前など）を入力することによって、銀行側の人手を介することなく国際送金が処理される。このためSwift Goでは、顧客が紙ベースの送金指図書に記入したり、それを銀行員がチェックしたりするといった人手を要する作業は一切介在しないこととされている（その分、送金コストを安くすることができる）。

このため、Swift Goによる国際送金を導入するためには、銀行側では、まずSwift Goの機能を盛り込んだアプリを準備することが必要となる。

②予測可能性の実現

第2に、Swift Goには「予測可能性」（predictability）があることが特徴となっている。すなわち、送金時に、「すべてのコスト（手数料、為替コストなど）」「受取口座への着金金額」「着金予定時刻」などを事前に知ることができるようになっている。なお、前述したSwift GPIは、事後的には料金などは透明（transparent）となっているが、事前には予測可能ではないという点が、Swift Goとの大きな違いとなっている。

③着金時間が早い

第3に、着金時間が早いという点である。Swift Goの「SLA」（Service Level Agreement）では、「着金時間は4時間以内にする[11]」こととされているが、実際には国際送金の多くが2〜3分で着金しており、国内送金とほぼ変わらない

ようなスピードが実現されている。ちなみに、Swift Goによる送金の87％が3分以内に到着しているものとされる。これは、上記のように送金処理が完全にSTP化されていることによる成果と言えるだろう。

④途中で手数料が差し引かれない

第4に、Swift Goでは、送金の途中で手数料が差し引かれることがない（no deduct）という点が特徴となっている。従来の国際送金では、中継銀行などが途中で送金額から手数料を差し引くことが多く、最終的に着金してみないと、入金額がいくらになるかがわからないという問題があった。これに対してSwift Goでは、途中で手数料が差し引かれることがなく、送金を行った金額（full amount）がそのまま着金する（図11-10参照）。たとえば、送金人がSwift Goで1000ドルを送金した場合には、受取人は必ず1000ドルを受取ることになる（手数料は別途のかたちで徴収する）。

■Swift Goへの参加形態

Swift Goへの参加形態としては、①送金側（sending side / instructing bank）としての参加、②受取側（receiving side / instructed bank）としての参加、③送金と受取の両側での参加（both sides）の3種類があり、各行では自行のニーズに合わせて参加方法を選択することができる。

Swift Goは、早い着金時間や手数料の予測可能性などの点から、特に「送金

図11-10 Swift Goにおける手数料の取扱い

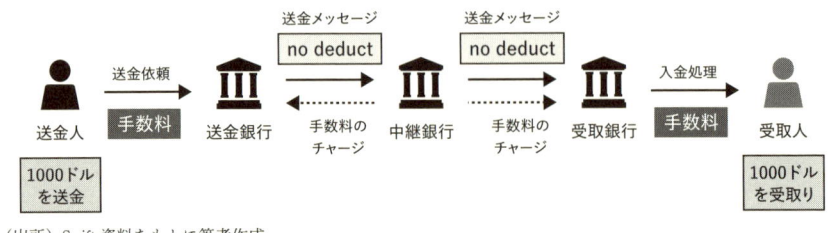

（出所）Swift資料をもとに筆者作成

11）ただし、4時間を超えた場合でも、特にペナルティが科されるという訳ではない。

側」の当事者（企業、個人など）にとってメリットが大きいものとみられる。このため、送金側としてSwift Goを導入した銀行では、なるべく多くの取引先や多くの通貨をSwift Goの対象としてカバーしたいというニーズが出てくるものと考えられる。

このため、導入が先行している欧米の銀行において、今後もSwift Goの導入がさらに進めば、日本向けの送金（円建ての送金）についても対象に加えたいとのニーズが高まってくるものとみられる。その場合には、日本の銀行についても、少なくとも受取側としてはSwift Goへの参加が求められるようになる公算が大きいものと考えられる。

4 即時クロスボーダー決済 (IXB)

Swiftが進める国際送金の効率化に向けた取り組みの第3弾となるのが、「即時クロスボーダー決済」（IXB）である。

(1) IXBとは

Swiftでは、国際送金のさらなる効率化に向けて、「即時クロスボーダー決済」（IXB：Immediate Cross-Border Payments）というイニシアティブを進めている。これは、各国の資金決済インフラ（小口決済システム）同士をSwiftで結ぶことにより、小口決済システムに参加している数多くの金融機関の間でのクロスボーダー送金をほぼリアルタイムで行えるようにしようとする構想である。

Swiftによるクロスボーダー送金の効率化・スピードアップに向けた対応としては、Swift GPI、Swift Goに次いで、第3弾となる。Swift GPIやSwift Goは、従来から国際送金で大きな役割を果たしてきた個別行間のグローバルなコルレス関係に基づく送金の仕組みについて一定の改善を図ったものであるのに対し、IXBは、「各国の決済システム同士をリンクする」ことにより、その傘下に

ある多くの銀行の国際送金を一括して効率化しようとしている点が大きく異なっている。このため、Swift GPIやSwift Goに比べても、ある意味で一歩進んだアプローチであるとみることができる。

(2) IXBの実証実験

IXBの初めてのプロジェクトとして、2021年10月に欧州の「RT1」（EBAクリアリングが運営）と米国の「RTPネットワーク」（TCHが運営）をリンクしたかたちでの国際送金の実験が行われた（欧米の7行が参加）。

その結果、大西洋をはさんだクロスボーダー送金が10秒程度で着金したことが確認できたものとされている。RT1とRTPネットワークは、いずれも24時間365日（24/7）についてリアルタイムで小口決済を行う「インスタント・ペイメント」のシステムである。また、両方の小口決済システムでは、いずれも決済メッセージに国際標準である「ISO 20022」を採用しており、共通の国際標準を使っていることにより、両システムをリンクすることが可能となっている（図11-11参照）。

図11-11 IXBによる欧州と米国のリンク

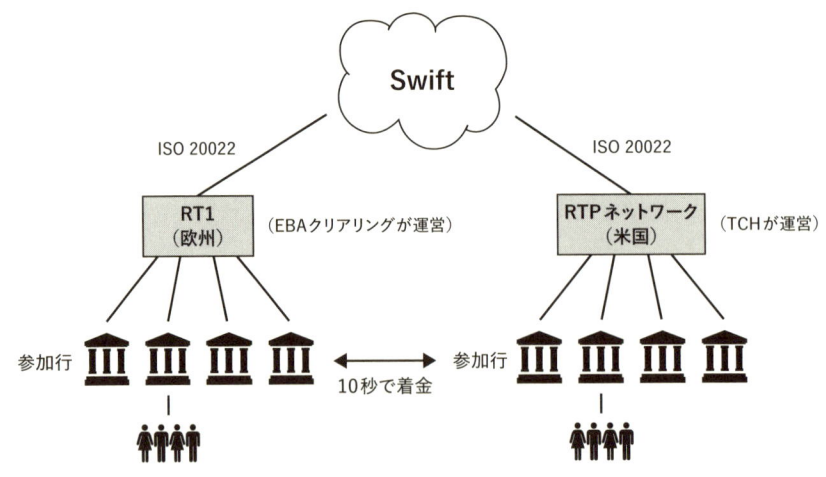

（出所）Swift資料をもとに筆者作成

（3）IXBの仕組み

IXBの仕組みを詳細にみると、「IXBボックス」と「IXB提供銀行」が大きな役割を担っていることがわかる（図11-12参照）。

■IXBボックス

IXBにおける送金メッセージのコントロールにおいては、Swiftが管理する「IXBボックス」が中心的な役割を果たす。IXBボックスは、メッセージのスイッチングを担当し、関係者間におけるメッセージの伝達とコントロールを行う。

■IXBにおける送金メッセージと資金決済

IXBの仕組みについては、送金メッセージの流れの部分と資金決済の部分に分けて考えることが必要である。以下では、送金側が欧州（RT1の参加行）、受取側が米国（RTPネットワークの参加行）のケースについてみることとする。

図11-12 IXBの仕組み

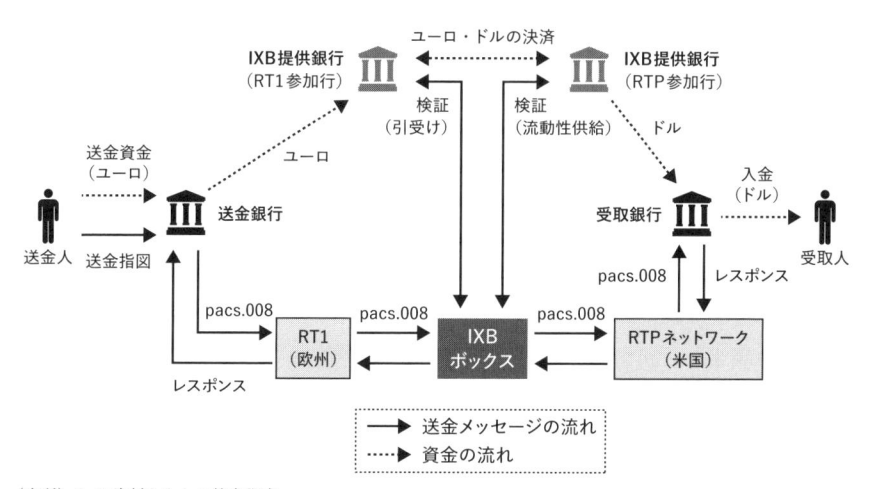

（出所）Swift資料をもとに筆者作成

①IXBにおける送金メッセージの流れ

初めに、送金メッセージの流れについてみると、まず欧州の銀行が、米国の銀行にISO 20022による送金指図（pacs.008）を送ると、これがRT1を通じてIXBボックスに伝えられる。次に、IXBボックスでは、欧州側のIXB提供銀行がこの送金の支払いを引き受けることを確認したうえで、送金指図を米国側のRTPネットワークに送る。その際、米国側のIXB提供銀行がこの送金についての流動性供給（立替え払い）を引き受けることを確認したうえで、受取銀行に対して送金メッセージが送信され、受取人口座への入金が行われる。こうした仕組みにより、欧州の送金銀行が送金指図を発出してから、約10秒後には米国の受取銀行において入金処理が可能となるものとされている。

②IXBにおける資金決済

一方、この送金にかかるユーロとドルの決済は、以下のように行われる。まず、送金銀行では、欧州側のIXB提供銀行に対して、送金資金（ユーロ）を支払う。他方で、米国側のIXB提携銀行では、受取銀行に対して送金資金（ドル）を支払う（立替え払いにより、いったん入金用の資金〈流動性〉を供給する）。

そのうえで、ユーロ・ドルの資金決済は、欧州側のIXB提携銀行と米国側のIXB提携銀行との間で行われる（ドル決済の場合には、ユーロをドルに変換したうえで、ドル建てでの支払いが行われる）。こうした銀行間の決済は、通常のコルレス銀行業務の一環として、他のコルレス業務にかかる受払いとまとめて行われる。このように、資金決済の面では、両サイドのIXB提供銀行が大きな役割を果たしている。

③IXB提供銀行

IXB提供銀行は、各国ごとに1行のみである必要はなく、複数の銀行がこの役割を務めることができる。こうしたIXB提供銀行の候補が複数行あるケースでは、各行が外貨への交換レートなどの条件面で競合し、送金銀行では、その中から最も有利な条件の先を選択して、資金決済を委託することができる。

また同一銀行が、送金側（欧州側）と受取側（米国側）の両方においてIXB提供銀行を引き受けることも可能性としてはありうる。ただし、そのために

は、当該銀行が、両方の小口決済システム（この例では、RT1とRTPネットワーク）に、いずれも直接参加メンバーとして参加していることが必要条件となる。

なお、国際送金において必要不可欠とされるコンプライアンスのチェック（制裁リストに対するスクリーニングなど）については、IXB提供銀行が責任をもって行うものとされている。

（4）IXBのパイロット・サービス

前述した米欧間の実証実験の成功を受けて、2022年末にはRT1（欧州側）とRTPネットワーク（米国側）の間で、10カ国24行が参加して、IXPの「パイロット・サービス」（一部商用化）が開始された。

当初は、これを受けて2023年中にも、IXBの商用化（本格運用）が始まるものとみられていたが、その後、プロジェクトは膠着状況となっている。IT的な仕組みについてはまったく問題がないものとされており、むしろ、当局間におけるコンプライアンスやレギュレーションの問題がネックとなっている模様である（特にほぼ瞬時に送金が行われる中でのコンプライアンス・チェックの確保が課題となる）。このため、IXBの実用化に向けては、コンプラや規制に関する当局間の合意形成や、国境を越えてインスタント・ペイメントをリンクする場合の国際的なルール作り、などを進めていくことが必要な状況となっている。

（5）IXBの拡大計画

このように足許ではプロジェクトは停滞気味であるものの、Swiftでは、中長期的には、今後もIXBによる「インスタント・ペイメント」同士のリンクを進めていく方針である。当面は、IXBのリンクを英国、カナダ、アジア諸国などに拡大し、IXBを車輪の軸とするかたちでの「ハブ＆スポーク・モデル」により、マルチ・カレンシーのネットワークへと発展させていくことを計画している（図11-13参照）。

IXBのリンクに参加するためには、2つの条件が必要である。1つは、両方の

図 11-13　IXBの目指す世界

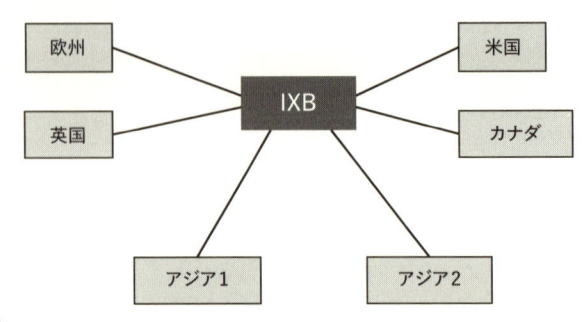

（出所）筆者作成

小口決済システムが、24時間365日（24/7）稼働し、リアルタイムで決済を行う「インスタント・ペイメント」であることである。2つ目は、両方の決済システムが、決済メッセージの国際標準である「ISO 20022」を採用していることであり、これはリンクを行うために必要不可欠な技術的条件となる。

　わが国でも、こうした世界的なリンクの流れに取り残されないようにするためには、全銀システム（および参加行）において、ISO 20022への対応を早急に進めていく必要があろう。

5 ｜ SwiftとWise社との提携

　2023年9月に、SwiftとWise社（Wise Payments Limited、旧TransferWise）との提携が発表された。この提携により、Swiftの送金メッセージをWiseプラットフォームに転送できるようにするとともに、Wise側では、送金のステータス情報をSwiftに送ることができるようになった。これにより、銀行側では、SwiftとWiseの両方のネットワークを通じた端から端までの送金ステータス（end-to-end view）を即時にみることができるようになるというメリットが実現される（図11-14参照）。

　Wise社のグローバルネットワークでは、世界の60以上の金融機関と提携し、

図11-14 SwiftとWise社の提携

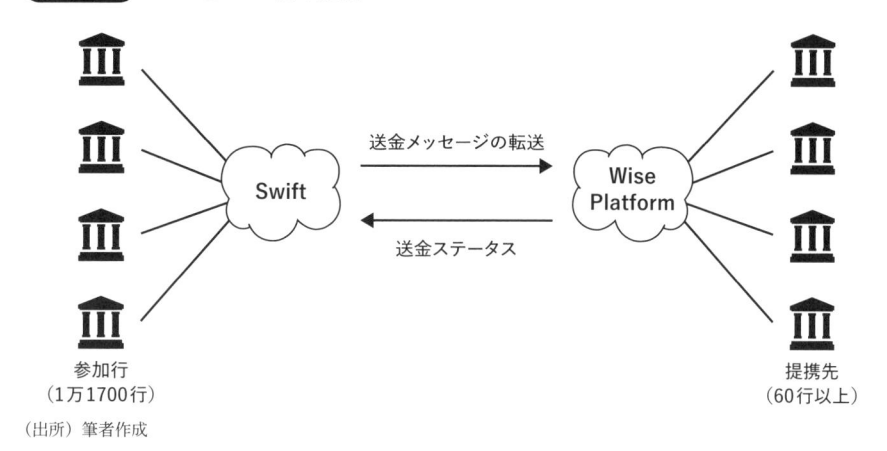

参加行
(1万1700行)

提携先
(60行以上)

(出所)筆者作成

クロスボーダー送金を可能な限り国内送金に転換するといった工夫によって、より早く安価な国際送金を実現している。送金の57%が即座（20秒以内）に相手口座に着金し、90%の送金が1時間以内に着金しているものとされている。

これまでWise社は、Swiftにとっては直接的な競合相手であったが、G20のプレッシャーもあり、共同でゴールを目指すために、今回は両者が手を組んだかたちとなった。この提携により、Swiftメンバー（およびその顧客）にとっては、大きなシステム変更を行うことなく、Wise側の送金ステータスが即時に得られるというメリットが得られることになった。

なお、Swiftでは、Visa社の「B2Bコネクト」との間でも同様な提携を行うことを公表しており、Swiftの「提携戦略」が次第に明確化してきている。Swiftは、もともとは銀行同士をつなぐ役割を果たしていたが、これに加えて、ネットワーク同士をつなぐ役割も担うようになってきていると言えるだろう。

第12章 トランザクション・マネージャー（TM）の構築

1 | 新戦略とトランザクション・マネージャー（TM）

Swiftでは、2021年に「新プラットフォーム戦略」（New Platform Strategy）を発表した。これは、Swiftのサービスを、従来型の「メンバー間のメッセージング」から、新たな「取引管理サービス」に変更するという方針に舵を切ったものであり、Swiftの事業戦略の大きな転換を示すものであった。

Swiftでは、この方針に基づいて「取引管理プラットフォーム」を構築した。このプラットフォームは、「トランザクション・マネージャー[1]」（TM：Transaction Manager）と呼ばれており、2023年5月から稼働を開始し、同年10月からは本格稼働に移行した。

TMは、すべての取引データ（メッセージ）のコピーを保有することになるため、Swiftではこれを使って、中央において各種の処理を行うことが可能となる。このためTMは、Swiftのビジネスモデルの大きな変革につながるものとして注目されている。

---

1) 当初は、「TMP」（Transaction Management Platform）と呼ばれていたが、その後TMに名称を変更した。

2 | TMによるメッセージ管理

　まず、Swiftにおける従来のメッセージの流れとTMを使ったメッセージの流れの違いをみることとしよう。

(1) 従来の送金メッセージの流れ

　従来の国際送金では、送金銀行 → 中継銀行1 → 中継銀行2 → 受取銀行といったかたちで、ペイメント・チェーン内で順を追って、Swiftのネットワークを通じて送金メッセージが伝えられていた。

　こうした従来の国際送金の業務フローにおいては、個別行では、Swiftで受け取ったメッセージをもとに、自行で必要な送金の処理を行い、その結果を次の銀行にまたSwiftによって伝達するというかたちで、逐次的な処理（sequential processing）が行われていた。そしてSwiftでは、こうした業務フローの中で、銀行間におけるメッセージ伝達のサービス（メッセージング機能）を提供していた（図12-1参照）。

(2) TMを使った送金メッセージの流れ

　これに対して、「トランザクション・マネージャー」（TM）では、銀行間の純粋なメッセージ交換機能から脱皮して、取引管理の機能を持つようになる。

　すなわち、銀行では、取引データ（送金指図）を、ペイメント・チェーン内で次々と中継銀行などに送っていくのではなく、中央プラットフォームであるTMとの間で取引データをやり取りすることになる（図12-2参照）。

　TMでは、ユーザー間のすべてのメッセージの「中央コピー」（central copy）を保有するようになるため、それを使って各種の処理を行う機能（processing capability）を保有することになる。それによって「エンド・ツー・エンドでの取引管理」（end-to-end transaction management）を行うことができるようになる。

図12-1 従来の送金メッセージの流れ

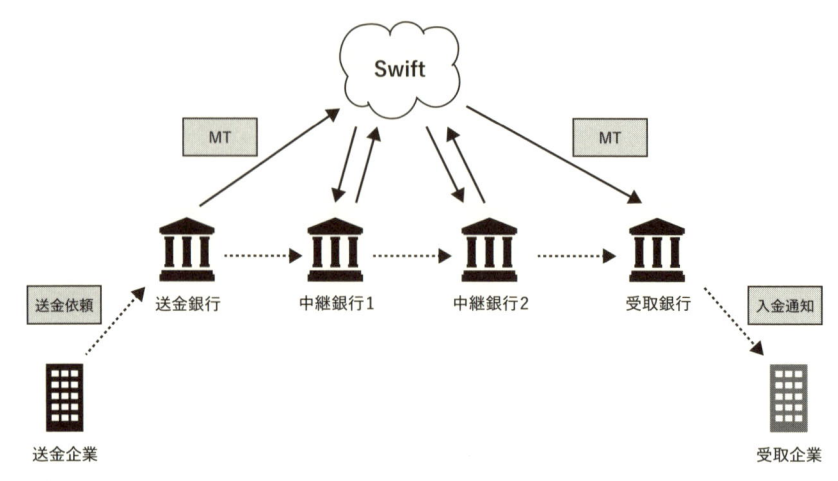

（出所）"Swift platform evolution: Connectivity guidance"

図12-2 トランザクション・マネージャーによる取引管理

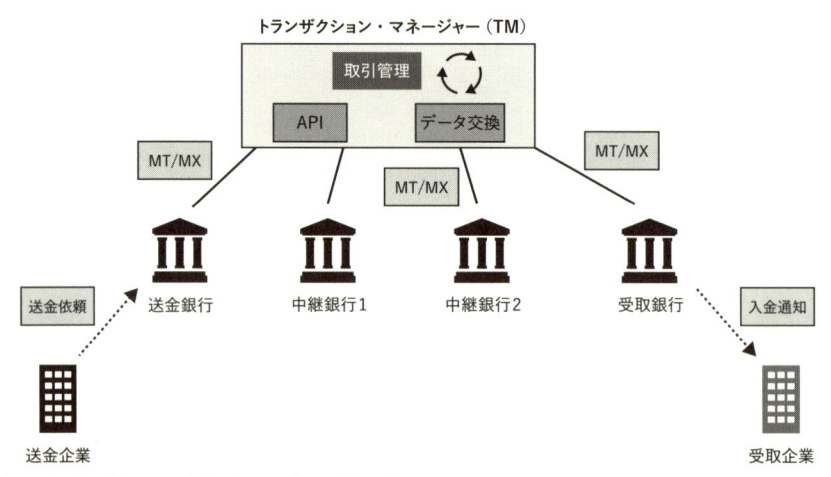

（出所）"Swift platform evolution: Connectivity guidance"

　この中央コピーは、マスター・バージョンの記録という意味で「ゴールデン・コピー」（golden copy）とも呼ばれる。

3 | TMの機能

TMは、以下のような機能を持つ。

(1) プリ・バリデーション（事前検証）

「プリ・バリデーション」は、送金銀行が送金メッセージを発出する前に、受取人口座の検証（口座番号や受取人名の確認）や送金内容の検証（必要なメッセージ項目のチェック）などを事前に行う機能である。この事前検証は、TMの機能の一部として組み込まれている。

このほかにも、TMには「トランザクション・スクリーニング」「例外管理」（exception management）などの機能が盛り込まれている。

(2) 翻訳サービスの提供

第6章で述べたように、Swiftでは、国際送金などに関するメッセージ電文を従来使ってきた「MT」からISO 20022に準拠した「MX」に変更するプロジェクトを進めている。Swiftでは、MXへの移行の過渡期において、MXへの未対応先に対して、MXからMTへの「翻訳サービス」（in-flow translation）を提供することにしているが、この翻訳サービスは、TMの機能として提供される。

図12-3の例でみると、MXのユーザーが「pacs.008」で送金指図を送ると、TMの翻訳機能が、それを「pacs.008 + MT 103」のメッセージに変換する。これによりMXにまだ対応していないMTのユーザーでは、MT 103のメッセージの方を使って送金の処理を行うことができる。

このように、この翻訳機能によって、すでにMXを導入している先（early adopter）と引き続きMTを利用している先（late adopter）との間でのメッセージのやり取りが可能となり、すべてのSwiftメンバーの間での相互運用性（interoperability）が確保されることになる。

図12-3 MXからMTへの翻訳サービス（pacs.008とMT103のケース）

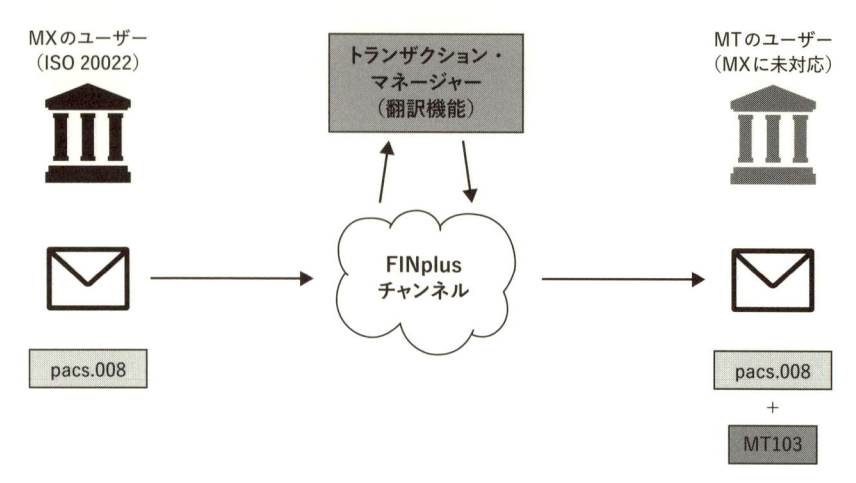

（出所）"Swift & Transaction Manager"

（3）後方互換性の確保

TMには、中央コピーとして、フルセットのデータが保管されている。このため、ペイメント・チェーン内で、いったんデータのレベルが落ちたとしても、それを遡って回復させるという「後方互換性」（backward compatibility）が確保される。

図12-4の例でみると、送金銀行A行は、データ量が豊富なMXメッセージで送金指図を送ったものの、中継銀行B行では、まだMXに対応していないため、データ量に限界があるMTメッセージで、次のC行に送金指図を送ったものとする。この場合でも、TMには、元のMXメッセージが中央コピーとして保管されているため、TMではこれを活用して、データ量の豊富なMXメッセージによって受取銀行C行に対して送金指図を伝えることができる。

こうした後方互換の機能により、受取銀行C行ではMXによるフル・データを受取ることができ、途中段階におけるデータの欠落をリカバリーすることができる。

図12-4 TMによる後方互換性の確保

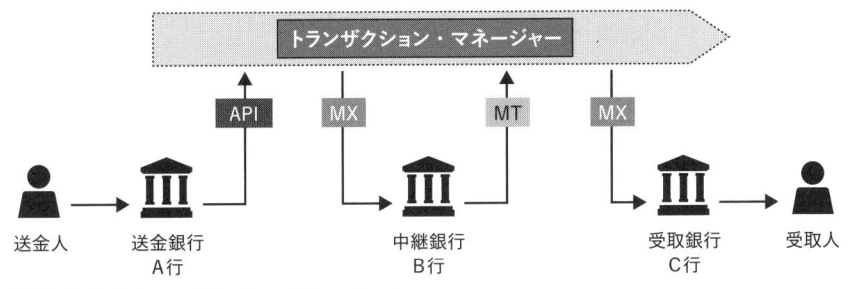

（出所）"Swift platform evolution: Connectivity guidance"

（4）リッチ・データの保管・参照

　トランザクション・マネージャー（TM）は、MXに含まれる豊富なデータ（rich data）を保有し、同一のペイメント・チェーン内における関係先は、それを参照することができる。リッチ・データには、コンプライアンス関連やインボイス関連のデータなどが含まれる。

　図12-5の例でみると、TMには、A行が送った取引①のMXデータ、B行が送った取引②のMTデータ、C行に送った取引③のMXデータなどの取引データが蓄積されており、ペイメント・チェーン内の関係者は、必要な場合には、それらにアクセスすることができる。

　次に、国内インフラがISO 20022に対応していない場合（図12-6）についてみると、送金銀行A行から中継銀行B行までは、MXメッセージでリッチ・データが来ていたとしても、そこから先の国内インフラの部分では旧フォーマットでの限定的なデータしかやり取りされない。しかし、最終的に送金指図を受取った受取銀行C行では、TMに問い合わせを行うことにより、リッチ・データにアクセスし、それを受取って、豊富なデータにより（データの欠落なしに）入金処理を行うことが可能となる。

図12-5 リッチ・データの保管・参照

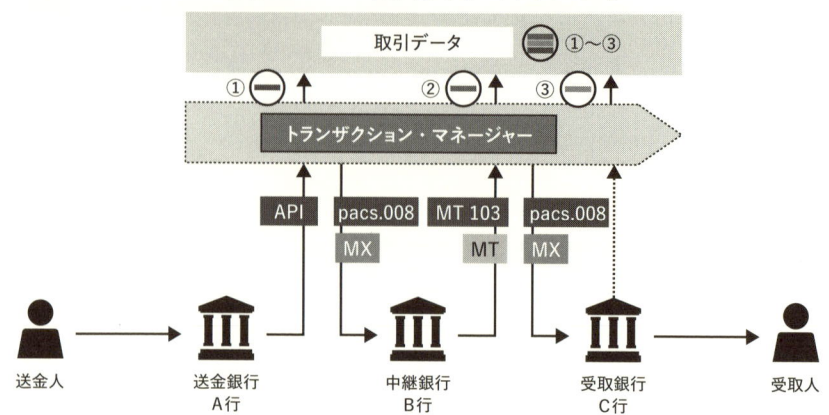

（出所）"Swift platform evolution: Connectivity guidance"

図12-6 中央データへのアクセス（国内インフラのケース）

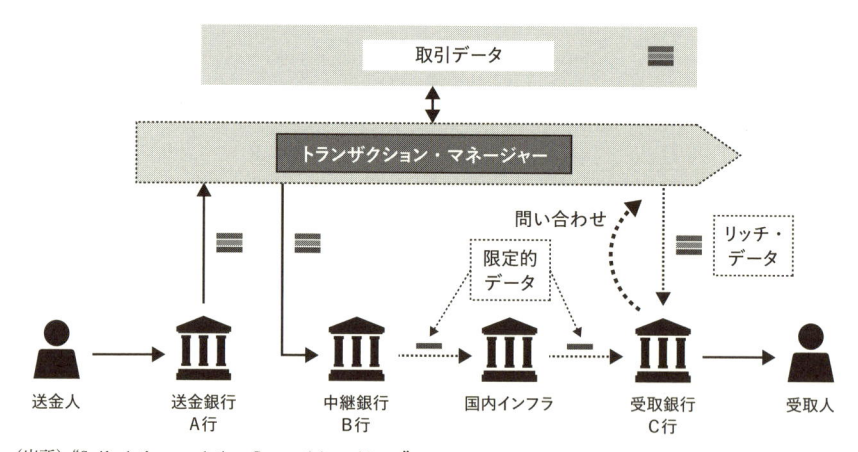

（出所）"Swift platform evolution: Connectivity guidance"

（5）送金のトラッキング機能

TMには、「GPIトラッカー」（Swift GPIの参加先用）と「ベーシック・トラッカー」（Swift GPIへの未参加先用の基本機能のみ）の機能が盛り込まれており、これらを使って、送金のステータスの確認や送金メッセージの追跡を行うことができる。

4 TMの利用によるメリット

TMを利用することにより、以下のようなメリットが達成されるものとされている。

（1）豊富なデータの蓄積

取引ライフサイクル内のすべての履歴がTMに保存される。このため、ペイメント・チェーンの途中で、MXからMTにフォーマット変換が行われても、元となるMXメッセージのデータはTM内に保存されており、変換によってデータが失われることはない。TMには、最も直近（up-to-date）で豊富なデータ（rich data）が蓄積されるため、チャンネルやフォーマットに依存せずに、ユーザーは正しいデータにアクセスすることができる。

（2）エンド・ツー・エンドでの整合性の確保

誰がどの取引データをアップデートできるのかについては、TMがコントロールを行う。銀行から銀行へとメッセージが送られる途中で、データが欠落したり、改変されたり、上書きされたりすることはない。このためペイメント・チェーン内において、エンド・ツー・エンドでの「取引の整合性」（transaction integrity）が確保される。

（3）相互運用性の確保

　TMでは、接続方法やメッセージのフォーマットにかかわらず、すべてがサポートされるため、ユーザー間の「相互運用性」（interoperability）が確保される。このため、各ユーザーは、他のメンバーとの接続性を気にすることなく、独自にチャンネルやフォーマットを選ぶことができる。

（4）他の付加価値サービスとの一体運用

　サンクション・スクリーニング、不正検知、データ・アナリティクス、例外処理など、Swiftが提供する他の付加価値サービスは、TMと連動して一体的な運用がなされる。

5 ｜ TMの対象取引

　TMの対象となる取引は、当初（release 1）の段階では、従来のMT 103、MT 202、MT 205などと、それに対応するMXメッセージである「pacs.004」「pacs.008」「pacs.009」などである（表12−1参照）。
　また、TMの取扱い対象は、「銀行間の取引メッセージ」に限定される。したがって、①決済システムを通じたメッセージや、②銀行と企業間のメッセージについては、当面はTMの対象外となる。TMが対象とするメッセージは、今後、拡大されていく予定である。

6 ｜ TMへのアクセス方法

　TMにアクセスする方法としては、①APIチャンネルと、②InterActのネッ

表12-1 TMの対象メッセージ（release 1 段階）

MX（ISO 20022）	MT
pacs.008	103
pacs.008	103 STP
pacs.004	103 / 202 / 205
pacs.002	199 / 299
pacs.008 STP	n/a
camt.056	192 / 292
camt.029	196 / 296
pacs.009	202
pacs.009 ADV	202
pacs.009 COV	202 COV
pacs.009	205
pacs.009 COV	205 COV

（出所）"Swift & Transaction Manager" Swift, June 2021

図12-7 TMへのチャンネル

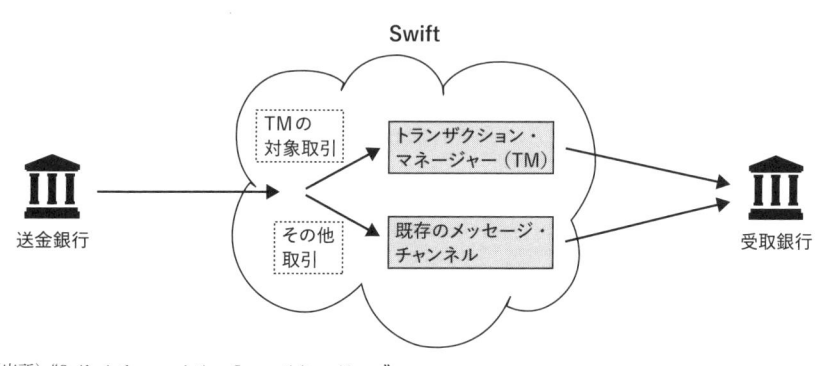

（出所）"Swift platform evolution: Connectivity guidance"

トワークによる「FINPlus」の2つがある。このうち、APIチャンネルでは、取引チェーン内の権限を有するユーザーは、TMに対して「APIコール」をかけることによって、TM内のフル・データにアクセスすることができる。

TMの対象となる取引（eligible message）は、自動的にTMに送られて処理される一方、対象外の取引は既存のメッセージ・チャンネルで処理される（図12-7参照）。このように自動的にルーティングされるため、ユーザー側では、TMによる処理を行うかどうかをいちいち指示する必要はない。

7 | TMの意義

TMによる「取引管理サービス」の提供という新戦略により、今後、Swiftのビジネスモデルが大きく変わっていく可能性がある。TMの構築については、「Swiftの設立以来、最も大きな方向転換である」「これにより、Swiftは、従来のポストオフィス型のビジネスから、データ・カンパニーに変身することになるだろう」「Swiftのニュー・チャプター（新たな時代）の幕開けだ」といった評価が聞かれている。

（1）MXへの移行期における役割

MTとMXの併存期間（coexistence phase、2025年11月まで）においては、ユーザーによってMXの導入ペースが異なるため、MXに早期に移行する先と引き続きMTを使い続ける先が混在することになる。

こうしたMXへの移行の過渡期においては、TM（トランザクション・マネージャー）は、上述したような「翻訳サービスの提供」「後方互換性の確保」「リッチ・データの保管・参照」などの機能を通じて、メンバー間の相互運用性の確保やMXの円滑な導入などの面で大きな役割を果たすものとみられる。

（2）TMの戦略的な活用

ただしTMは、移行期における役割だけに止まらず、従来からのSwiftのビジネスモデルを大きく変更することにつながる可能性がある。Swiftでは、これま

で「メッセージング」（ユーザー間のメッセージ交換）を主たるサービスとしてきたが、TMによりすべての取引データを保有できるようになるため、Swiftがメッセージの伝達のみならず、中央において取引データを元にした各種の処理を行っていくことが可能となる。このため、Swiftのビジネスが「支払指図の管理」（payment message management）から「取引管理」（transaction management）へと変わっていく可能性が指摘されている。前述したプリ・バリデーション（事前検証）や送金のトラッキング機能などは、その萌芽であるとみることができる。

　TMの機能は、当面の間は、対象とするメッセージの範囲を絞り込むなど限定的なものとなっている。しかし、今後、SwiftがTMを戦略的に活用し、取扱いメッセージの種類や付加価値サービスの範囲を拡大するなど、TMの機能を大幅に拡充していけば、Swiftの果たす役割が大きく変化する可能性は十分にありうるものとみられる。このため、今後、TMがどのような機能を果たすことになるのか、またユーザーに対してどのような影響が及ぶかについては、注視していく必要があろう。

第13章

Swiftの
セキュリティ対策の強化

　2016年に、バングラデシュ中央銀行が米国に保有していた多額の外貨準備が不正な送金指図によって盗み出されるという前代未聞の事件が発生した。この不正な送金指図は、Swiftのネットワークを使って送られていたことが判明し、関係者に衝撃が走った。またこのほか、他国の銀行でも同様なサイバー攻撃の事例が発生していることも発覚した。

　こうした事態を重くみたSwiftでは直ちに対策に乗り出し、「顧客安全プログラム」（CSP）を導入して、ユーザー環境におけるセキュリティの確保を義務付けた。またSwiftでは、このほかにも、不正な送金を防止し、ユーザーの安全性を確保するためにいくつかのサービスを提供している。本章では、不正送金事件の概要とSwiftのセキュリティ対策の強化について述べる。

1 ｜ バングラデシュ中央銀行事件の発生

（1）不正送金の経緯

　2016年2月に、バングラデシュ中央銀行が、不正な送金により8100万ドル（当時のレートで約93億円）の外貨準備を盗み出されるという巨額の不正送金事件が発生した。具体的には、バングラデシュ中央銀行がニューヨーク連銀に

保有していたドル建ての外貨準備の口座から、35回にわたり、合計9億5100万ドルにも相当する不正送金が試みられた。このうち大半の送金は阻止されたものの、4回分、8100万ドル分の送金については、2つの中央銀行間の連絡の不手際もあって、中継銀行（ドイツ銀行）を経由してフィリピンの銀行（リサール商業銀行）の口座へ送金されてしまった。その後、地元のカジノが保有するとされる多くの口座に分散して入金され、そこから現金が引き出されて、多額の資金の行方がわからなくなってしまった（図13-1参照）。

　これは、当時としては「単一のサイバー犯罪の被害額としては過去最大のもの」であり、翌月にはバングラデシュ中央銀行総裁が引責辞任に追い込まれるという異例の事態となった。この事件は、①被害額が巨額であったこと、②被害に遭ったのが、民間銀行ではなく中央銀行であったこと、③盗まれたのが公的な資金（外貨準備）であったこと、などの点でかなり特異な事件であった。

　これに加えて、こうしたSwiftを使った不正送金事件はこれ1件だけに止まらず、ベトナム、エクアドルなどの銀行でも同様なサイバー・アタックを受けていたことが判明し、Swiftネットワークの信頼性に関わりかねない問題としてSwiftのコミュニティ全体に危機感が広がった。

図13-1　バングラデシュ中央銀行事件の概要

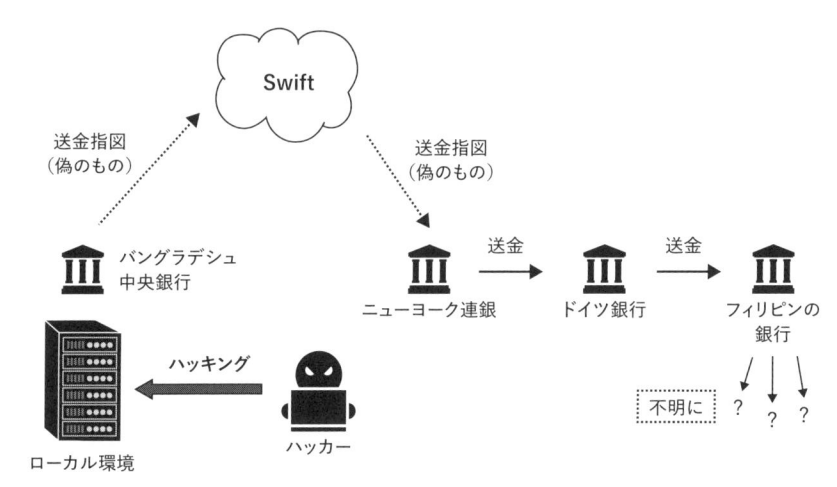

（出所）筆者作成

（2）不正送金事件におけるSwiftの位置付け

■国際金融取引の中核としてのSwift

Swiftは、国際送金を行う世界中の銀行同士の間において、グローバルな送金メッセージの通信を行っている。具体的には、世界の210カ国以上の約1万1700行の金融機関を結んで、国際的な送金メッセージの伝送サービスを行っている。このように国際金融取引の中核にあって、日々、多額の国際資金移動に用いられているネットワークが不正送金に用いられたことは、世界中の銀行に大きな衝撃を与えた。

Swiftは、この時点で、1977年の稼働開始以来、約40年の歴史を有していたが、このようにSwiftの安全性が問題になったのは「Swiftの歴史を通じて初めて」のことであった。Swiftの中核的なメッセージング・サービスに関わる問題であるだけに、Swiftではサイバー攻撃の脅威をかなり深刻な問題として捉え、直ちに対応に乗り出した。

■ローカル環境における安全対策の不備

ただし極めて重要な点は、バングラデシュ中央銀行の不正送金は、「Swiftのネットワークやシステムの安全性が破られたことによって発生した訳ではない」という点である。この点は誤解のないように強調しておきたい。

不正な送金が行われてしまったのは、あくまでも「ユーザーの行内システム（ローカル環境）における安全対策の不備」が原因となっていた。つまり、ユーザーのローカル環境（local IT infrastructure）における脆弱性が利用されて、ユーザーの（正当な）IDやパスワードが盗まれ、それを使って偽の送金指図が発信されてしまったというのが問題の核心である。送金指図を受けたSwiftでは、正しいアクセス権限に基づくメッセージであったため、そのメッセージを相手行に伝達し、受信した銀行が、それに従って送金作業を行ってしまった。

サイバー攻撃の対象となったいくつかの銀行では、所在国、規模、Swiftへの接続方法、インターフェースなどはそれぞれ異なっていたものの、いずれも共通していたのは「行内のITセキュリティに脆弱な点があった」という点であった。

バングラデシュ中央銀行のシステムについても、その後の調査で、①外部の攻撃から内部を保護するための「ファイアーウォール」が設定されていなかった、②パスワードが長期間にわたって変更されていなかった、③Swiftとの接続に安価な中古の機器が利用されていた、などの脆弱性があったことが判明している。

(3) サイバー攻撃の手口とサイバー犯罪グループ

■ サイバー攻撃の手口

上記のバングラデシュ中央銀行事件以外にも、ベトナム、フィリピン、インド、エクアドルなどの銀行でも、2015〜2016年にかけて同様なサイバー攻撃が仕掛けられていたことが判明した。こうしたサイバー攻撃は、以下のような4段階のステップを踏んで行われたものとみられている。

①第1段階

まず、ユーザーのローカル環境に、マルウェア[1]などを使って侵入が行われる。

②第2段階

次にマルウェアが、ユーザーのローカル環境にあるシステム内に長期間（数カ月など）にわたって潜み、送金権限者の認証情報（IDとパスワード）、資金が置かれている金融機関と口座番号など、不正送金を行うために必要な情報を盗み取る。

③第3段階

そして犯行時には、上記のような方法で入手した認証情報を使って、Swiftのシステムにログインし、不正な送金のメッセージを送る。

---

1)　不正かつ有害な動作を行う意図で作成された悪意のあるソフトウェアのこと。

犯行後には、ユーザーのローカル環境において、不正送金を送った痕跡を消去しておく。バングラデシュ中央銀行では、取引履歴がプリントアウトできないように改変されており、このため、不正送金の発見が大幅に遅れることとなった。

■ サイバー犯罪グループ

バングラデシュ中央銀行事件の犯人については、セキュリティ専門家の間では、北朝鮮のハッカー集団である「ラザルス」（Lazarus）の仕業であるものとみられている[2]。国際的に活動するサイバー犯罪グループとしてはいくつかの存在が知られているが、ラザルスは、その中でも最も攻撃が活発でしかも悪質なものとして知られており、世界のサイバーセキュリティにおいては「最大の脅威」となっている。

ちなみに、2018年1月には、わが国の暗号資産（仮想通貨）取引所「コインチェック」から「ネム」（NEM）という仮想通貨が大量に盗み出される（被害額は580億円）という一大事件が発生したが、この事件についても、ラザルスの仕業であるとみられている[3]。このようにしてラザルスが不正に入手した資金は、北朝鮮が核・ミサイル開発を行うための有力な資金源になっているものとみられており、こうした違法なハッキングが北朝鮮の有力な外貨獲得の手段となっていることは、国際的にみて由々しき問題であると言えよう。

2 │ 顧客安全プログラム（CSP）

このようにSwiftの安全性が問題になったのは、「Swiftの歴史上で初めてのこと」であり、Swiftのコア・サービスに関わる問題だけに、Swiftではこうし

---

2) 詳細は、『ラザルス』（草思社）を参照。
3) 国連の北朝鮮制裁委員会・専門家パネルの年次報告書（2019年3月）による。

たサイバー攻撃の脅威（cyber threat）をかなり深刻な問題として捉え、直ちにユーザー全体として安全性を高めるための対応策をとった。

　この安全対策の柱となったのが、2016年5月に導入された「顧客安全プログラム」（CSP：Customer Security Programme）である。CSPにおいては、ユーザーのローカル環境における安全対策の不備が、不正なアタックを受ける原因になったとの反省から、各行のローカル環境について一定の安全基準を設け、各ユーザーに対して、この基準の遵守を求めるという仕組みをとっている。

（1）顧客セキュリティ管理フレームワーク（CSCF）

■CSCFの3段階の枠組み

　CSPにおける安全性確保のための枠組みが「顧客セキュリティ管理フレームワーク」（CSCF：Customer Security Controls Framework）である。このフレームワークは、「3つの目標」（Objectives）、「7つの原則」（Principles）、「32のコントロール基準」（Controls）という3段階で構成されている（図13-2参照）。CSPでは、こうした枠組みの中で定められた安全基準である「コントロール基

図13-2 顧客セキュリティ管理フレームワーク（CSCF）の3段階

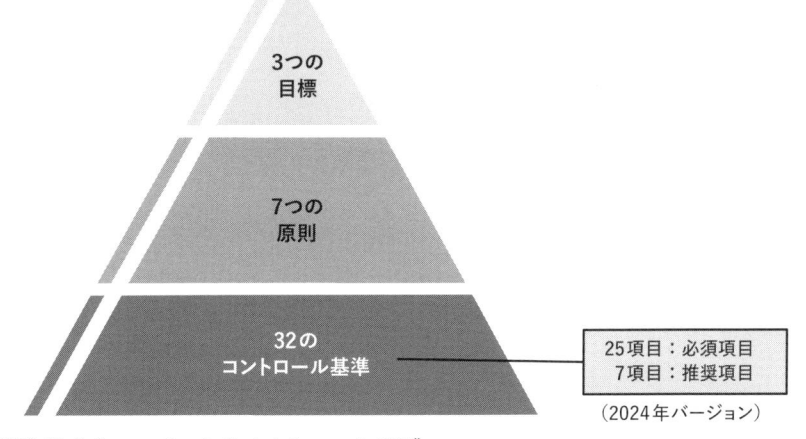

（出所）"Swift Customer Security Controls Framework v2024"

準」について、ユーザーにその遵守を求めている。

このうち、最上位にある「3つの目標」は、次の3項目からなっている。

①自社環境の安全性の強化
②アクセス権限の管理と制限
③異常の検知と対応

この3つの目標の下に、それぞれ2〜3項目ずつ、合計7つの原則が設定されている（表13-1参照）。

■ コントロール基準のバージョンアップ

こうした目標・原則に基づいて設定される具体的な安全基準が「コントロール基準」である。コントロール基準は、必ず達成が求められる「必須項目」（mandatory controls）と、達成が望ましいとされる「推奨項目」（advisory controls）に分かれている。

このコントロール基準についてSwiftでは、サイバー攻撃の多様化・巧妙化に対応するために「バーを上げていく」（raising the bar）という方針を明らかにしている。このため、コントロール基準については、毎年、見直しが行われており、推奨項目が必須項目に格上げされたり、新たな推奨項目が追加された

表13-1 顧客セキュリティ管理フレームワーク（CSCF）の目標と原則

3つの目標	7つの原則
（a）自社環境の安全性の強化	1. インターネットによるアクセスを制限し、重要性の高いシステムを一般の IT 環境から分離させる 2. 攻撃対象領域と脆弱性を削減する 3. 環境を物理的に安全なものとする
（b）アクセス権限の管理と制限	4. 認証情報の漏洩を防止する 5. 身元確認を徹底し、アクセス権限を分離する
（c）異常の検知と対応	6. システムや取引履歴における異常を検知する 7. 異常発生時の対応や情報共有についての計画を立案する

（出所）"Swift Customer Security Controls Framework v2024"

表13-2 コントロール基準の推移

	2017年版	2022年版	2023年版	2024年版
コントロール基準	27	32	32	32
うち 必須項目	16	23 ↗	24 ↗	25
推奨項目	11	9	8	7
達成時期（締切り）	2017年末	2022年末	2023年末	2024年末

（出所）Swift資料をもとに筆者作成

りすることによって、徐々に必要とされる水準が引上げられてきている。

　ちなみに、初めて導入された「2017年版」では、コントロール基準は全部で27項目（うち必須項目が16項目、推奨項目が11項目）であったが、「2024年版[4]」（v2024）では、コントロール基準は32項目（うち必須項目が25項目、推奨項目が7項目）にまで増加している。

　2022年版以降は、コントロール基準の合計の数は32項目で変わっていないが、毎年1項目が必須項目に格上げされており（アウトソース先やクラウド委託先における安全確保など）、直近の「2024年版」では、必須項目が25項目にまで増えている（表13-2参照）。Swiftの各ユーザーでは、こうしたセキュリティ基準のバージョンアップに、毎年対応していくことが求められている。

（2）自己査定とKYCレジストリー

■ 自己査定の実施とKYCレジストリーへの登録

　Swiftのすべてのユーザーは、最新のコントロール基準の遵守状況について「自己査定[5]」（Security Attestation）を行ったうえで、その結果を、毎年12月末までに「KYCレジストリー[6]」に登録することが求められる。これを「KYC-SA」と呼んでいる。

---

4)　2024年末までに達成が必要とされるもの。
5)　当初は「Self-Attestation」と呼ばれていた。

新しいコントロール基準（基準の修正や追加）は、毎年、年央ごろに公表され、ユーザーは、その発表から1年半以内（翌年末まで）に新しい基準に対応することが求められる。たとえば、「2024年版」（v2024）は、2023年央に公表され、2024年末までに自己査定結果の登録を行うことが必要である。

　自己査定は、コントロール基準の各項目について、①遵守済み（comply）、②遵守予定（will comply：具体的な計画がある場合のみ）、③遵守できていない（not comply）、④該当しない（not applicable、推奨項目のみ）のいずれかにより回答を行う必要がある。

■ 自己査定の実施状況

　Swiftでは、CSPについて「Swiftのユーザー・コミュニティ全体としての対応が不可欠であること」や「送金プロセスにおけるエンド・ツー・エンドの安全性（end-to-end security）が重要であること」を強調している[7]。このため、自己査定結果の登録の義務付けを強力に推進する[8]とともに、世界各地で説明会を開催するなど、CSPの普及を図ってきている。

　こうした成果もあって、自己査定結果を登録している先は、Swiftの全ユーザー（金融機関のほか事業法人を含む）の87％に上っており、このうち79％がすべての必須項目を遵守している（2022年末時点）。また、FINのトラフィックでみると、99.8％が自己査定の実施先によるものとなっており、Swiftのネットワーク上でやり取りされているメッセージのほとんどが自己査定を実施済みのユーザーによるものとなっている。

---

6) 「KYCレジストリー」は、コルレス銀行が自行のデータを登録しておき、相手行との間で情報の相互交換を行うための中央データベースであり、Swiftが運営している（詳細は第14章を参照）。

7) これは、最もセキュリティが弱い金融機関がハッキングされやすいことに加え、もし一部行のセキュリティが破られると、それがSwiftのコミュニティ全体にとっての脅威となることによるものである。

8) 当初Swiftでは、自己査定を行わないユーザーや、必須項目が充足できないユーザーについては、監督当局（local supervisor）に対して名前を公表する権利を有する（reserve the right）ものとしていた。

■ **登録内容の開示請求**

KYCレジストリーに登録された自己査定結果については、その銀行と取引関係があるコルレス銀行では、「開示請求」（access request）によって開示を求めることができる。それに対して、各行では「アクセス承認」（grant access）を発出して、自行データの提供を認めるという手続きが定められている。これは、各行が相手行のリスク（遵守状況）に応じて、取引関係の継続などを決めること（risk-based decision-making）ができるようにするためとされている[9]。

開示請求は、個別行ごとに1件ずつ行うこともできるし、「一括アクセス・リクエスト」（bulk access request）により、数十行分[10]などをまとめて行うこともできる。また、アクセス承認についても、予め取引先のBICを対象に「許可リスト」（allow list）を作っておき、リストに含まれる先には自動的に承認が与えられるといった機能（auto-grant function）も導入されており、開示手続きの省力化が図られている。

（3）独立検証の必要性

■ **独立検証制の導入**

Swiftでは、チェック体制の強化のため、2021年からCSPに「独立検証制」（IAF：Independent Assessment Framework）を導入した。これにより、各ユーザーでは、Swiftの利用部署による自己査定に加えて、「第三者による独立検証」（independent assessment）を受けることが必要となっている[11]。

独立検証は、①外部のサイバーセキュリティ評価会社である「外部検証者」（external independent assessor）、または②社内のコンプライアンス部門、リスク管理部門、内部監査部門などの「内部検証者[12]」（internal independent

---

9)　こうした仕組みを採用したのは、Swiftのユーザー・コミュニティの中でのCSPの透明性を高めるとともに、「取引先からの圧力」（peer pressure）を高めるためであるとされている。

10)　最大で、1回に250行分までが可能とされている。

11)　独立検証を行っていないユーザーは、CSPに適合していないものとみなされる。

12)　Swiftの利用部署（第1線部署）以外の、第2線または第3線の部署であることが必要とされている。

assessor）、のいずれかによって行われる必要がある。2023年時点では、外部検証者と内部検証者の利用割合は、ほぼ半々となっている。

■外部検証者に対する認証制度の導入

上述の外部検証者について、Swiftでは、2024年から「CSP評価者認定プログラム」（CSP Assessor Certification）を導入した。これは、「外部検証者の質にバラつきがある」とのユーザーからの苦情・指摘に対応するもので、適性試験を受けて合格した外部検証者（個人）に対してSwiftが「認定」（certification）を与える制度である。

適性試験は、①Swiftに対する理解度、②CSPに対する理解度、③評価の手法に関する理解度、などに関するものとなっている。Swiftでは、外部検証を行う「評価会社」と、その企業に在籍する認定を受けた「検証者」についてのリスト（Directory）を公表する。

認定を受けた検証者を使うかどうかは、ユーザーの任意（option）とされるが、「認定検証者」（certified assessor）を利用することが推奨されている。各ユーザーがKYCレジストリーに外部検証結果を登録する際には、認定検証者による検証であるかどうかがわかるようになっている。外部検証者に対する試験の実施と認定検証者のKYCレジストリーへの登録は、2024年からスタートしている。

3 | 安全性確保のためのサービス

このようにSwiftでは、顧客安全プログラム（CSP）によって、ユーザーのローカル環境が一定の安全基準をクリアすることを求めている。それとともにSwiftでは、ユーザーの安全性確保をサポートするためのいくつかのサービスを提供している。

こうした安全性確保のためのサービスとしては、「日次検証レポート」「ペイメント・コントロール」「Swift ISAC」などがある。以下では、こうしたサービ

スが必要になっている背景について述べたあとで、各サービスの概要について述べる。

（1）不正送金への対応の必要性

Swiftがこうしたユーザーの完全確保のためのサービスの普及を図っている背景には、「不正送金」（payment fraud）の増加がある。国内送金と同様に、国際送金においても「不正送金」が増加しており、それによる銀行側の損失も増えてきている。Swiftの調べによると、不正な国際送金による損失（fraud loss）は、2022年に世界の銀行全体で103億ドルに上っており、この6年間で700%の増加となっている。

不正送金は、ユーザーIDやパスワードの漏洩や、フィッシングやスパイウェアによる認証情報の窃取などによって、第三者が預金口座を外部から勝手に操作することにより発生する。こうした不正送金や金融犯罪を防ぐためには、正常な取引とは異なるパターンの不正取引を検知したり、犯罪などに悪用される不正口座を探知したりするといった「異常検知」（anomaly detection）の必要性が高まっている。

（2）日次検証レポート（DVR）

安全対策を強化するためSwiftでは、異常な取引があった場合に、その早期発見を可能にするための「日次検証レポート」（DVR：Daily Validation Reports）のサービスを2017年から提供している。これは、各行のSwiftによる送金の集約データを毎営業日ごとに提供し、それによりメッセージの受送信の検証や異常なパターンの検出を可能とするデイリー（日次）のレポートである。

■アクティビティ・レポートとリスク・レポート

日次検証レポートは、「アクティビティ・レポート」と「リスク・レポート」の2つのパートに分かれている（表13-3）。

①アクティビティ・レポート

このうち「アクティビティ・レポート」は、日々のメッセージにおける送金（inboundとoutboundの両方）の合計額について通知を行うものである。1日の送金データをまとめて簡単に見られるようにした一覧表（スナップ・ショット）を作成することにより、異常な送金があった場合には、それを検知しやすくしている。

このレポートで日々通知されるのは、「1日の送金件数の合計」「1日の送金額の合計」「通貨ごと・国ごと・相手行ごとの内訳」「過去2年間の平均額との比較」などであり、これらをチェックすることにより、ユーザーが通常とは異なる送金の存在に気付くことをサポートしている。

②リスク・レポート

一方「リスク・レポート」は、イレギュラーな送金を抽出して通知するものである。具体的には、「特に大口な送金」「これまでに利用履歴がない新規口座への送金」「これまでに使われたことがない新規の送金ルートによる送金」「通常の営業時間外に行われた送金」などが通知される。これらをチェックすることにより、特異な送金相手や異常な送金パターンを早期に特定することができるようになっている。

■独立した部署によるチェック

これらのレポートは、Swiftの安全なウェブポータルから、各ユーザーがダウンロードすることができる。Swiftのネットワークとは異なる、独立したチャンネルによって届けられることにより、Swiftの利用部署以外のリスク管理部署などがレポートを受取って、異常パターンなどの検証を行うことが可能となっている。

こうした仕組みをとっているのは、サイバー攻撃では、不正送金を送ったあとで、その発覚を防ぐために、ローカルなシステム上で支払データなどを消去し、送金の痕跡を消しておくケースが多いためである。ハッカーによる証拠隠滅が行われたとしても、別チャンネルで通知を行い、独立した監視部署が検証を行うことができれば、不正を検知できる可能性が高まることとなる。なお、

表13-3 日次検証レポート（DVR）の内容

アクティビティ・レポート （日々の受送信の合計額）		リスク・レポート （大口の支払いや異常なメッセージ）
• メッセージ・タイプごと • 通貨ごと • 国ごと • 相手行ごと	• 1日の合計件数 • 1日の合計金額 • 最大額の取引 • 平均的な取引件数・金額 　との比較	• 最も金額の大きい送金 • 最も送金合計額が大きい相手行 • 新しい取引相手への送金 • 新規ルートでの送金 • 営業時間外の送金

（出所）Swift 資料をもとに筆者作成

こうしたレポートのチェックに要する時間は、「1日あたり15〜30分程度」とされており、過大な負担とならないように設計されている。

（3）ペイメント・コントロール

　上述の「日次検証レポート」が、前日の送金実績をまとめて翌日にチェックするといういわば「事後的な検証ツール」であるのに対し、Swiftでは、さらにこれを一歩進めて、Swiftのネットワーク上におけるメッセージの監視をリアルタイムに行う「ペイメント・コントロール」（Payment Controls）というサービスを導入し、2018年から提供している。

　これは、自行の発出する送金メッセージをリアルタイムでモニタリングし、疑わしい取引については、警告を発信したり、送信を停止したりするサービスである。疑わしい送金の抽出は、各ユーザーが設定するルールに基づいて行われるため、「ルールベースの不正検知サービス」（rule-based fraud detection service）とも言われる。

　前述した「日次検証レポート」が、1日単位での事後的なチェックのツールであるのに対し、ペイメント・コントロールは、事前かつリアルタイムの監視ツールであるため、不正な送金を水際で防止するうえでは、より強力な手段となっている。

■ペイメント・コントロールの概要

ペイメント・コントロールは、自行がイレギュラーな送金を行った場合には、それを直ちに監視部署に伝えて、メッセージが発出される前に（before delivery）、その送信の可否を判断することを可能とする「リアルタイム監視」のサービスである。

このサービスは、MTメッセージ（MT 103、MT 202、MT 202 COVなど）とMXメッセージ（pacs.008、pacs.009、pacs.004など）の両方を対象としている。ペイメント・コントロールは、180カ国以上の1000以上の金融機関によって利用されている。

■ペイメント・コントロールの仕組み

ペイメント・コントロールは、自行が発出する送金メッセージ（ongoing payment messages）について、自らが設定したルールやシナリオに基づいてスクリーニングを行い、疑わしい取引があった場合には、リアルタイムでアラートを発したり、発出を差し止めたりすることができるサービスである。

Swiftでは、送金メッセージの中から、ユーザーが設定した基準に従って「疑わしい送金」を抽出し、それを送金銀行の監視部署に「アラート」（警告）として送る。監視部署でアラートの詳細を確認し、不正な送金として認定した場

図13-3 ペイメント・コントロールの仕組み（ブロック・モードのケース）

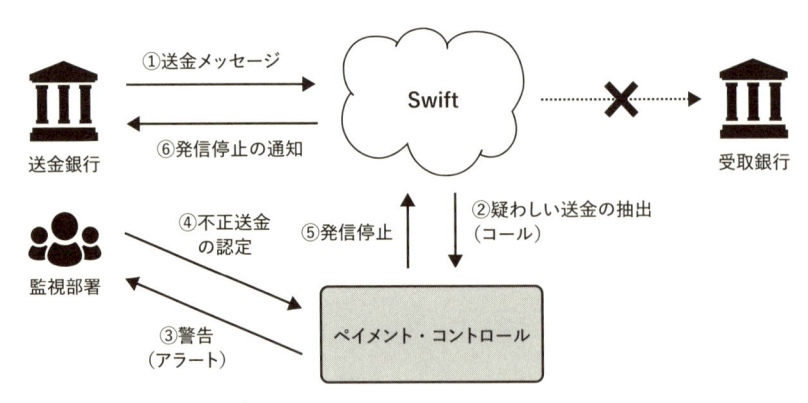

（出所）Swift資料をもとに筆者作成

合には、直ちに「発信停止」の措置をとることができる（図13-3参照）。

　スクリーニングは、ユーザーのシステムを出てから、Swiftのネットワーク・レベルで行われる。このため、不審な送金メッセージがSwiftのネットワークからリリースされる前に、これを遮断することができる。事前に発信を停止することにより、自行が不正送金に関与したり、それによって損失が発生したりすることを防止できる。

■アラート・モードとブロック・モード

　ペイメント・コントロールには、「アラート・モード」と「ブロック・モード」という2つのモードが用意されている。

①アラート・モード

　「アラート・モード」（Alert-only mode）は、送金メッセージが相手行に発出されるのと同時に、疑わしいメッセージに対しては「アラート」（警告）が生成されて監視部署に送られる仕組みである。このモードでは、送金メッセージ自体は、すでに相手に発出済みとなっているため、そのアラートを調査して差し止めが必要と判断された場合には、送金のキャンセルなどの手続きをとることになる。

②ブロック・モード

　「ブロック・モード」（Manual review mode）は、疑わしい送金があった場合には、それをネットワーク内に保留したうえで、監視部署にアラート（警告）が送られる仕組みである。監視部署では、アラートの1件ごとに送金の可否を判断したうえで、「送金の発出」（問題がない場合）または「発信停止」（問題がある場合）の措置をとる。

■Swiftのデータによる検知

　ペイメント・コントロールでは、Swiftのネットワーク上の多くのデータを使って不正送金の検知が行われるため、個別行だけでは気が付かないようなイレギュラーな動き（同様な送金が多数行われているケースなど）を検知するこ

とができる。

　また、ペイメント・コントロールでは、リアルタイムのチェックのほかに、発信メッセージと受信メッセージを対象とした「日報」（daily report）を作成することができるため、早期の確認やリスクの特定に結び付けることが可能となっている。

　同サービスでは、2023年から、送金指図に含まれる口座情報を仮名化した「仮名化した口座情報」（pseudonymised account statistics）を構築し、先進的な異常検知を行っている。

■アラート・ルールの設定方法

　ペイメント・コントロールでは、各行がどのような送金メッセージに対してアラートを発出するかを、自行の必要性に応じて決めることができるのが特徴である。設定できるルールとしては、以下のようなものがある（表13-4参照）。

①閾値の設定機能

　この機能では、一定の値を決めておき、「1件ごとの送金額」「送金の合計額」「メッセージ数」などがこの閾値（threshold）を超えた場合に、チェックの対象とすることができる。また、この閾値のルールは、特定の通貨、送金ルート、中継銀行に対してのみ適用することもできる。

　こうした一定の「閾値」を設けておくことや、通貨ごと・国ごと・銀行ごとなどの「スクリーニング・パラメーター」を決めておくことによって、リスクの高い取引に絞った重点的なスクリーニングを行い、チェックの精度を上げることが可能となっている。また同時に、チェックの対象を絞ることにより、間違った警告（false alarm）の頻発を防止することができる。

②新たなシナリオ機能

　この機能では、新たな送金ルート（送金国、受取銀行など）や新たな送金通貨（new currency）を対象としてチェックを行うことができる。

③ビジネス・カレンダー機能

予め定めた自行の営業日や営業時間以外に発出された送金メッセージを
チェックの対象とする。

④リスク・スコアリング機能

送金を1件ごとにスコアリング（点数化）し、通常とは異なるリスクの高い
取引を特定して、チェックの対象とする。

⑤口座モニタリング機能

予め「送金禁止口座」や「送金許容口座」のリストを作っておき、送金の受
取人口座をそのリストに対して検証する。

⑥新たな口座シナリオ機能

この機能では、（a）これまでに利用履歴がない新規口座から受取る送金、（b）
新規口座への送金、（c）既存口座における新たな通貨での送金、などを対象と
してチェックを行うことができる。

⑦重複送金チェック機能

この機能では、（a）一定の時間内に、同じ金額で同じ通貨の送金を複数の口
座に送っているケース、（b）同じ口座が複数の銀行から同じ金額で同じ通貨の
送金を受取っているケース、（c）同じ金額で同じ通貨の送金を短時間のうちに
同一口座に送っているケース、などを抽出し、チェックの対象とする。

このように、ペイメント・コントロールを使うと、「新しい口座や新たな取引
関係」「新たな通貨による取引」「重複した送金」「取引の急激な増加」（activity
spike）、「送金額の急増」（money transfer spike）などをチェックすることがで
き、不正送金を抑制することが可能となる。こうしたアラート・ルールは、送
金銀行としてのルール設定のほか、自行が中継銀行である場合のルールを設定
することも可能である。

表13-4 ペイメント・コントロールのアラート・ルール

機能	内容
閾値の設定機能 (Threshold-Based Rules)	1件ごとの送金額、送金の合計額、メッセージ数などが、一定の値を超えた場合には、チェックの対象とする
新たなシナリオ機能 (New Scenario)	新たな送金ルート（送金国、受取銀行など）や新たな送金通貨をチェックの対象とする
ビジネス・カレンダー機能 (Business Calendar)	通常の営業日や営業時間以外の時間帯に送られたメッセージをチェックの対象とする
リスク・スコアリング機能 (Risk Scoring)	送金を1件ごとにスコアリングし、通常とは異なるリスクの高い取引を特定して、チェックの対象とする
口座モニタリング機能 (Account Monitoring)	予め「送金禁止口座」や「送金許容口座」のリストを作っておき、最終的な顧客口座をそのリストに対して検証する
新たな口座シナリオ機能 (New Account Scenario)	新規口座から受取る送金、新規口座への送金、既存口座における新たな通貨での送金、などを対象にチェックを行う
重複送金チェック機能 (Duplicate Payment)	一定の時間内に、送金の依頼人や受取人が重複している送金を特定し、チェックの対象とする
ルールの組み合わせ機能 (Rules Combination)	各行のリスク・ポリシーやリスク選好度に合わせて、異なるリスク・パターンを組み合わせてチェックを行う

（出所）Swift 資料をもとに筆者作成

■ペイメント・コントロールの導入方法

ペイメント・コントロールは、Swift側で提供するサービス（hosted utility solution）となっており、ユーザー側ではシステム資源を全く使わず、Swiftのネットワーク外で通知される。このため、ユーザー側では、新たにハードウェアやソフトウェアを導入する必要はなく、必要なときに直ちに導入することができる。

(4) Swift ISAC

■Swift ISACによる情報共有

Swiftでは、サイバーセキュリティに関する情報共有のためのポータルである「Swift ISAC」（Information Sharing and Analysis Centre）を提供しており、このポータルを通じたユーザー間の情報共有が推奨されている。

Swiftのユーザーに新たなサイバー攻撃が仕掛けられた場合には、金融機関名を伏せたかたちで、このポータルに、マルウェアの詳細、アタックのパターン、侵入の手口などの情報が掲載されるため、他のユーザーでは同様な攻撃パターンへの警戒を高めることができる。

ISACには、年間に200カ国以上から5400行以上がアクセスして情報収集を行っている。

■Swift ISACによるセキュリティ通知サービス

また、ユーザーは、Swift ISACの「セキュリティ通知サービス」(Security Notification)に登録しておけば、新たなサイバー攻撃の事案が発生した場合には、直ちにアラート（警告）を受け取ることができる。このセキュリティ通知サービスには、すでに6500以上の金融機関が登録済みである。

第14章

Swiftにおける
コンプライアンス対策の
強化

　国際送金において、マネー・ローンダリング（資金洗浄）やテロリストへの資金供与を未然に防止することは、世界の金融界において優先度の高い課題となっている。

　こうしたコンプライアンス対策の観点から、各金融機関では、国際送金を取扱う際には、送金の相手国、送金目的、受取人などについてのチェックを行っている。こうした「コンプライアンス・チェック」は、各行が独自のシステムや第三者のサービスを利用して行っている場合が多いが、Swiftでも、メンバーに対してSwiftのネットワーク上のメッセージをチェックするサービスを提供している。本章では、こうしたSwiftのコンプライアンス・サービス（法令遵守サービス）について述べる。

1 ｜ コンプライアンス対策の重要性

(1) マネロン・テロ資金対策の必要性の高まり

　国際的な資金の移動においては、マネー・ローンダリング（資金洗浄）やテロリストに対する資金供与、詐欺などの不正行為を防止することが、国際的にみて大きな課題となってきている。

このうち、「マネー・ローンダリング」（money laundering）とは、犯罪など
で得た資金を、正当な取引で得たように見せかけたり、多数の金融機関の口座
を転々とさせることによって、資金の出所をわからなくしたりする行為のこと
を指し、しばしば「マネロン」と略称される。また「テロリスト資金供与」
（terrorism financing）とは、テロの実行支援などを目的としてテロリストに資
金を渡す行為のことを指す。両者を合わせて、「AML」（Anti-Money Launder-
ing）と言うこともある。

国際的に核・ミサイルやテロの脅威が増す中で、犯罪者やテロリストにつな
がる資金を断つことは、国際社会が取り組まなくてはならない喫緊の課題と
なっている。こうした機運が高まるのにつれて、金融機関に対しては、マネロ
ン・テロ資金対策について、一層の高度化や厳格化を求めるプレッシャーが高
まってきている。

(2) FATF審査によるプレッシャー

マネロンやテロ資金供与への対策が、各国においてどの程度有効に実施され
ているのかについては、「FATF[1]」（Financial Action Task Force：金融活動作業
部会）という国際機関が、各国の履行状況を定期的に審査している。FATFの
審査では、自らが作成した「40の勧告」について、項目ごとに達成・未達成な
どの評価が与えられ、未達成の項目については、フォローアップや改善が求め
られる。こうした国際的な枠組みのもとで、各国の金融機関にはコンプライア
ンス・チェックの厳格化に向けた国際的なプレッシャーが高まっている。

なお、わが国においては、「犯罪による収益の移転防止に関する法律」（「犯
収法」）、「外国為替及び外国貿易法」（「外為法」）などの関係法令において、取
引時に確認すべき事項などが規定されている。また金融庁では、マネロン・テ
ロ資金供与対策への基本的な考え方を示した「ガイドライン[2]」を出しており、

---

1) マネロン・テロ資金供与対策の国際基準作りを行うための多国間の枠組み。米国や欧
州各国をはじめ、日本、中国、韓国など、計40の国・地域が加盟している。また、
FATFの作成した「40の勧告」は、世界の190以上の国・地域で適用されている。
2) 「マネー・ローンダリング及びテロ資金供与対策に関するガイドライン」（2018年2月）。

その中では、「リスクベース・アプローチ[3]」の考え方が打ち出されている。

(3) 制裁リストへの対応

　各国では「経済制裁」（economic sanction）として、取引を規制する国や法人・個人のリストなどを公表しており、これを「サンクション・リスト」（制裁リスト）という。各金融機関では、自行の取扱う国際送金が、こうしたリストに抵触していないかどうかを事前にチェックすることが求められている。

　わが国においては、「外為法」が北朝鮮、イラン、ロシアなどに関する貿易規制や送金規制、証券取引規制などについて定めている。

　また、米国については「外国資産管理法」という法律に基づいて、サンクション・リストが作成されている。同法では、米国の安全保障を脅かすものとして指定した国や企業、自然人などを「SDN」（Specially Designated Nationals and Blocked Persons）リストとして公表することを規定している。この法律は、米財務省の「OFAC」（Office of Foreign Assets Control：外国資産管理局）によって執行・運用されていることから、一般に「OFAC規制」と呼ばれている。国際間の決済や国際的な送金は、基軸通貨である米ドル建てで行われることが多く、また同規制の適用範囲がかなり広く定められている[4] ことから、OFAC規制に抵触して問題となるケースが多く、特に注意が必要である。

　OFAC規制など、各国の規制に抵触した場合には、金融機関では、2つの面で大きなダメージを受けることになる。

　1つ目は、制裁対象となっている国や企業に対して違法な送金が行われたことが判明すると、その送金に関与した銀行に対して巨額の罰金が科されることである。過去にも、海外の大手行が数百億～数千億円もの巨額の罰金を支払った事例がある（表14-1）。罰金がきっかけとなって、赤字に転落したり、経営

---

3)　それぞれの金融機関が直面しているリスクに見合った形で、リスク管理体制の構築・維持を行っていくべきとの考え方。
4)　米ドル建ての送金は、すべてOFAC規制の対象となる（また、米ドル建てでなくても対象となる場合がある）。米国に送金する場合だけでなく、①米国以外の国に送る送金、②第三国を経由した送金、なども対象となる。

表14-1 マネロン・制裁対象違反による罰金の例

年	銀行名	当局	事由	罰金の額
2013 年	三菱東京 UFJ 銀行 （日本）	米国	制裁対象企業への送金	2 億 5000 万ドル （245 億円）
2014 年	BNPパリバ銀行 （フランス）	米国	制裁対象国への送金	89 億ドル （9000 億円）
2019 年	ソシエテ・ジェネラル銀行 （フランス）	米国	制裁対象国への送金	13 億 4000 万ドル （1500 億円）
2021 年	ナットウエスト銀行 （英国）	英国	マネロン違反	2 億 6500 万ポンド （400 億円）
2022 年	ダンスケ銀行 （デンマーク）	米国	マネロン違反	20 億ドル （2700 億円）
2023 年	ドイツ銀行 （ドイツ）	米国	マネロン違反	1 億 8600 万ドル （260 億円）

（注）制裁時の銀行名、換算レートによる
（出所）『日本経済新聞』やロイターの記事などをもとに筆者作成

トップの辞任につながったりする事例もあり、制裁違反が経営を揺るがす事態ともなりかねない。邦銀でも、海外当局から多額の罰金を科された事例があり、日本の金融機関にとっても決して他人ごとではない。

　2つ目に、不適切な行為によって巨額の罰金が科されたり、決済業務が停止されたりすることにより、銀行の評判が大きく下落することである。いわゆる「レピュテーション・リスク」が発生して信用が失墜すると、顧客離れやコルレス契約の解消などにより、ビジネスを失うリスクがある。

2 ｜ トランザクション・スクリーニング

　各金融機関では、自行で経済制裁リストに対するスクリーニングのためのシステムを構築したり、第三者のスクリーニング・サービスを利用したりして、こうしたマネロン・テロ資金供与対策のためのチェック（一般に「コンプライアンス・チェック」という）を行っている。ただし、既存の外部ソリューショ

ンはかなりコストが高いことや、疑わしい送金については最終的には人間が精査したうえで判断をせざるを得ない[5]ため人手がかかること、などから各金融機関にとっては負担が大きい業務となっている。

コンプライアンス部署は利益を生む訳ではない「コスト部門」であるため、各金融機関では、コンプラ・チェックに対する国際的な要求水準が高まる一方で、これ以上、コンプライアンスにコストをかけるのは難しいといったジレンマの状況にある。

こうした国際的なAML規制強化の流れを受けて、Swiftでは、メンバーのコンプラ・チェックをサポートする「トランザクション・スクリーニング」のサービスを導入している。このサービスは、2012年の導入時には「サンクション・スクリーニング」と呼ばれていたが、その後、名称が変更された。

(1) トランザクション・スクリーニングの概要

「トランザクション・スクリーニング」(Transaction Screening) は、Swiftネットワーク上のメッセージについて、Swiftが各国のサンクション・リストに照らしてリアルタイムのフィルタリングを行い、違反が疑われるメッセージについては、各行にアラート（警告）を発信するというサービスである。

フィルタリングを行うメッセージには、「自行が他の銀行に発出するメッセージ」(outgoing message) と「自行が他行から受取るメッセージ」(incoming message) の両方を含めることができる。このサービスは、従来型の「MTメッセージ」のほか、ISO20022対応の「MXメッセージ」にも対応しており、フィルタリングの対象とするメッセージの範囲については各行が指定することができる。

このサービスにおけるSwiftのサンクション・リストは、30カ国以上をカバーしており、ユーザーはこれらのうちから、必要な国のリストを選択して、メッセージをフィルタリングすることができる。またチェック対象には、自行

---

5)　たとえば、制裁リストの記載と完全に一致するものだけでなく、部分的に一致しているものについても、制裁対象者であるかどうかの確認を行う必要がある。

の作成したリスト（プライベート・リスト）も含めることができる。各国の制裁リストは、頻繁に改訂されることが多いが、同スクリーニングに使うサンクション・リストは、Swiftが責任をもってタイムリーにアップデートを行うこととされている。

(2) トランザクション・スクリーニングの仕組み

トランザクション・スクリーニングを利用する金融機関では、まず次のような「設定」（configuration）を行う。

①どの国のサンクション・リストに対してチェックを行うか。
②どの範囲のメッセージをフィルタリングの対象とするか。

そのうえで各行では、スクリーニング・サービスの利用を始める。
送金銀行として利用する場合についてみると、以下のような流れでメッセージの処理が行われることになる（図14-1参照）。

図14-1 トランザクション・スクリーニングの概要（送金銀行としての利用）

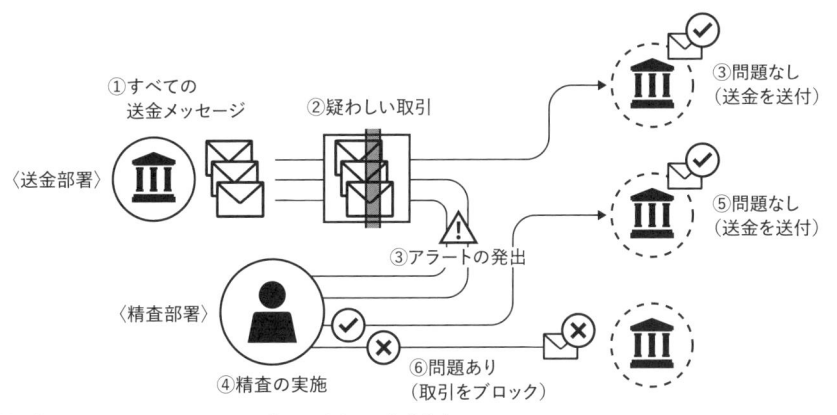

（出所）"Sanction Screening from Swift" Swift をもとに筆者作成

①まず、送金部署がSwiftに送金メッセージを送る。

②トランザクション・スクリーニングのフィルターが疑わしいメッセージをピックアップする。

③そのメッセージについて「アラート」（警告）を発出する。

④アラートを受取った精査部門では、人手により最終的な送金の可否を判断する。

⑤問題がないと判断された場合には、送金指図は相手行に送られる。

⑥問題があると判断された場合には、送金指図はブロックされる。

ユーザーは、事後的に、月次ベースでスクリーニングの結果やアラートの詳細などについてのレポートを受取ることができる。

（3）トランザクション・スクリーニングの普及状況

自行でフィルタリング用のシステムを整備するためには、システムの維持・管理にコストを要するほか、頻繁に改訂が行われる各国のサンクション・リストを常にアップデートしておくためにもかなりの手間を要する。一方、本サービスでは、サンクション・リストの維持・管理をSwiftに任せることができるほか、Swiftのネットワークと一体化したサービスであるため、銀行側での追加的なシステム対応が必要とされない、といった点がメリットとなっている。

こうしたことから、フィルタリングの仕組みや制裁リストのメインテナンスなどを一括してSwiftにアウトソースできるトランザクション・スクリーニングは、世界的に普及が進んできており、現在、世界の900行以上が利用するサービスとなっている。

3 ｜ サンクション・テスティング

Swiftでは、経済制裁リストに対するユーザーのチェック体制をサポートする

ために、もう1つの機能として「サンクション・テスティング」（Sanction Testing）というサービスを提供している。

　サンクション・テスティングは、各金融機関が構築しているサンクション用のフィルター（sanction filter）が正しく作動しているか、十分なパフォーマンスを発揮しているかなど、チェックの有効性の確認を行うためのものである。このサービスを利用することにより、自行が選んだ検証モデルとフィルターの設定が、制裁の遵守やリスク許容度に正しく適合しているかどうかを確認することができる。また、フィルターを調整することにより、①偽陽性[6]（false positive）による誤判定を減らす、②あいまいなマッチング[7]（fuzzy matching）の精度を上げるなど、システムのパフォーマンス改善につなげることが可能である。

　サンクション・テスティングは、ウェブベースのサービスであるため、実際の送金業務（live operation）に影響を及ぼすことなく、同時並行的にテストを実施することができる。テスト・シナリオは、ユーザーが考案・デザインすることができる。またテストは、一定期間ごとに定期的に実施することも、ユーザーの要望に応じて随時行うこともできる。

　さらに、同サービスの追加オプションである「ピア・アセスメント」（Peer Assessment service）を使うと、事業内容が類似している同業他社のデータを利用することにより、自行フィルターの性能評価や、他行の使っている制裁フィルターとの性能比較、などを行うことができる。

　サンクション・テスティングは、自行でフィルタリング用のシステム（filtering tool）を構築している金融機関向けのサービスである。すでに世界の大手銀行など、30行以上が利用を行っている。

---

6)　問題がない（negative）メッセージが、間違って「問題あり」（positive）と判定されること。

7)　スペルミスなどにより、完全一致（exact match）でなくても検出を行うこと。「あいまい一致」ともいう。

4 KYCレジストリー

(1) KYCとは

「KYC」とは「Know Your Customer」（顧客を知る）の略称であり、顧客の本人確認手続きのことを指す。KYCは、顧客が銀行に口座を開設する際や、融資を申込む際などに、金融機関とその顧客との関係における「本人確認」の文脈で使われることが多い。

しかしKYCは、金融機関同士の間でもマネー・ローンダリングやテロ資金供与などを防止するため必要とされており、新しくコルレス関係を結んで取引を開始する際には、相手先の金融機関がコンプライアンスに適切な対策を講じているかどうかを確認する「デューデリジェンス」（適正評価手続き）が必要とされている。また、こうした銀行間のKYCは、取引を開始する時に1回行って、それで終わりという訳ではなく、定期的に情報を更新していく必要がある。

(2) KYCレジストリーの機能

「KYCレジストリー」（KYC Registry）は、上記のような銀行間のコルレス関係の構築・維持に必要となるコンプライアンス関連のデータの相互交換をSwiftの運営する中央データベースへの登録によって、一括して行うものである。対象となるデータとしては、「法人の基本情報」「業務内容と顧客基盤」「資本関係と役員構成」「コンプライアンス情報」「税金情報」などがあり、大きく8つのカテゴリーに分かれている（表14-2参照）。

これまで、こうしたデータの交換は、コルレス銀行同士の間で個別（バイラテラル）に行われていた。国際的な取引を活発に行っている銀行では、かなりの数のコルレス先を有しており（Swift加盟行の平均で約180行）、しかも各行ごとにKYCのための徴求フォーマットが異なっていることから、取引先ごとに個別に回答を作成して交換する必要があり、かなり手間のかかる負担感が強い

表14-2 KYCレジストリーの登録カテゴリー

カテゴリー	内容
① 法人の基本情報	名称、住所、法的形式、業種分類、会社設立の証明
② 業務内容と顧客基盤	プロダクトとサービスのタイプ、顧客ベース、営業地域、制裁対象国におけるビジネス状況
③ 資本関係と役員構成	企業の定款、株主リスト、大株主リスト、取締役のメンバー、組織図、グループ構成
④ 持続可能な貿易金融に関する情報	持続可能性に関する能力・実績、サプライチェーン
⑤ コンプライアンス情報	AMLに関する書類(AML質問状、ウォルフスバーグ質問状、米国愛国者法、金融商品市場指令〈MiFID〉、国際証券サービス協会〈ISSA〉など)、コンプライアンス関連の問い合わせ先
⑥ 税金情報	納税者番号（TIN）、FATCA*への対応、共通報告基準**（CRS）の情報
⑦ ISSA情報	ISSA（国際証券サービス協会）の質問状
⑧ 署名権者	署名権者の情報

(注) ＊米国の税法である「外国口座税務コンプライアンス法」（Foreign Account Tax Compliance Act）の略称
　　＊＊海外の金融機関に保有する口座を利用した脱税や租税回避を防ぐ目的でOECDが策定した国際基準。CRSは Common Reporting Standard の略
(出所) "KYC Registry" Swift をもとに筆者作成

図14-2 KYCレジストリーの概要

①従来のデータ交換
（個別行間でバイラテラルに交換）

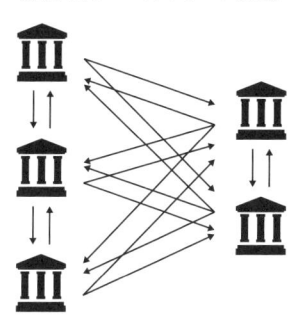

②KYCレジストリーによるデータ管理
（中央で一括管理）

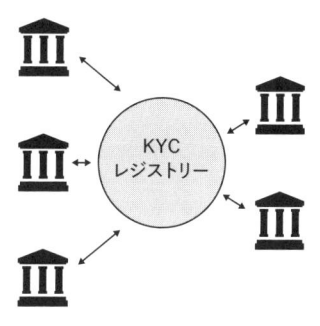

(出所) Swift 資料をもとに筆者作成

作業となっていた。さらに、数年ごとに情報をアップデートして交換する必要があるため、各行にとっては多くのマンパワーが必要な業務となっていた。

しかし、もともとコンプライアンス分野は、各行が競争すべき分野ではなく（non-competitive area）、むしろ協力してコスト削減を図っていくべき分野である。こうした考え方に基づき、主要行の要請もあって、Swiftが「信頼できる第三者」（trusted third party）として、こうした中央でのデータ管理のサービスを提供することになったものである（図14-2参照）。

(3) KYCレジストリーの仕組み

KYCレジストリーでは、コルレス業務に必要となるデータを「ベースライン・データ」（baseline set of data）として標準化している。そして、各行がKYCレジストリーにこのベースライン・データを登録しておけば、その銀行と取引を行うコルレス先では、レジストリーにアクセスして必要なデータを入手することができるようにしている。こうした中央におけるデータの一括管理により、KYC情報の交換プロセスが大幅に合理化されている。

KYCレジストリーでは、データの提出（upload）と徴求（collect）の両面で効率化を図ることができる仕組みとしている。提出したデータは、項目の充足性などについてSwiftが検証（verification）を行ったうえで、レジストリーに登録される。一方、コルレス先では、取引先が登録したデータをKYCレジストリーに請求して閲覧（アクセス）することができる。ただし、その場合には、登録銀行によるアクセスへの承認が必要とされる。

KYCレジストリーへの参加と自行情報のレジストリーへの登録は無料となっており、他行の情報を利用する場合（collection）に関してのみ、銀行数に応じて課金が行われる。すでに7500行以上がこのサービスを利用している。このほか、Swiftを利用している事業法人や銀行以外の金融機関（資金移動業者など）についてもKYCレジストリーへの登録は可能となっており、管理の一元化が図られている。

なお、KYCレジストリーは、前述した顧客安全プログラム（CSP）における自己査定結果の登録や取引先への査定結果の開示を行う際にも、「KYC-SA」と

して利用されている（第13章を参照）。

---

5 | RMA

Swiftでは、コンプライアンス管理のために、コルレス先との関係をコントロールするために「RMA」というサービスを提供している。

(1) RMAの機能

「RMA」（Relationship Management Application）は、どのコルレス先が自行との間でメッセージのやり取りをすることができるかという銀行間の取引関係（business relationship）をコントロールする仕組みである。これを使うことにより、各行では、RMAが確立している「信頼できる先」(trusted party)からのみ、メッセージを受取るようにすることができる。

具体的には、送金銀行A行が受取銀行B行に、RMAの「リクエスト」を送り、B行がこのリクエストを「承認」することにより、両行の関係が確立し、A行ではB行にメッセージを送ることができるようになる（図14-3参照）。RMAが確立していない関係においてメッセージを送ると、送り手の段階でブロックされる（受け手にはメッセージは届かない）。

このように自行へのメッセージの送信先をコントロールすることにより、各

図14-3 RMAの確立プロセス

（出所）Swift 資料をもとに筆者作成

行では、見知らぬ先から「迷惑メッセージ」(unwanted message) を受取ったり、長年取引がなかった先から突然メッセージを受取ったりするといった困惑する事態の発生を避けることができる。

これにより、迷惑メッセージを受取ってしまった場合の処理にかかる手間や人手を省くことができるほか、不正行為に巻き込まれるリスクを削減することができる。このようにRMAは、金融犯罪やマネロン・テロ資金対策に役立つことから、「ウォルフスバーグ・グループ[8]」(Wolfsberg Group) などの業界団体でも、国際送金においてその利用を推奨している。

なお、RMAによる取引関係は、「撤回メッセージ」(revocation message) を送ることによって取消しを行い、メッセージの受送信の関係を終了させることができる。

RMAは、それまで用いられていた「BKE」(Bilateral Key Exchange) に代わって、2009年に導入された。BKEができるだけ多くの先をコルレス先にするとの方向性であったのに対して、RMAでは、むしろリスクの高い取引先を排除し、信頼できるコルレス先に絞って取引を行うといった「コンプライアンス・コントロール」を重視する方針に変更されている。

(2) RMAの中央管理化

従来、各行では、RMAのデータベースを個別行のローカル環境で管理していたが、Swiftでは2024年3月にこれを取り止め、中央のデータベースにより一括して管理する体制に移行した。このためRMAの設定は、Swiftの管理する「リレーションシップ・マネージメント・ポータル」(略称は「RMAポータル」)と呼ばれる機能で行われることになった。

RMAポータルでは、従来のRMAの機能（すべてのメッセージを対象として

---

8) 国際的な金融機関からなる非政府組織であり、国際送金やマネー・ローンダリングに関する指針やガイドラインなどの策定にあたっている。
9) 従来、こうした業務ごとの詳細な管理は、「RMA Plus」というサービス名で提供されていたが、RMAの中央管理への移行に伴い、RMAポータルで設定が行えるようになっている。

コルレス先との間のメッセージの受送信の可否をコントロールする）に加えて、コルレス先との間で受送信するメッセージの種類を細かく指定することが可能となっている[9]。この機能を使うと、ユーザーは、RMAの管理を業務ごとに一段ときめ細かく行うことができる。

言い換えれば、従来のRMAでは「誰とメッセージを交換できるのか」を規定していたのに対して、RMAポータルの機能を使うと、「誰と"どのような"メッセージを交換できるのか」を指定することができる。すなわち、取引に使うMTやMXのメッセージの範囲を指定することにより、RMA先ごとにメッセージの種類を限定して、取引関係を構築することができる。

これにより、①受取りを意図していないメッセージの受取りを拒否できる、②特定目的に限定したコルレス関係を確立することができる[10]、③ビジネスリスクに応じたメッセージ・タイプの選択によりマネロンなどの対策を行うことができる、といったメリットがある。

6 ｜ コンプライアンス・アナリティクス

Swiftでは、このほかに、Swiftのトラフィック・データを分析してコンプライアンス上の問題がないかどうかを分析する「コンプライアンス・アナリティクス」（Compliance Analytics）というサービスを提供している[11]。

(1) コンプライアンス・アナリティクスの概要

このサービスでは、Swift経由で送信される送金メッセージと貿易金融メッセージを対象として分析を行う。そして、①制裁対象国との取引の分析、②送

---

10) たとえば、「信用状（L/C）に関するメッセージのみを受取る」とか「送金に関するMT 103とMT 202だけを受取る」といった限定的な取引関係を構築することができる。

11) このサービスは、以前は「サンクション・アナリティクス」（Sanction Analytics）と呼ばれていた。

金の最初の発信国から最終受取国までの追跡（end-to-end payment flow）、③危険性の高い国との取引の抽出（high-risk filter）、④送金ルートごとの分析（corridor analysis）、⑤高リスクな送金ルートにおける自行シェアの算出、などの分析ツールを提供している。

　こうしたさまざまな切り口によって分析を行うことにより、AML、経済制裁、KYC、リスク管理などの面において、自行の置かれている状況や規制の遵守状況を細かく調べることができ、何らかの問題が発見された場合には改善に役立てることができる。

(2) RMA モニタリング

　コンプライアンス・アナリティクスを活用することにより、上述したRMAの状況についてモニタリングを行うことができる。具体的には、①保有しているRMA先のリスト、②RMA先とのトラフィックの状況（件数、金額など）、③国ごとのRMA先リスト、④取引が不活発になっているRMA先のリスト、などを見ることができる。

　「RMAモニタリング」では、「すべてのRMA先」「新しく作成したRMA先」「関係を終了したRMA先」などに対象を分けて点検を行うことができる（表14-3参照）。

表14-3 RMAモニタリングの対象

RMA の全体像	新しく作成した RMA	関係を終了した RMA
• 保有している RMA のリスト • 各 RMA 先とのトラフィック 　（件数、金額など） • 各国ごとの RMA • 不活発な RMA	• 前月に新しく作られた RMA • どのコルレス先か • その所在国	• 過去 12 カ月に関係を終了した RMA • どのコルレス先か • その所在国

（出所）Swift 資料をもとに筆者作成

7 ペイメント・データ・クオリティ

「FATF」（金融活動作業部会）では、2012年に「勧告16」を公表し、金融機関に対して送金メッセージに、「送金人」（originator）と「受取人」（beneficiary）の両方の情報（名前、口座番号、住所など）を含めることを義務付けた。このFATFの勧告16は、「トラベルルール」とも呼ばれており、暗号資産（仮想通貨）や電子決済手段を移転する際などにも適用されるようになっている。

Swiftの「ペイメント・データ・クオリティ」（Payments Data Quality）は、これを受けて始められたサービスであり、Swiftの送金メッセージ[12]に送金人と受取人のデータが適切なかたちで含まれているかどうかをチェックするものである。このサービスでは、受取人などのデータが不足している場合でも、送金メッセージをブロックすることはしない。その代わりに、データが不足しているエリアをハイライトしてユーザーの注意を喚起し、必要なデータの補填や追加調査を促すものとなっている。

このサービスは、ウェブベースのサービスとして提供されるため、行内システムの変更やIT部門のサポートは、特に必要とされない。

8 スイフト・レフ

Swiftのユーザーは、国際送金を正確に処理するために、銀行の識別コード（BIC）、取引主体識別子（LEI）などの「リファレンス・データ」を必要とする。Swiftでは、こうしたリファレンス・データをユーザーに提供するサービスを「スイフト・レフ」（SwiftRef）として用意している。

---

12) MTメッセージとしては、MT 103、MT 202 COV、MT 205 COVなどを含む。これらに対応するMXメッセージについても、クオリティ分析が進められている。

スイフト・レフには、①BICコード、②LEI、③国際銀行口座番号（IBAN）、④国内の決済システムにおける参加者コード、⑤標準決済指図（SSI）、などのデータが含まれており、いずれも権限のあるデータ所有者から提供された信頼性の高いデータを蓄積している。

Swiftのユーザーでは、このデータベースにアクセスして、最新のデータを知ることができ、それにより、正確な送金の処理、規制に対する適切な報告、取引相手のリスク分析、などを行うことができる。

スイフト・レフからのデータの入手は、①オンライン検索サービス、②ファイルのダウンロード、③FileActでの取り寄せ、④APIによるアクセス、などの手段によって行うことができる。

9 | Swiftエッセンシャル

ここまで述べてきたように、Swiftでは、基本的なメッセージング・サービスのほかに、各種の新サービス（Swift GPI、Swift Goなど）や数多くの付加価値サービス（プリ・バリデーション、ペイメント・コントロール、トランザクション・スクリーニングなど）を提供している。

従来、これらのサービスについては、各ユーザーが個別のサービスごとにSwiftと契約を結び、個別に手数料を支払うことが必要となっていた。Swiftでは、2024年1月よりこれを変更して、主要サービスをパッケージ化した「Swiftエッセンシャル」を導入した。

Swiftエッセンシャルに含まれるサービスは、表14-4の通りであり、利用ユーザーの多い主要サービスやSwiftが普及に注力しているサービスなどが含まれている。Swiftでは、これらのサービスをすべてのユーザーに対して利用を推奨する、優先度の高い「コア・サービス」として位置付けているものとみられる。

ここに含まれるサービスとコンポーネントは、Swiftエッセンシャルの費用を支払うことにより、一括して利用することができ、ユーザーでは個別のサービ

表14-4 Swiftエッセンシャルの対象サービス

① Swift GPI
② Swift Go
③ プリ・バリデーション（Payment Pre-validation）
④ ケース・マネージメント（Case Management）
⑤ 証券決済指図の見える化（Swift Securities View）
⑥ ペイメント・コントロール（Payment Controls）
⑦ KYC レジストリー（KYC Registry）
⑧ スイフトレフ（SwiftRef）
⑨ トランザクション・スクリーニング（Transaction Screening）（opt-in only）
⑩ ナレッジ・センター（Knowledge Centre）
⑪ Swift スマート（Swift Smart）
⑫ BIC8
⑬ RMA（Relationship Management Application）

（出所）Swift News Vol.8, December 2023

スごとに契約を結ぶ手間が必要なくなる。利用料金は、メッセージ量（発信サイド）に応じた従量制（volume-based）となっており、年に1回の頻度で請求が行われる。

金融制裁における
Swift の利用

　ロシアのウクライナ侵攻に対する経済制裁として、西側諸国では2022年3月に、ロシアの大手行をSwiftのネットワークから切断した。この制裁措置は、世界から大きな注目を浴び、これまでSwiftにあまり馴染みがなかった人々の間でも「Swiftとは何か」といった関心がにわかに高まった。

　本章では、Swiftと経済制裁の関係について、①Swiftのデータの有用性に対する認識の高まり、②国際的な制裁へのSwift利用の経緯について述べたうえで、③今次のロシアに対するSwift制裁について述べることとする。

1 ｜ 米国当局による Swift データの利用

　各国当局のうち、Swiftのデータの有用性に注目し、それを利用したのは、米国のCIA（中央情報局）が初めてであったものとみられる。

（1）テロ資金追跡プログラム

　米国では、2001年9月に「同時多発テロ」（いわゆる「September 11」）が発生した。これは、旅客機4機を同時にハイジャックし、乗員・乗客と共に標的とした世界貿易センタービルなどに突入させるという前例のない手口であり、

これによって、テロ事件としては過去最悪となる 3000 人を超える犠牲者を出し、世界に衝撃を与えた。こうした大規模なテロ事件に対する対抗策として、ブッシュ政権が秘密プログラムとして導入したのが「テロ資金追跡プログラム」（TFTP：Terrorist Finance Tracking Program）であった。

これは、Swiftを通じた銀行間の送金データを使って、テロリストの関係者間の資金のやり取りを捕捉しようとするものであった。たとえば、イスラム過激派「アルカイダ」が関係する中東における銀行口座がわかっていれば、その口座からの送金により海外（たとえば欧州）で資金を受取った人物（A氏）は、テロリストの関係者である可能性が高い。さらに、その人物（A氏）の口座から米国内で資金を受取った人（B氏やC氏）がいれば、それもアルカイダの関係者であるものと推測される。このように、Swiftの送金データを使って、送金ルートを順々に辿っていくことにより、芋づる式に多くのテロリスト関係者を特定することが可能となる。このテロ資金追跡プログラムは、2001～2006年の5年間にわたって行われ、こうしたSwiftデータを使った送金関係の追跡により、多くのテロリスト関係者の逮捕という大きな成果をあげた。

このプログラムが機能したのは、当時、Swiftのデータセンターが「欧州センター」と「米国センター」の2センター体制をとっており、相互にバックアップを行っていたことが背景にある。つまり、米国のセンターには、欧州センターのバックアップ分を含めて、世界中の送金データが蓄積されていたのである。このため米国の当局は、全世界の送金データを使って、テロリストに関する資金の流れを追跡することができたのである。

(2)『ニューヨーク・タイムズ』によるスクープと謝罪

TFTPのプログラムは、CIAによって秘密裡に進められていたが、『ニューヨーク・タイムズ』では、2006年6月23日付けの記事で、この秘密プログラムに関するスクープ記事を報じ、①TFTPの適法性に関する懸念、②政府による権限乱用の危険性、などを指摘し、CIAの活動を批判した。この記事が出たことによって、Swiftユーザー（金融機関）の与り知らないところで、送金データが米国当局によって断りなく利用されていたことが明らかとなり、Swiftのコ

ミュニティにおいては懸念が広がった。

これに対してSwiftでは、①米財務省のOFAC（外国資産管理局）からの強制力のある召喚状に応じたものであること（このため、データを提供する以外には選択の余地はなかった）、②米財務省のデータ利用（目的、方法など）にあたっては、厳しい制約を付けて限定的な利用を認めたこと、などを挙げて、データの提供は適切なものであったとして反論した。

結局、『ニューヨーク・タイムズ』では、当初の記事掲載から4カ月後の2006年10月に、編集委員名で「正式謝罪」の記事を掲載し、①TFTPは適法なプログラムであったこと、②Swiftのデータが乱用された形跡はないこと、③本来秘密であるべきテロ資金対策の存在を明らかにしてしまったこと、などを挙げて、「当初の記事は掲載されるべきではなかった」として全面的に謝罪し、この問題は一応の終結をみた。

(3) Swiftデータセンターの再編

Swiftでは、米国センターの開設（1979年）以降、長年、「欧州センター」と「米国センター」の2センター体制で業務を行い、この2センターで相互にバックアップをとり、データを蓄積するかたちとなっていた。

しかし上述のように、こうした体制のもとで、米国の当局が、米国センターにある全世界のSwiftデータを利用するという事態が発生した。これに対して、欧州サイドでは、米国に関係がないデータ（たとえば欧州域内における送金データなど）について米国当局が自由に閲覧・利用できることに対しては、「データ・プライバシー」の観点から問題であるとの意見が強く、EUのデータ・プライバシー当局が、本件について調査を実施し、公聴会を行うなど大きな波紋を呼んだ。

こうした動きを受けて、Swiftでは、データセンターを再編することを決断し、2014年にスイスに第3センターを設け、「3センター体制」をとることとした。そしてスイスセンターでは、欧州センターと米国センターの両方のバックアップを行う体制をとることとした。これにより、欧州域内のメッセージは、欧州内の2つのセンター（欧州センターとスイスセンター）のみに蓄積され、

欧州域外にはデータが出ない体制となった。したがって、米国が欧州域内のメッセージを勝手に利用するといった可能性はなくなり、データ・プライバシー問題はひとまずの決着をみた。

データセンターの再編には、かなりのコストを要し、またこれまで長年にわたって維持してきたグローバルなネットワーク構成を抜本的に見直すことになったため、Swiftとしてはかなり大きな決断であったものとみられる。逆に言うと、米国当局によるSwiftデータの利用に端を発するデータ・プライバシー問題は、Swiftに対する信頼を根本から揺るがしかねない重大な問題であったことから、こうした根本的で大規模な対応が必要であったとも言える。

なお、米国政府では、TFTPのプログラムを通じて、国際的な資金の流れにおけるSwiftの重要性やSwiftデータの有用性について認識するようになったものとみられる。それが、その後の（米国を主導とする）国際的な制裁におけるSwiftの利用につながっていったものと考えられる。

2 ｜ 国際的な制裁としてのSwiftの利用

（1）イランに対する金融制裁

国際的な経済制裁として、Swiftが初めて利用されたのが、2012年のイランに対する制裁であった。イランでは、長年にわたり、ウランの濃縮などの核開発につながりかねない活動をIAEA（国際原子力機関）に申告することなく繰り返し行っていた。

これに対する世界的な制裁として、2012年3月に、イラン国内のすべての銀行をSwiftのネットワークから切断するという強力な制裁措置が実施された。この措置は、強制力があるEU規制によるものであった。Swiftはベルギー法上の法人として設立されているため、ベルギーおよびEUの命令には従わざるを得ない立場にある。

このSwiftのネットワークからの排除という経済制裁は、イラン経済に対し

てかなり深刻な影響を及ぼした。イランの銀行は、国際的な決済（資金の受払い）ができなくなった[1]ため、イランでは原油収入の大部分を受け取れなくなり、経済的な苦境に陥った。

　経済的に大きな打撃を受けたイランでは、制裁解除のために大幅な譲歩を余儀なくされ、2015年7月には、米英独仏中ロの6カ国とイランが「イラン核合意」の最終的な合意を行った。この合意により、イランはウランの濃縮など核開発にからむ活動の制限を受け入れ、米欧諸国は見返りにイランへの経済制裁を解除することとした。

　このイラン核合意を受けて、翌年（2016年2月）には、イランの銀行はSwiftのネットワークに復帰した。このように、Swiftを使った初めての国際的な経済制裁は、制裁対象国の全面的な譲歩という大きな成果を上げ、所期の目的を達成したのである。

（2）北朝鮮に対する金融制裁

　Swiftでは、2017年3月にも、核・ミサイル開発を続ける北朝鮮への経済制裁として、北朝鮮の銀行に対する通信サービスの提供を停止した。これは、ベルギー政府の指示により行われたものであり、国連の制裁対象となっていた3行を含む、北朝鮮のすべての銀行について、Swiftのネットワークからの遮断を行った。この制裁については、その後も解除の報道はなく、引き続き継続されているものとみられる。

（3）イランに対する2回目の制裁

　Swiftでは、2018年11月になって、再び、イランの銀行をネットワークから遮断した。これは、米国のトランプ政権の圧力によるものとみられており、米国のイランに対する経済制裁の一環として行われた[2]。

---

1)　Swiftの果たしていたメッセージ通信の役割を、FAXやe-mailで代替することは、実務的に困難である。

本来、Swiftに命令する権限を持つのは、EU（またはベルギー）のみであり、米国は、Swiftに対して命令する権限を何ら有していないはずである。このためSwiftでは、本来は権限を持たない米国からの圧力にはかなり抵抗した模様であり、直前まで「我々は中立を守る」としていた。しかし最終的には、政治的な圧力（ごり押し）や脅しに屈するかたちで、イランの銀行をネットワークから切断することを余儀なくされた。

この時には、1回目のイラン制裁とは異なり、「国全体の切断」ではなく、「一部行の切断」とされた。対象行には、米国が制裁先として指定した銀行が含まれたものとみられるが、Swiftでは切断の対象先は一切公表せず、やや曖昧なかたちでの制裁実施となった[3]。

Swiftでは、「今回の措置は、誠に遺憾（regrettable）なこと」とのコメントを発表しており、Swiftにとってはかなり苦渋の決断であったものとみられる。ただし、「グローバルな金融システムの安定性と統合性のために必要なこと」として、この措置を受け入れたものとした。

このときのSwift制裁は、「米国によるSwiftの政治利用」とも評され、Swiftを巡る「地政学的リスクの高まり」が明らかとなった。なお、当時のSwiftのCEO（ゴットフリート・レイブラント氏）は、この交渉の直後に任期途中での辞任を発表したが、この辞任はトランプ政権の強引なごり押しと無関係ではなかったものと推測されている。

---

2)　米国（トランプ政権）では、2018年5月に、欧州各国などと共同で結んでいた核合意から一方的に離脱した。その一方で、原油取引制限や金融制裁などの面で、各国に対して従来よりも厳しい制裁を求め、Swiftに対する切断の要求は、この一環とされた。

3)　米国の要請をそのまま受け入れたという形になると、（本来はSwiftに対する命令権限を有する）欧州側の反発が予想されたため、やや曖昧な形での決着を図ったものとみられている。

3 | ロシアに対するSwift制裁

(1) ロシアに対するSwift制裁の概要

　こうしたこれまでの経験に基づいて、ロシアのウクライナ侵攻に対する西側諸国の制裁として行われたのが、2022年のロシアの銀行に対するSwiftの切断の措置である。

　具体的には、Swiftでは2022年3月に、ロシアの大手行7行をSwiftのネットワークから切断した[4]。これにより、この7行では、海外の銀行との間でSwiftを通じた送金指図の送受信ができなくなり、国際業務が事実上不可能となった。

　Swiftは、ベルギー法人として設立されているため、EUの命令には従う必要があり、この措置もEUの命令を受けて行われた。

　このように、Swiftが金融制裁の手段として使われるのは、Swiftが世界210カ国以上の約1万1700行を結んで、事実上「独占的なサービス提供者」となっているためである。国際決済に欠かせないインフラから排除されれば、銀行間の国際的な決済（資金の受払い）ができなくなる。そして資金の受払いができなくなれば、国際取引（輸出入）からも排除されることになる。

　ロシアのSwift参加行は約300行に上っており、それに比べると制裁対象の7行は明らかに少なく、大手行の一部のみに止まっている。こうした制裁先の限定は、欧州の中にロシアからのエネルギー輸入への依存度が高い国（ドイツなど）があったため、ロシアからの天然ガスなどの輸入を全面的にストップすることができなかったという事情があるものとみられている。西側諸国としても、断ち切ることができないロシアとの取引があったのである。このため、経済制裁には踏み切りつつも、ドイツなどにはエネルギー輸入の途を残すというかたちで、妥協の産物として、制裁はこうしたかたちになったものとみられて

---

4)　さらに2022年6月には、最大手のズベルバンクなど3行が追加で排除指定された。

図15-1 ロシアへの経済制裁の期待されるルート

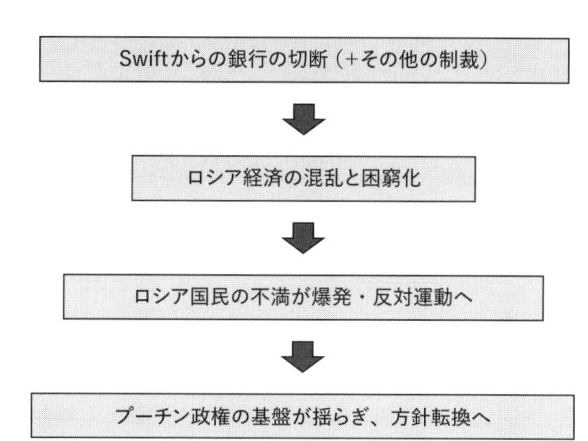

Swiftからの銀行の切断（＋その他の制裁）

↓

ロシア経済の混乱と困窮化

↓

ロシア国民の不満が爆発・反対運動へ

↓

プーチン政権の基盤が揺らぎ、方針転換へ

（出所）筆者作成

いる。

　ただし、このSwift制裁をきっかけとして、欧米を中心に1000社以上もの企業（アップル、デル、ナイキ、サムスンなど）がロシア市場からの撤退を決めたほか、ロシア関連のエネルギー・プロジェクトからの脱退の動き（BP、シェルなど）も広まった。このようにSwift制裁は、ロシアに対する広範な制裁の有力なトリガーとなり、ロシアへのサンクションを始めるという象徴的な意味合いとしては大きかったものとみられる。

　ただし、Swiftからの切断は、いわば「兵糧攻め」であり、国際決済ができないことによってロシアの輸出入が困難となり、それにより、ロシア経済が混乱と困窮化に陥ることを目指したものである。それによって、ロシア国民の政治的な不満が爆発して、政権への反対運動が起きれば、プーチン政権の基盤が揺らぎ、方針転換につながることを最終的には目指している（図15-1参照）。しかし、依然としてプーチン政権は強固な基盤を維持しており、Swiftによる経済制裁が侵略戦争を止めさせるには至っていない。

（2）代替ネットワークの可能性

ロシアの銀行に対するSwiftの切断に際しては、「抜け道の可能性はないのか」が問題となった。Swiftに代わる可能性のあるネットワークとして注目されたのは、①ロシアの「SPFS」と②中国の「CIPS」の2つであった。

■ ロシアのSPFS

まず、ロシアの「SPFS」（Financial Messaging System of the Bank of Russiaのロシア語の略）がSwift制裁の抜け道になるのではないかと注目された。

ロシアでは、2014年のクリミア併合の際に、Swiftのネットワークから国内の銀行が切断されそうになったという苦い経験がある。ロシアが一方的にクリミア併合を決めたことに反発した欧州議会では、制裁のためにロシアの銀行をSwiftのネットワークから排除することを求めた決議を採択した。しかし、この決議は、「強制力のない決議」（non-binding resolution）であったため、Swiftではこの決議には応じず、結果的には、ロシアの銀行はSwiftのネットワークから排除されることはなかった。

しかしロシアでは、この一連の動きを通じて、ロシアの銀行がSwiftから排除される可能性があることに気付き、強い危機感を持った。このため、2014年からSwiftに代替できるようなネットワークの構築を始めた。これがSPFSであり、ロシア中央銀行が中心となって、「Swiftの代替となる金融メッセージング・チャネル」として構築が進められた。SPFSでは、Swiftのフォーマットを使って送金メッセージを送ることができ、Swiftとほぼ同一な機能を目指すものであった。

しかし、2022年3月にロシアに対するSwift制裁が行われた段階では、SPFSの参加行は約400行にすぎず、Swiftの参加行（約1万1700行）に比べると、わずか約3％に過ぎなかった。また、そのうち海外からの参加行は約70行（12カ国）に止まっており、しかもその多くは、ベラルーシ、カザフスタン、キルギス、アルメニアなど、旧ソ連構成国の銀行であった。このようにSPFSは、構築開始から8年の歳月をかけたにもかかわらず、全世界的なネットワークというには程遠い状態であり、経済制裁を受けた際に、Swiftを代替するような役

割を果たすことはできなかったものとみられる。

■中国のCIPS

①CIPSの概要

　もう1つの抜け道として可能性が指摘されたのが、中国の「CIPS」（シップス：Cross-Border Interbank Payment System）であった。CIPSは、「人民元用の決済システム」であり、人民元建てで、クロスボーダー決済やオフショア決済（貿易決済、直接投資、投融資など）を行うための決済システムである。米国には、米ドル建てでの貿易取引、外為取引などの国際的な米ドルの決済を行うための「CHIPS[5]」（チップス）という決済システムがあるが、CIPSはこの米国のCHIPSをモデルとして構築されたものとみられている。

　CIPSは、2012年に構築が決定され、フェーズⅠが2015年10月に、フェーズⅡが2018年5月に、それぞれ稼働を開始している。この時期は、ちょうど中国政府が「一帯一路」を進めていた時期にあたり、一帯一路とCIPSは、密接に関連する表裏一体のプロジェクトとして進められたものとみられる（表15-1）。すなわち、一帯一路構想への参加国との間で経済的な結びつきを深める一方で、それらの国との間で人民元による受払いを拡大させていこうとする戦略を

表15-1　一帯一路とCIPSの進捗時期

	一帯一路の動き	CIPS 構築の動き
2012 年		CIPS の構築を決定
2013 年	一帯一路の構想がスタート	
2015 年		10 月　CIPS のフェーズ I が稼働を開始
2016 年	「第 13 次 5 カ年計画」で国家戦略として位置付け	
2017 年	第 1 回の「一帯一路フォーラム」が開催	
2018 年		5 月　CIPS のフェーズ II が稼働を開始

（出所）筆者作成

---

5)　Clearing House Interbank Payments System の略。

同時並行的に進めていたものと考えられる。

②CIPSの仕組み

CIPSへの参加形態としては、(a) CIPSに口座を保有し、他の直接参加行との間で決済を行う「直接参加行」と、(b) CIPSに口座を保有せず、直接参加行を通じて決済を行う「間接参加行」、の2種類がある。このうち、直接参加行が140行、国内からの間接参加行が約560行となっている（2024年3月時点）。また、このほかに海外からの間接参加行が、世界の110カ国以上から約800行に上っている。前述したロシアのSPFSに比べると、海外からの参加行や参加国の数は約10倍に達しており、かなり国際的なネットワークに成長してきているものと言える（図15-2参照）。

Swiftとの比較でみると、参加行数では、約800行とSwift（約1万1700行）の1割程度に止まっている。しかし、参加国の数でみると、110カ国以上とSwift（約210カ国）の半分以上の国をカバーするに至っている。海外の間接参加行の所在地をみると、アジア（5割強）や欧州（3割）が中心となっているが、

図15-2 中国CIPSの仕組み

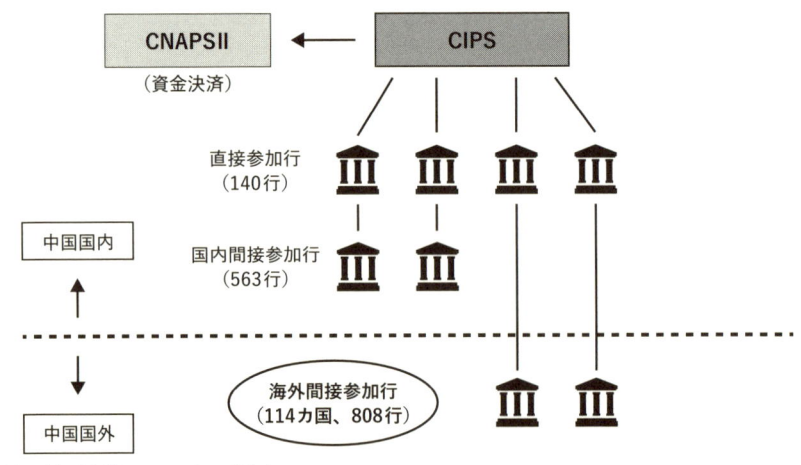

(注)　参加銀行数は、2024年3月時点
(出所)　CIPS

アフリカ、北米、オセアニア、南米など、世界中に広がりをみせており、裾野の広がりがみてとれる。

③CIPSの高い戦略性

CIPSでは、高い戦略性を持って、人民元決済の世界的な普及を図っている[6]（図15-3参照）。

まず、稼働時間についてみると、フェーズⅠ（2015年から）では、平日の11時間（9:00〜20:00）と比較的長い稼働時間を確保し、アジアと欧州の時間帯をカバーした。またフェーズⅡ（2018年から）では、平日の「24時間決済」を実現しており、北米を含む世界のタイムゾーンをカバーしている。こうした長い稼働時間により、時差にかかわらず、世界中でいつでも人民元決済が可能な体制を構築している。

もう1つの特徴が、世界の主要都市に人民元の「クリアリング・バンク」を置いていることである。クリアリング・バンクは、各国市場における人民元決済のハブ機能を果たすものであり、ロンドン、フランクフルト、パリ、シンガポール、香港など世界の24都市にクリアリング・バンクを指定している[7]。たとえば、ロンドンに所在する多くの銀行が、このクリアリング・バンクに人民元口座を開設すれば、ロンドンの銀行同士の間で人民元をやり取りする「ローカルな人民元決済」が可能となる。

このクリアリング・バンクは、CIPSの参加行となっているため、ローカルの人民元決済で資金が不足する（または余剰となる）場合には、本国との間で人民元の流動性をやり取りすることが可能である。このように各国市場のクリアリング・バンクとCIPSとを有機的に組み合わせることにより、人民元のグローバルな決済を円滑に進められるようにし、人民元による決済を世界的に拡げていこうというのが中国の戦略であるものとみられる。

こうした高い戦略性により、CIPSを通じた人民元決済の件数・金額は、ここ

第4部　Swiftの変革

第15章　金融制裁におけるSwiftの利用

---

6)　CIPSの決済指図は、中国語のほか、英語での対応を可能としており、当初よりグローバルな展開を目指したものとなっている。

7)　クリアリング・バンクは、中国の大手商業銀行が指定されていることが多いが、東京市場では、邦銀（三菱UFJ銀行）が指定されている。

図15-3 CIPS の高い戦略性

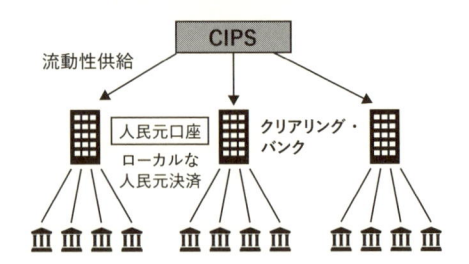

① 稼働時間の延長

①フェーズⅠ（2015年〜）
・平日に11時間の決済時間
　（9：00〜20：00）
　→ アジアと欧州の時間帯をカバー

②フェーズⅡ（2018年〜）
・「平日の24時間決済」を実現
　→ 世界のタイムゾーンをカバー

② クリアリング・バンクの役割

CIPS

流動性供給

人民元口座
ローカルな
人民元決済

クリアリング・
バンク

・世界の24都市にクリアリング・バンクを指定
　- 各国市場における人民元決済のハブの機能
　- 東京市場では三菱UFJ銀行を指定（2019年6月）

（出所）　筆者作成

数年、前年比で＋20〜30％の高い伸び率で推移しており、2023年のCIPSの決済金額は123兆元（約2580兆円）に達している。このように、人民元決済の「スーパー・ハイウェイ」とも呼ばれるCIPSは、人民元の国際化に大きく寄与している。

④Swiftの代替ネットワークとしてのCIPS

　こうした中で、ロシアに対するSwift制裁が科された際には、CIPSがその代替ネットワークとして機能するのではないか、として注目された。ただし、結論的には、CIPSがSwiftの代替として大きな役割を果たすのは難しかったものとみられる[8]。

　その理由の1つは、CIPSが人民元専用の決済システムであることである。Swiftでは、世界各国のあらゆる通貨建ての決済指図を自由に送ることができるのに対して、CIPSが扱うのは人民元建ての送金のみとなっている。

　ロシアの主たる収入源である原油や天然ガスなどのエネルギーは、通常ドル

---

8)　限界的には、ロシアによる人民元取引の増加などにより、CIPSへのシフトの動きも若干みられた。

図15-4 CIPSと接続用ネットワーク

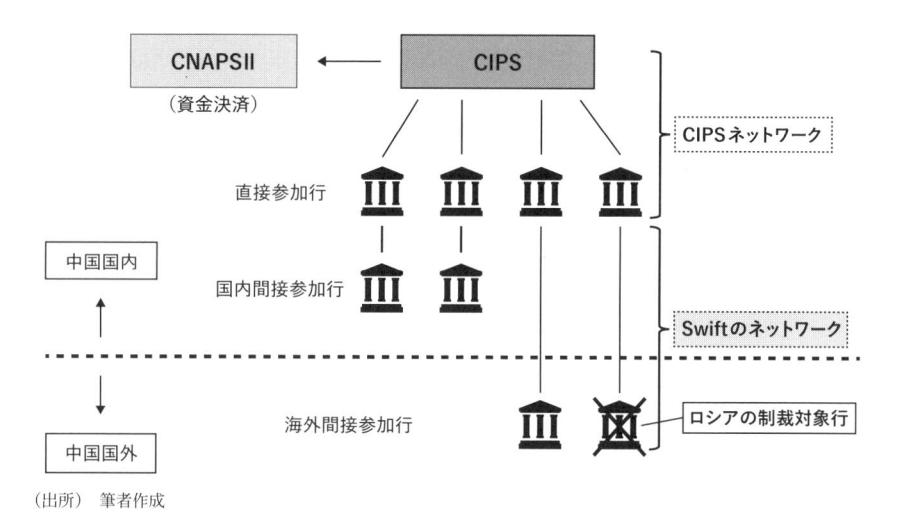

(出所)　筆者作成

建てで取引されるため、これを人民元で決済しようとすると、輸入国では決済用に人民元を手当てする必要があり、ロシア側でも受取った人民元をルーブルや米ドルなどに交換する必要があり、その際には手数料や為替レートの変動リスクが生じるという問題がある。また、人民元には、資本取引規制や送金時の実需確認といった規制の問題があり、必ずしも「使いやすい通貨」ではない。また、Swiftの統計によると、国際決済における人民元建て決済の割合は3%程度（2023年12月）となっており、まだマイナーな通貨であるため、これをメインの取引通貨とすることには厳しい面がある。こうした事情から、ロシア側が輸出入を人民元建てで行い、それをCIPSを通じて決済するという手段は、必ずしも広く選択されなかったものとみられる。

　もう1つの代替ネットワークとしてのCIPSの限界は、技術的な側面にもある。先述したように、CIPSには800行以上の海外からの間接参加行があるが、これらの海外参加行がCIPSの直接参加行（中国国内）に決済を依頼するメッセージを送るためには、Swiftのネットワークを使う必要がある（CIPSの専用ネットワークでCIPSに接続しているのは、直接参加行のみである）。つまりCIPSは、海外からの参加行との関係では、Swiftに全面的に依存した決済シス

テムとなっているのである（図15−4参照）。

このため、Swiftから切断されたロシアの大手行では、中国国内のCIPSの直接参加行に対して決済指図を送ることもできなくなり、CIPSをSwiftの代替ネットワークとして使うことはできなかったものとみられる。したがって、「SwiftがダメならCIPSで」という訳にはいかなかったものと考えられる。

こうした事情から、中国のCIPSは、ロシアに対するSwift制裁の抜け道としてはあまり機能しなかったものと推測される。

（3）Swift制裁による効果

2022年中のロシアによるSwiftのメッセージ数（FIN メッセージ）は、送信サイドが前年比▲56％、受信サイドが同▲61％と、いずれもほぼ半分以下に減少しており、ロシアの大手行をSwiftのネットワークから排除した制裁は、それなりに効き目があったものとみられる。

Swift制裁の狙いは、当初は、イランに対する制裁と同じように、輸出面での効果が主眼であったものとみられる。つまり、対外的な決済が困難になることによって、ロシアの石油・天然ガスの輸出が抑制され、エネルギー収入が落ち込んで戦費調達が困難になるというルートが想定されていた。

しかし、その後、原油やLNGの価格が上昇したことや、中国やインド、トルコなど、制裁に参加していない国によるロシア原油の買い増しの動きがあったことなどから、ロシアの輸出額[9]はそれほど劇的には減少しなかったものとみられている[10]。

一方で、輸入面への効果は、かなり大きなものになっているとみられている。たとえば、ロシアの最大の輸入相手国（輸入額ウェイト4割）であったEUのロシア向け輸出額は、2022年には、前年の半分近くに激減した。このため、

---

9)　ロシア税関では、2022年4月から貿易統計の公表を停止している。このため一般には、貿易相手国の統計から推計する方法が取られている。

10)　2021年から2023年にかけて、ロシアの西側諸国（日米欧）への輸出額は7割方減少したものの、新興国（インド、中国、ブラジル、南アフリカ、インドネシア、トルコ）向けの輸出の増加が、その減少分の7割を補った形となっているものとされる（『日本経済新聞』2024年3月1日付）。

ロシアでは、各種部品の輸入が滞っており、多くの産業で、国内での生産に支障が出ているものとされている。

このように、Swift制裁は、当初、影響が予想されていた輸出面よりは、むしろロシアの輸入面に大きな影響を及ぼしており、「ロシア制裁は、意外なかたちで効いている」（ポール・クルーグマン教授[11]）ものと評価されている。

ただし、プーチン大統領は、依然として強力な権力基盤を維持しており、未だ、こうした制裁の影響が停戦につながるには至っていない。

4 制裁に対するSwiftのスタンス

Swiftでは、「我々は、ニュートラルなネットワークである」として中立的な組織であることを強調している。そして「Swiftには制裁を科す権限はなく、制裁を科すのはあくまでもそれが可能な政府組織である」としている。このため、Swiftに対する命令権限を有するEU（およびベルギー）からの指示があった場合にはそれに従うし、それ以外の政府などからの要請には原則として応じないというのが、基本的なスタンスとなっている。

Swiftは国際的な金融取引のためのインフラとなるネットワークであり、Swiftからの排除といった措置は、決して恣意的に乱用されるべきではない。しかし、地政学的なリスクの高まりとともに、Swiftを「経済的な武器」（economic weapon）として使っていこうとする動きは今後とも続く可能性があり、Swiftにとっては、悩ましい時期が続くものとみられる。

---

11) "Business Insider," Aug 4, 2022.

第16章

CBDCや
トークン資産に対する
Swiftの取り組み

金融業界におけるイノベーションとして、中央銀行の発行する「CBDC」やブロックチェーン上で発行された「トークン資産」などが注目されている。Swiftでは、これらを相互にリンクするうえで、将来的に自らが一定の役割を果たせるようにするため、実証実験などの取り組みを行っている。本章では、こうしたイノベーションに対するSwiftの対応についてみることとする。

1 ┃ CBDCに対するSwiftの取り組み

（1）中央銀行によるCBDC開発の動き

世界の多くの中央銀行では、「中央銀行デジタル通貨」（CBDC：Central Bank Digital Currency）の発行に向けて、実証実験やパイロットテストを活発に進めている。CBDCとは、中央銀行が発行し、デジタルの形式をとる法定通貨のことを指す。

国際決済銀行（BIS）の調査（2024年6月）によると、世界の中央銀行のうち、94％が何らかのかたちでCBDCに関する調査や実験を行っており、このうち、54％が実際にシステムを構築して「実証実験」（proof of concept）を行っているほか、31％の中銀では、店舗や消費者が参加した「パイロットテスト」を

行っている。

(2) CBDC を活用したクロスボーダー決済の構想

このように多くの中央銀行においてCBDCの発行に向けた準備が進む中で、将来的には、各国の発行したCBDCを組み合わせれば、効率的なクロスボーダー決済の仕組みを作ることができるのではないかという「CBDCを活用したクロスボーダー決済」の構想が浮上している[1]。

こうした構想の実現に向けては、BISやいくつかの中央銀行により、CBDCを使ったクロスボーダー決済についての実証実験が行われている。このうち、「BISイノベーション・ハブ[2]」が中心となったプロジェクトとしては、「Project mBridge」「Project Dunbar」「Project Jura」「Project Icebreaker」などがある。また、BISイノベーション・ハブでは、2024年から7つの中央銀行[3]と民間銀行が参加した国際決済の実験である「Project Agorá[4]」を始めている。これは、新しい市場インフラである「統一台帳」（unified ledger）を使って、トークン化した商業銀行の預金を、各国のCBDCと円滑に連携する方法を探るものである。

このほかに、個別の中央銀行によるプロジェクトとして「Project Jasper-Ubin」（参加中銀：カナダとシンガポール）、「Project Inthanon-LionRock」（同：タイと香港）、「Project Stella」（同：日銀とECB）、「Project Aber」（同：サウジアラビアとUAE）などがある（すでにプロジェクトが完了した分を含む）。

---

1) CBDCには、小口決済用の「リテール型」と大口決済用の「ホールセール型」があるが、クロスボーダー決済については、主にホールセール型が検討の対象となっている。
2) 金融の技術革新を促すためにBIS内に設けられた組織。香港、シンガポール、スイス、ロンドン、フランクフルト、ストックホルムなどに拠点を置いている。CBDCの実験でも、各国の中央銀行と協力して研究や実証実験を進めており、主導的な役割を果たしている。
3) フランス中銀、日本銀行、韓国中銀、メキシコ中銀、スイス中銀、イングランド銀行（英）、ニューヨーク連銀（米）が参加する。
4) アゴラは、ギリシャ語で「市が立つ広場」（marketplace）の意味。

（3） BISの3つのリンクモデル

　こうした各国の発行したCBDCをリンクし、相互運用性を確保することを、BISでは「mCBDC」（multi-CBDC）と呼んでいる。mCBDC の実現方法として、BISでは以下の3つの方法（リンクモデル）を提示している（表16-1参照）。

■ モデル1

　1つ目は、各国が同じ技術標準を使ってCBDCを導入するという方法であり、BISではこれを「モデル1」と呼んでいる。この場合、同一のブロックチェーン技術を使うなど、同じ技術標準に基づいていることから、CBDC同士をリンクして相互運用性を確保することは比較的容易になるものと考えられる。しかし一方で、すべての国が同じ技術標準を採用する（たとえば、中国と米国が同じ技術標準により自国通貨となるCBDCを発行する）ことが、果たして可能かという問題がある。

■ モデル2

　2つ目に、各国が異なる技術標準によりCBDCを導入したうえで、「インターフェース[5]」によって接続するという方法が考えられ、この方式は「モデル2」と呼ばれる。しかし、この場合には、各国がそれぞれ異なる技術標準を使ってCBDCを開発したとすると、多くの国の間でリンクを構築するためには、接続のために膨大な数のインターフェースが必要になるという問題がある。たとえば、10カ国のCBDCを相互に接続することを考えたとする。この時、ある国では、他の9カ国とリンクするために、9種類のインターフェースを用意することが必要になる。同じようにして、10カ国のすべてのCBDCを相互にリンクするためには、45種類（10×9÷2）ものインターフェースを準備しなくてはならない。リンクの対象となるCBDCの数が増えれば、構築すべきインターフェースの数はさらに膨大なものとなる。

5）　2つの異なるものをつなぐシステムや機能のこと。

表16-1 CBDC間のリンクの方法（BISの3つのモデル）

モデル	実現方法	概要
モデル1	**各国が同じ技術標準を使う** （すべての国が同じ技術標準を採用することが可能か？）	A国CBDC ← 同じ技術標準を利用 → B国CBDC
モデル2	**インターフェースによって接続する** （数多くのインターフェースが必要になる？）	A国CBDC ← A国標準 → インターフェース ← B国標準 → B国CBDC
モデル3	**単一のCBDCプラットフォームを構築する** （誰が構築し、運営するのか？）	共通CBDCプラットフォーム / A国CBDC　B国CBDC

（出所）　BIS（2021）をもとに筆者作成

■ モデル3

　そして3つ目に、世界共通の「単一CBDCプラットフォーム」を構築して、各国がこれを使ってCBDCを発行していくという方法が考えられ、これを「モデル3」と呼ぶ。ただし、こうした「世界中央銀行」とも言えるような、世界的な規模での単一プラットフォームを誰が構築し、どのように運営していくのかということが大きな問題となる。

　このようにBISの3つのリンクモデルは、それぞれ解決すべき困難な課題を抱えており、複数国が発行したCBDCを相互にリンクすることによってクロスボーダー決済を行っていくという構想の実現は、決して容易なことではないものとみられる。

（4）SwiftによるCBDCのリンク実験

　このように、各国のCBDCの間を相互接続することによってクロスボーダー決済を行うことを模索する中銀サイドの動きがあるなかで、Swiftでは、各国の発行したCBDCを自らのネットワークでつなぐことができないかという方向で実験を重ねている。具体的には、Swiftでは、これまでに数次にわたって、

CBDC同士をつなぐ「インターリンキング実験」を行ってきている。

上記のようなBISなどの中銀サイドのプロジェクトでは、CBDCシステム同士をリンクする際には、Swiftのネットワークを使うことは、特に前提としていない。このため、CBDC同士をつなぐことによって、ある意味「Swiftに依存しないクロスボーダー決済の仕組み」を作ろうとする試みであるとの見方もある[6]。もし、こうした「Swiftはずし」の仕組みが現実のものになったものとすると、これまで国際的な決済においてSwiftが果たしてきた中心的な役割は大幅に低下することになる。このためSwiftでは、防衛的な見地からも、危機感をもってこうした実験を進めているものとみられる。これまでSwiftの行ってきた各実験の概要は、以下の通りである。

■フェーズ1

Swiftでは、まず2021年にCBDCのリンクに関する「フェーズ1」の実証実験を行った。これは、①2つの異なるCBDCシステム間での資金移動、②従来型のRTGSシステム[7]とCBDCシステムとの間の資金移動、の2つについて実験を行ったものである。

フェーズ1では、BISの「モデル1」にあたる「各国が同じ技術標準を使う」ことによって各国のCBDCをリンクする仕組みについての実証実験が行われた。

■フェーズ2

次に、2022年に行われた「フェーズ2」の実証実験では、BISの「モデル2」にあたる「各国のCBDCをインターフェースによって接続する」という仕組みに基づいてテストが行われた。

この実験では、Swiftが共通インターフェースとなる「CBDCコネクター」（その後「Swiftコネクター」に改称）を新たに開発した点が特徴となっている。各国では、各国CBDCのフォーマットを、このCBDCコネクターによって国際標

---

6) 潮田 (2022)。
7) 国内向けのインターバンク決済を行う即時グロス決済システム。RTGSは、Real-Time Gross Settlement の略。

図16-1 Swiftのインターリンキング実験（フェーズ2：2022年）

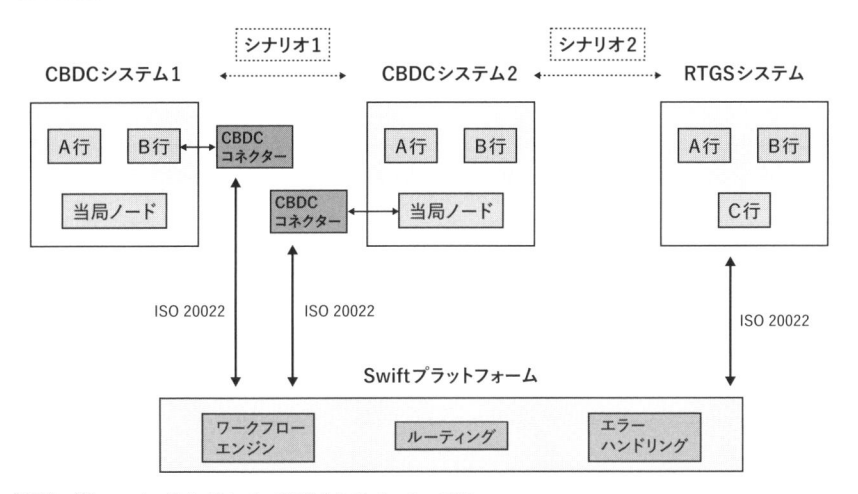

（出所）　"Connecting Digital Islands: CBDCs" Swift, October 2022

準であるISO 20022に変換し、そのISO 20022メッセージをSwiftプラット
フォームで一括して処理するという仕組みを採用した。こうした仕組みによっ
て、①2つの異なるCBDCシステム間[8]や、②CBDCとRTGSシステムの間で、
資金移動ができることが確認されたものとされている（図16-1参照）。

　フェーズ2では、①共通インターフェース（CBDCコネクター）を導入した
こと、および②変換先のフォーマットを1つ（ISO 20022）に統一したことが特
徴であり、これによって、フォーマットがそれぞれ異なる各国CBDCを相互に
変換しようとすると膨大な数のインターフェースが必要になってしまうという
「BISのモデル2の弱点」を補うための工夫を行っている。このため、フェーズ
2の実験は、BISのモデル2の修正版であると言えるだろう。

8）「R3社のコルダ（Corda）」と「コンセンシス社のクォラム（Quorum）」という2つの異
　なるブロックチェーンによるCBDCをつなぐことができたものとされている。

（5）Swiftのサンドボックス・プロジェクト

■サンドボックス・プロジェクトのフェーズ1

これらの実証実験に続き、Swiftでは、2023年前半に「サンドボックス・プロジェクト・フェーズ1」を実施した。この実験には、3つの中央銀行（フランス、ドイツ、シンガポール）と15の民間銀行が参加して行われた。

このプロジェクトでは、「クォラム」（Quorum）と「コルダ」（Corda）という2つのブロックチェーンとRTGSシステムによるサンドボックスが用意され、参加者は、この3つのシステムの間でリンクを行って、相互に取引ができるかどうかについてテストを行った。報告書によると、これらのリンク実験は成功裡に終了したものとされている（図16-2参照）。

■サンドボックス・プロジェクトのフェーズ2

これに続いて、Swiftでは、2023年7〜12月にかけて、サンドボックス・プロジェクトのフェーズ2を実施した。

フェーズ2では、①トリガー（特定の条件やイベント）に基づいた支払い、②異なる通貨間のPVP決済、③資金と証券のDVP決済、④流動性節約メカニズムなど、4種類の複雑な支払いについての実験が行われた。フェーズ2には、

図16-2 サンドボックス・プロジェクト・フェーズ1の概要

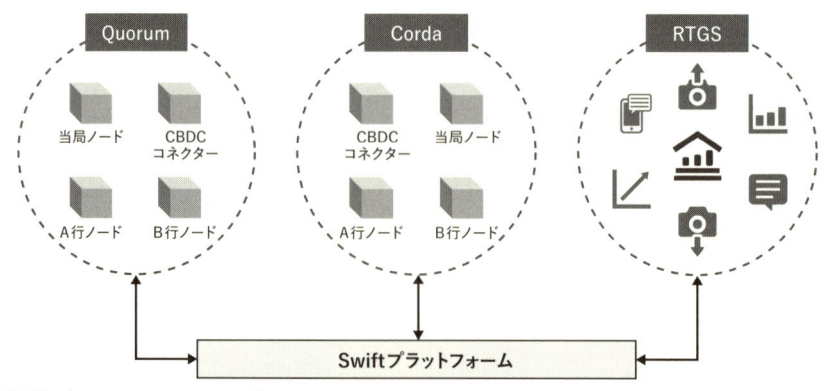

（出所）"Connecting Digital Islands" Swift, March 2023

7つの中央銀行（オーストラリア、チェコ、フランス、ドイツ、シンガポール、台湾、タイ）、商業銀行（シティバンク、ドイチェバンク、ソシエテ・ジェネラル、SMBCなど）、マーケットインフラ（CLSグループ、DTCC）など、38の機関が参加しており、実験のための体制も次第に大がかりなものとなってきている。

　サンドボックス環境には、「7つのCBDCのネットワーク」「外為ネットワーク」「デジタル貿易ネットワーク」「デジタルアセット・ネットワーク」「CLSアプリケーション」などが作られ、それぞれのネットワークを結ぶ実験が行われた（図16–3参照）。ネットワーク間の接続には、「Swiftコネクター」（旧CBDCコネクター）と「TMシミュレーター」（Swift Transaction Manager simulator）が用いられた。ブロックチェーンとしては、「コルダ」（Corda）、「ハイパーレッジャー・ファブリック」（Hyperledger Fabric）、「ハイパーレッジャー・ベス」（Hyperledger Besu）という3種類のプライベート・ブロックチェーン[9]が用い

図16-3　サンドボックス・プロジェクト・フェーズ2の概要

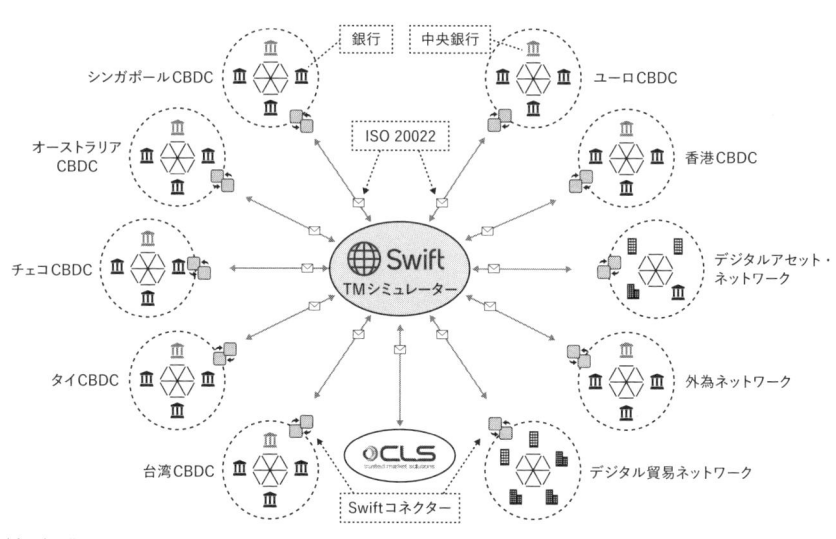

(出所)　"Connecting Digital Islands － Phase2" Swift, March 2024

---

9)　限られた参加者のみがネットワークに参加できるブロックチェーンのこと。

られた。

フェーズ2の4種類の実験結果の概要は、以下の通りであり、いずれも成功裡に終了したものとされている。

①トリガーに基づいた支払い

トリガー（特定の条件やイベント）に基づいた支払い（trigger-based payment）として、「デジタル貿易ネットワーク」（digital trade network）とCBDCネットワークとをリンクし、貿易取引が行われると、それに対応したCBDCによる支払いが自動的に行われるようにする「TVP」（Trade versus Payment）の実験が行われた。スマート・コントラクトを使って、オープン・アカウント[10]型の自動化された決済が可能であることが確認された。

②異なる通貨間のPVP決済

異なる通貨の「PVP決済[11]」（Payment versus Payment）については、2つのケースについての実験が行われた。1つは、多くの銀行が参加して、プラットフォーム上で外為の取引と決済を行う「FXマーケットプレイス」（IFX：International FX Marketplace）を使った取引・決済のケースである。もう1つは、CLS銀行における外為決済の手法を模範とした「PVP決済」のケースであり、ドル、ユーロなどの現実の通貨による外為取引で広く用いられているCLS決済の仕組みを「CBDC間の取引」（cross-CBDC transaction）に拡張することが試みられた。両方のケースとも、技術的には実現可能であることが確認されたものとしている。

③資金とトークン資産とのDVP決済

債券をデジタル化したトークン資産（債券トークン）の受渡しとそれに対応

---

10) 貿易の決済条件の1つであり、信用状（L/C）を用いない、銀行振込みによる決済のこと。

11) 外為取引における異なる通貨間（買入通貨と売渡通貨）の取引を同時に決済すること。

したCBDCでの資金の支払いを相互に関連づけて行う「DVP決済[12]」（Delivery versus Payment）についての実験が行われた。買い手と売り手が別々のCBDCのネットワークにある場合にも、エスクロー[13]（escrow）の仕組みを使ったトークンの受渡しとそれに対応する自動的なCBDCの支払いができることが確認された。

④流動性節約メカニズム

「流動性節約メカニズム」（LSM：Liquidity Saving Mechanism）は、「待ち行列機能」や「同時決済機能」などの組み合わせにより、少ない流動性（資金）によって、できるだけ多くの決済を実行する機能のことである。これによって、タイムリーで効率的な資金決済を実現することができる。

この実験では、中央の「待ち行列」に各行の決済指図を待機させておき、A行からB行への支払指図と逆にB行からA行への支払指図があった場合には、オフセッティング機能（同時決済機能）により、両者を差引した「ネット金額」（netted amount）を算出し、そのネット金額についての決済（受払い）が実行された。LSMの機能については、システム構築の複雑性などから、紙ベースの実験（paper-based exercise）のみで行われた。

Swiftでは、今後も、こうしたCBDCについての実験を継続していく予定である。

---

2 | トークン資産に対するSwiftの取り組み

（1）トークン資産とは

Swiftでは、上記のように複数のCBDCを相互にリンクする実験を行う一方

---

12) 証券決済において、証券の引渡し（Delivery）と代金の支払い（Payment）を相互に条件付けて、一方が行われない限り、他方も行われないようにする仕組みのこと。
13) 売買時に買い手と売り手との間に第三者を仲介させて、トークンを受け渡す仕組みのこと。

で、ブロックチェーン上で発行された「トークン資産」（tokenised asset）についても、実験に取り組んでいる。すなわちSwiftでは、自らのネットワークを通じてトークン資産を移動させることを目指しており、2023年には、そのための実証実験を行った。

トークン資産は、ブロックチェーン上で発行され、その所有者が何らかの権利を持っていることを証明するデジタルデータであり、「デジタルトークン資産」とも呼ばれる（単に「トークン」と呼ばれる場合もある）。

トークン資産にはいくつかの種類があるが、代表的なものとして、有価証券をデジタル化した「セキュリティ・トークン」（証券型トークン）がある。セキュリティ・トークンとしては、「株式トークン」（tokenized equity）、「債券トークン」（tokenized bond）、「不動産所有権トークン」（tokenized real estate）などがあり、それぞれ実用化に向けて活発な実証実験が行われているほか、一部はすでに実用化されて「デジタル証券」としての発行が行われている。

トークン資産については、現状では、トークンがそれぞれのブロックチェーンごとに閉じたかたちで存在しているため、分裂状態（fragmentation）となっており、統一した取扱いができない（異なるブロックチェーンをまたいだトークンの転送ができない）ことが最大の問題点とされている。

（2）Swiftによるトークン資産の移動実験

こうした問題点への対応として、Swiftでは、複数の異なるブロックチェーンの間でトークン資産を移動させる実験を行った（図16-4参照）。

この実験では、「チェインリンク社」が開発した「CCIP」（Cross-Chain Interoperability Protocol）というクロスチェーン相互運用プロトコルが使われた。CCIPは、異なるブロックチェーン間でトークン資産を安全に転送するためのプロトコルである。オープンソースの標準として開発されており、「インターネットにおけるTCP/IPにあたるもの」とされている。

この実験には、民間金融機関（ANZ、BNPパリバ、BNYメロン、Citiなど）のほか、スイスのSDX（SIX Digital Exchange）、ユーロクリア、クリアストリーム、米国のDTCCなどの証券決済機関も参加した。

図16-4 Swiftによるデジタルトークン資産の移動実験

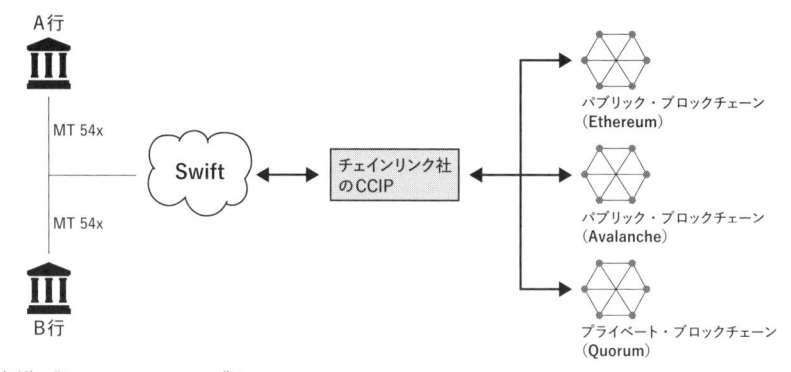

（出所）　"Connecting Blockchains" Swift, August 2023

　この実験では、2種類の「パブリック・ブロックチェーン[14]」（Ethereum、Avalanche）と、1種類の「プライベート・ブロックチェーン」（Quorum）の合計3種類のブロックチェーン技術が用いられた。

　そして、「同一のパブリック・チェーン（Ethereum）内でのトークン資産の移動」「異なるパブリック・チェーン（EthereumとAvalanche）の間でのトークン資産の移動」「パブリック・チェーンとプライベート・チェーン（EthereumとQuorum）間でのトークン資産の移動」の3つについて実験が行われた。そして、これらの異なるチェーン間でのトークン資産の受渡し（cross-chain settlement）が、いずれも成功したものとされている。

　現状、Swiftのネットワークでは、証券の取引・決済に関するメッセージが数多くやり取りされている。このためSwiftでは、証券をデジタル化した証券型トークンについても、将来的には、同様にSwiftネットワーク上で取り扱うことを視野に入れて、意欲的な取り組みを行っているものとみられる。

14）　誰もが自由にネットワークに参加できるブロックチェーンのこと。

3 | Swiftの将来ビジョン

（1）世界中のシステムをSwiftで結ぶという将来像

　Swiftでは、上述のように、各国の中央銀行が発行するCBDC同士をSwiftのネットワークで結ぶこと（CBDC-to-CBDC link）により、「CBDCを使ったクロスボーダー送金」を実現することを目指している。また、その実験では、CBDCのシステムと各国の大口決済システムである「RTGSシステム」とのリンク（CBDC-to-RTGS link）も実験の枠組みに入れている。さらに、各国の小口決済システムである「インスタント・ペイメント」同士を結ぶプロジェクトである「即時クロスボーダー決済」（IXB）についても実験を進めている（第11章の4.を参照）。

　このようにSwiftでは、将来的なSwiftの究極の姿として、Swiftのネットワークが、各国の①CBDCシステム、②RTGSシステム、③インスタント・ペイメ

図16-5 Swiftの究極のビジョン

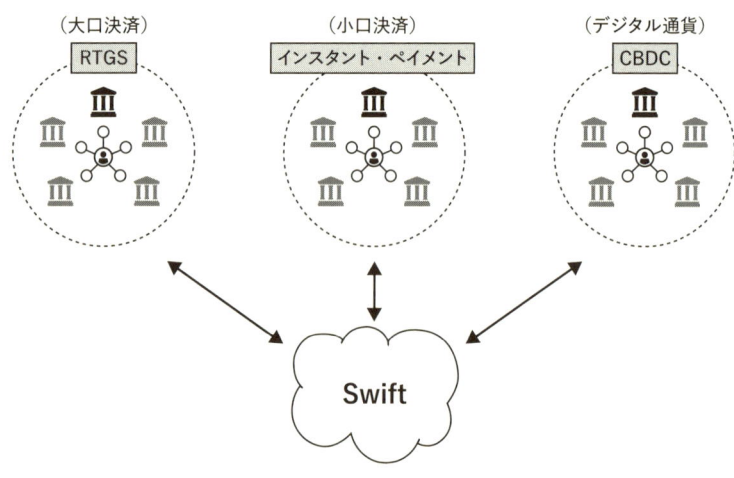

（出所）　Sibos 2023 資料

ント・システムなど、世界中のあらゆるシステム（ネットワーク）を相互に結ぶ役割を果たしていくというビッグピクチャーを描いているものとみられる。Sibos2023で示された「Swiftの究極のビジョン」という図は、そのことを雄弁に示しているものと考えられる（図16-5参照）。

（2）将来におけるSwiftの役割の模索

▓CBDCの国内利用から国際的なリンケージへ

　現状、多くの中央銀行においては、CBDCはまだ開発途上にあったり、実証実験やパイロットテストの段階にある。またCBDCが実際に導入された場合でも、各国の中央銀行では、当面はCBDCの「国内利用」（domestic use）における普及を優先するものと考えられる。これを「フェーズ1」の段階とすると、CBDCの国際的なリンケージに対する機運が盛り上がるのは、各国においてCBDCの利用が広く定着したあとの段階である「フェーズ2」になるものとみられる。このため、各国のCBDCを相互にリンクするというニーズや気運が盛り上がってくるまでには、まだ相当な時間を要するものとみられる。

　Swiftでは、そうしたCBDC間の国際的なリンケージの機運が熟成した場合に備えて、かなり先回りをして準備を進めているように見受けられる。すなわち、Swiftが世界中のCBDCを「シングル・ゲートウェイ」としてつなぎ、相互運用性を確保する役割を果たすことを目指して、予め技術的な基盤を用意しておくために、着々と布石を打っているように窺われる。

▓CBDCをつなぐ役割に備えて

　各国が発行したCBDC間をリンクするためのネットワークが必要となった場合にも、中央銀行が、そのためのネットワークとしてSwiftを選択するかどうかは不透明であり、今のところ、どこにも保証はないと言える。しかしその一方で、「金融取引に適したセキュリティの高いグローバルなネットワーク」としては、Swiftに匹敵するようなネットワークは、今のところ見当たらないのも事実である。このためSwiftでは、「CBDC間をつなぐ役割が、いずれは自分たちに求められる日が来る」とみている可能性がある。

本書で縷々述べてきたように、Swiftは、もともとは世界中の個別の金融機関をつなぐネットワークとして構築され、約50年にわたってサービスやスコープを拡大しつつ、発展を遂げてきた。しかし、次の50年に向けては、Swiftは、世界中の決済インフラを結ぶ存在へとステップ・アップしていく方向での発展を目指していくことが予想される。

　いずれにしても、SwiftがこうしたCBDCなどの「ネットワーク同士をつなぐ役割」（inter-network connection）を果たすようになるまでには、各国の中央銀行によるCBDCの実用化とその普及を待つ必要があり、まだ相当な年月が必要になるものとみられる。Swiftが自らの役割を模索する旅は、まだ始まったばかりなのかもしれない。

第 5 部

Swiftに対する
オーバーサイトと
コミュニティ活動

第17章

Swiftに対する
オーバーサイト

本章では、Swiftに対する主要先進国の中央銀行による協調オーバーサイトの背景や仕組みについて述べることとする。

1 | 中央銀行のSwiftに対する関心の背景

まず、中央銀行がSwiftの安定稼働や安全性について高い関心を持っている背景からみておくこととしよう。

（1）Swiftのトラブルによる深刻な影響の可能性

Swiftは、金融業界に提供しているサービスの規模と内容からみて、きわめて重要な役割（crucial role）を果たしている。すなわち、世界の210カ国以上の約1万1700行の金融機関を結んで、インターバンクの送金メッセージなどを国際的に伝送するとともに、100を超える国において、市場インフラ（資金決済システムや証券決済システムなど）のネットワークとしても利用されている。すなわち、国際金融取引や各国の金融市場は、Swiftに大きく依存するかたちとなっており、こうした状態は、「Swiftへのシステミックな依存状況」（systemic dependency）と呼ばれている（BIS［2008］）。つまり、Swiftに何ら

かの不測の事態が発生した場合には、金融市場全体に波及するシステミックな影響を及ぼす可能性があり、Swiftが無事故で安定的な稼働を続けることが金融システムにとっては欠かせない前提となっているのである。

ここまで述べてきたように、資金決済や証券決済に関して、これだけ広範にメッセージング・サービスを世界的な規模で提供しているのは、Swiftが唯一無二の存在であり、特異な立場にある。このためSwiftは、BIS（国際決済銀行）によって、金融業界に対する「極めて重要なサービス・プロバイダー」（critical service provider）として認定されている[1]。

したがって、Swiftに万が一、システム・トラブルなどが発生して、金融メッセージの伝送ができなくなった場合には、以下のように、①国際的なコルレス・バンキングと、②国内の市場インフラの機能の両面で、きわめて深刻な影響を及ぼす可能性がある。

■ 国際的なコルレス・バンキングに対する影響

Swiftのトラブルによって影響を受ける第1の分野としては、国際的なコルレス・バンキングがある。クロスボーダーの資金決済は、送金元のA国の銀行から、送金先のB国の銀行へとSwiftのネットワークによって送金メッセージ（支払指図）が送られることによって行われている。そのメッセージ数は、1日平均で4760万件という膨大な件数に上っている（2023年中）。

このため、仮にSwiftのネットワークに不具合が生ずるようなことがあれば、世界中の銀行間における送金メッセージの受送信が止まり、国際的なコルレス・バンキング網が遮断されて、グローバルな資金の流れが途絶するといったことになりかねない。

■ 国内の市場インフラへの影響

Swiftのトラブルによるもう1つの波及先が、国内の決済インフラである。Swiftは、多くの国において、国内の市場インフラ（資金決済システムや証券決済システムなど）のネットワークとして用いられており、万が一、Swiftにトラ

---

1) BIS "Redbook statistics," 各年分など。

ブルが発生した場合には、その国の資金・証券の決済が全面的にストップし、金融システムに極めて深刻な影響をもたらすことになりかねない。その場合、他行から資金を受取る予定であった銀行では、予期せざる資金不足に陥り、流動性リスクや信用リスクが顕在化する可能性がある。また、こうした個別行の混乱が次々に連鎖すると、それが金融市場全体の混乱に波及する「システミック・リスク[2]」の発生につながる可能性もあながち否定できない。

　ちなみに、BISの「決済・市場インフラ委員会」（CPMI）と証券監督者国際機構（IOSCO）がまとめた「金融市場インフラのためのサイバー攻撃耐性に係るガイダンス」（2016年）では、サイバー攻撃などによる障害が発生した場合でも、市場インフラは「2時間以内に重要な業務を安全に再開すること」が必要であるとされている。市場インフラが、この「2時間以内の業務再開目標」（two-hour RTO[3]）を達成するためには、それを支えるネットワークとなっているSwiftについても、万が一、何らかの障害が発生した場合でも、2時間以内に復旧することが必要不可欠であることを意味する。

(2) 市場混乱時における中央銀行の役割

　このようにSwiftのトラブルによって市場に混乱が発生した場合には、その国の金融システムに対して責任を有する中央銀行では、突然の流動性不足に陥った金融機関に対して「最後の貸し手」（LLR：Lender of Last Resort）として緊急の特別融資を行ったり、不安定化した金融市場に対して潤沢な資金供給を行って事態の沈静化を図ったりするなど、危機の発生やその拡大を防止する必要に迫られることになる。

　つまり、Swiftに万が一のトラブルが起きて、それに起因した市場の混乱が発生すると、中央銀行は、たちどころに特別な信用供与や流動性の供給といった緊急の対処を余儀なくされることになる。換言すると、「金融システムの安

2）　1つの銀行が支払不能になることにより、他の銀行の支払いが連鎖的にストップし、これが金融システム全体の混乱に波及するリスクのこと。
3）　Recovery Time Objective（目標復旧時間）の略。

定性を維持する」という中央銀行の使命とSwiftのトラブルとの間にある距離は、実は極めて近いのである。ここに、中央銀行がSwiftの安全性や安定稼働について強い関心を寄せる理由がある。

（3）Swiftとの協議

こうした認識のもと、中央銀行では、1990年代初頭からSwiftに万が一のトラブルが生じた場合の金融市場への影響について懸念を抱くようになった。

しかしながら、Swiftは自ら銀行業務を行っているわけではないため、銀行監督当局から直接監督を受けるべき立場にはなく、またそれ自身が決済システムでもないため、市場インフラとして中央銀行のオーバーサイトを受ける必要性もなかった。

このため、先進国の中央銀行では、1990年代にSwiftとの間で継続的に協議を重ね、1998年にはSwiftの了解も得て、複数中央銀行がSwiftに対して共同でオーバーサイトを行う仕組みを構築した。

2 | 中央銀行による協調オーバーサイトの枠組み

Swiftに対するオーバーサイトは、Swiftのシステムの安全性、運用の信頼性、事業継続計画、トラブルからの回復力、などに重点を置いて行われている。現在行われている主要先進国の中央銀行による協調オーバーサイトの仕組みの概要は、以下の通りである。

（1）協調オーバーサイトの目的

Swiftに対する主要中銀による「協調オーバーサイト」（cooperative oversight）は、1998年に導入され、2004年には枠組みの強化が行われた。

2007年には「Swiftのオーバーサイトに対するハイレベルの期待[4]」（High

Level Expectations for the Oversight of Swift）という文章がまとめられ、現在
は、その中にある5つの「ハイレベルの期待」（HLE）を目的として協調オーバー
サイトが行われている。ハイレベルの期待（HLE）としては、次の5つが挙げ
られている。

　①リスクの特定と管理
　②情報セキュリティの確保
　③信頼性と障害回復力
　④技術的な企画立案
　⑤ユーザーとのコミュニケーション

　こうした中でも、サイバー攻撃からシステムを守る「サイバーセキュリティ」
（cyber security）の面や、ネットワークの安定稼働を確保するうえでの「物理
的セキュリティ」（physical security）の面が特に重要視されている。上述した「2
時間以内の目標復旧時間」（two-hour RTO）の達成についても、事業継続計画
（BCP：Business Continuity Plan）や災害復旧計画（DRP：Disaster Recovery
Plan）などの観点から、定期的にチェックが行われている。

（2）協調オーバーサイトへの参加中銀

　Swiftに対して協調オーバーサイトを行っている主体は、主要先進国の中央
銀行からなる「G10中央銀行」（G10 central banks）である。
　G10中央銀行は、G7（カナダ、フランス、ドイツ、イタリア、日本、英国、
米国[5]）の中央銀行に、オランダ、ベルギー、スイス、スウェーデンの中央銀
行、そして欧州中央銀行（ECB）を加えた12行から構成されている。このよう

4）　ここでいう「期待」とは、「中銀サイドがSwiftに達成を期待すること」という意味で
　　あり、すなわち「Swiftが達成すべきこと」を意味する。また「ハイレベル」とは、これ
　　らの基準をSwiftがどのように達成すべきかまでを中銀サイドが指図するものではないと
　　いうことを意味している。
5）　米国からは、FRB（連邦準備制度理事会）とニューヨーク連銀が参加している。

に「G10」と言いながら、参加メンバーは、実は12の中央銀行となっている。この顔ぶれをみてわかる通り、アジア太平洋地域から、この枠組に直接参加しているのは、日本銀行のみである。

Swiftはベルギーに設立されているため、ベルギー中央銀行（NBB：National Bank of Belgium）が「首席監督機関」（lead overseer）となっており、協調オーバーサイトにおいて中心的な役割を担っている。またNBBでは、内部に「オーバーサイト・チーム」を設置して、Swiftの業務運営や主要プロジェクトなどについて継続的なモニタリングを行っている。

（3）協調オーバーサイトの性格

この協調オーバーサイトは、法的な権限に基づくものではなく、「道徳的な説得」（moral suasion）によるものとされている。オーバーサイトは、中銀サイドによる必要な情報へのアクセスや、Swift理事会やSwift幹部との率直な対話を通じて行われ、上記のような目的（リスク管理、安定稼働など）について、Swiftが適切な配慮・対応を行っているかどうかを確認することを主眼としている。また、必要に応じて、Swiftへの立入調査（on-site review）も行われる。そうした中で改善すべき点が見つかった場合には、中銀サイドでは、「勧告」（recommendation）というかたちで、Swiftに改善要望を出すことができる。

ただし、協調オーバーサイトは、Swiftに対して、中央銀行が何らかのお墨付きや認可、承認などを与えるものではなく、Swiftはあくまでも自らの責任において、システムの安全性と信頼性を確保すべきであるものとされている。

なお、オーバーサイトの進め方については、SwiftとNBBとの間で、手続き規定（プロトコル）が定められている。この中で、中銀サイドでは、オーバーサイトに必要な情報（理事会の議事録、セキュリティ監査報告書、インシデント[6]報告書、インシデント分析報告など）にアクセスできるものとされている。オーバーサイトのためにSwiftから入手した機密情報の取扱いなどについては、

---

6) 安全上の問題があった事例・異常事象のうち、事故（アクシデント）よりも軽微なものを指す。

プロトコルの中で定められているほか、NBBと参加中銀との間ではバイラテラルな覚書（MoU：Memorandum of Understanding）が締結されている。

3 ｜ 協調オーバーサイトの組織体制

Swiftに対する協調オーバーサイトを行うための組織的な枠組みとしては、以下のような3つのグループが組織されており、「階層的アプローチ」がとられている。また、さらに幅広い中央銀行との間で情報を共有するためのフォーラムも設けられている（図17-1参照）。

(1) オーバーサイト・グループ（OG）

「オーバーサイト・グループ」（Swift Cooperative Oversight Group）は、中銀サイドにおける最も上位の組織であり、「OG」と略称される。OGは、すべてのG10中央銀行の局長クラス、および「決済・市場インフラ委員会」（CPMI[7]）の議長によって構成される。OGは、協調オーバーサイトに関する方針や戦略、年間計画などを策定する役割を果たす。

(2) 執行グループ（EG）

「執行グループ」（Executive Group）は、OGのメンバー中銀のうち、5つの中央銀行（FRB、日本銀行、イングランド銀行、ECB、NBB）によって構成され、「EG」と略称される。EGは、Swift理事会やSwift幹部と定期的に面談を行い、オーバーサイトの方針、懸念すべき点、安全性に関するSwiftの経営戦略

---

7) 「CPMI」（Committee on Payments and Market Infrastructures）は、主要国の中央銀行において決済システムなどを担当する局長クラスの委員会であり、資金・証券などの決済システムに関する調査・分析や政策の策定などを行う。事務局はBIS（国際決済銀行）に置かれている。

図17-1 Swiftに対する協調オーバーサイトの組織体制

オーバーサイト・グループ（OG） ・オーバーサイトの方針や戦略の策定 ・オーバーサイト計画の策定 ・オーバーサイトの結論の承認 ・勧告の決定	執行グループ（EG） ・Swiftの理事会や幹部との面談 ・OGに対する報告と勧告の発出

ベルギー中銀（NBB）
・日々のモニタリング
・主要プロジェクトのフォロー
・オーバーサイト用会合のコーディネート

技術オーバーサイト・グループ（TG） ・技術的な課題についての調査 ・OGに対する報告	Swift オーバーサイト・フォーラム ・オーバーサイト結果についての情報共有 ・オーバーサイトの方針や優先事項について 　の議論

（出所）　NBB資料をもとに筆者作成

などについて議論を行うなど、協調オーバーサイトにおいては、実質的に中心的な役割を担っている。

EGでは、Swiftとの議論の結果をOGへ報告するほか、必要な場合には、Swiftに対する「勧告」を発出することができる。NBBは、首席監督機関として、Swiftとコンタクトするうえでの窓口機能（entry point）を果たすほか、日常のモニタリングや提出された書類の分析などによって、グループ内の議論の準備にあたる。またNBBでは、EGの議長を務めるほか、他のグループ（OG、TGなど）との調整機能を担っている。

（3）技術オーバーサイト・グループ（TG）

「技術オーバーサイト・グループ」（Swift Technical Oversight Group）は、技術的な側面のオーバーサイトを担当し、「TG」と略称される。TGでは、Swift幹部、内部監査部署、関連部署のスタッフなどとの意見交換を通じて、技術的な面の現状や課題について調査を行う。TGとしての役割を果たすためには、コンピュータやネットワークに関する技術やそれに関するリスクについての専門的な知見が必要であるため、TGには、各国の中央銀行から技術的な専門知

識に精通したスタッフが参加している。TGは、NBBが議長を務め、調査結果や必要な勧告をOGに対して報告する。

(4) Swiftオーバーサイト・フォーラム

「Swiftオーバーサイト・フォーラム」は、より幅広い中央銀行との間で情報共有を行うことを目的として2012年に設けられたものであり、G10中央銀行のほか、15の国と地域（インドネシア、韓国、メキシコ、スペイン、ブラジル、アルゼンチン、トルコ、ロシア、香港、シンガポール、中国、オーストラリア、インド、サウジアラビア、南アフリカ）の中央銀行が参加している。

このオーバーサイト・フォーラムでは、協調オーバーサイトの結果についての情報共有が行われるほか、今後のオーバーサイトの方針や優先事項などについての議論が行われる。

4 | 例外的な協調オーバーサイトの体制

Swift以外に、G10中央銀行が協調オーバーサイトを行っている対象としては、「CLS銀行」があるのみである。CLS銀行は、各国間の時差などから生じる「外為決済リスク」の削減を狙いとして設立された、多通貨間の「PVP決済[8]」のサービスを提供する専門銀行である[9]。CLS銀行は、世界のインターバンクの外為取引のうち、8割以上にあたる巨額の外為決済を日々、処理しており、グローバルな外為決済において極めて重要な役割を果たしている。このため、その安定稼働が中央銀行にとっての大きな関心事となっており、主要中銀が共同でオーバーサイトを実施しているものである。ちなみに、CLS銀行に対する協調オーバーサイトでは、設立国の監督当局であるニューヨーク連銀が首席監

---

8)　Payment versus Paymentの略であり、異なる通貨間（たとえば円とドル）の取引を同時に決済すること。

9)　CLS銀行の詳細については、『外為決済とCLS銀行』（東洋経済新報社）を参照のこと。

督機関としての役割を果たしている。

　このように、SwiftとCLS銀行という2つの世界的なインフラの安定稼働は、世界の中央銀行にとっては極めて大きな関心事項となっており、この2つの機関に対してのみ、主要国の中央銀行が共同でオーバーサイトを行う組織作りを行って、問題がないかどうかを継続的に監視する体制をとっている。中央銀行がこうした極めて異例の対応を取っているという点からみても、Swiftのネットワークの安定的な稼働や厳格なリスク管理が、「金融システムの安定性」（financial system stability）という面で、中央銀行にとっていかに重要な関心事となっているかがわかる。

第18章

Swiftのコミュニティ

本章では、Swiftにおけるコミュニティの重要性や機能について論じたあと、①コミュニティ活動で重要な位置付けを占める「Sibos」という国際会議、②コミュニティ内での情報共有の仕組み、③わが国におけるSwiftコミュニティの活動、などについて述べる。

---

1 | Swiftにおけるコミュニティの重要性

（1）Swiftの性格とコミュニティ

本書の冒頭で述べたように、Swiftは「メンバー保有の協同組合」（member-owned cooperative）という組織形態により設立されている。協同組合であることから、一般の株式会社とは異なり、営利を目的とするのではなく、メンバーの共通のメリット（collective benefit）を実現することが優先される。

こうしたSwiftの性格から、Swiftの活動においては、しばしば「コミュニティ」（共同体）という用語が用いられ、折に触れてその重要性が強調される。コミュニティは、「Swiftとユーザー全体を含んだ概念」とされ、「利用者による共同体」としてのSwiftの性格を現すコンセプトとして用いられる。

また、Swiftコミュニティは、Swiftユーザーのほかに、Swiftに関連する製品

やサービスを提供するベンダー、Swiftへの接続をサポートするサービスビューローなどの関係者を含めて使われることもある。

(2) コミュニティにおける議論

Swiftのコミュニティでは、さまざまなテーマが議論される。具体的には、①Swiftのネットワークを効率的に活用するための技術情報や接続方法、②セキュリティ対策や規制に対するコンプライアンスのあり方、③Swiftのサービスに盛り込むべき新技術やイノベーション、④国際送金の改善に向けた送金プロセスの効率化や迅速化の実現方法、⑤各国ごとに異なる市場慣行への対応、⑥ISO 20022への円滑な移行、などが含まれる。

実際に、コミュニティからの要望を受けて、Swiftが新たなサービスを提供したり、サービス内容を改善したりするといった事例も少なくない。

(3) コミュニティ活動の主体

こうしたコミュニティの活動においては、Swiftの各種委員会や「アドバイザリー・グループ」が、ユーザーからの意見集約などにおいて重要な役割を果たしている。また各国レベルでは、国ごとに組織された「ナショナル・メンバー・グループ」や「ナショナル・ユーザー・グループ」が国内ユーザーの意見集約、各種セミナーの開催による情報提供、Swiftと国内ユーザーとの橋渡し役などの機能を果たしている。

Swiftに関する委員会やアドバイザリー・グループとしては、資金決済に関する市場慣行などについて議論を行う「資金市場慣行グループ」（PMPG：Payments Market Practice Group）、証券決済に関する「証券市場慣行グループ」（SMPG：Securities Market Practice Group）、外為市場に関する「外為市場慣行グループ」（FX Market Practice Group）、事業法人によるSwift利用に関しての「企業アドバイザリー・グループ」（CAG：Corporate Advisory Group）、ISO 20022メッセージの整合的な利用に関しての「市場慣行の共通的なグローバル導入グループ」（CGI-MP：Common Global Implementation Market Practice)、

などがある。

2 | 金融業界で最大級の国際会議「Sibos」

Swiftのコミュニティ活動において重要な位置付けを占めるものとして、Swiftが主催して毎年開催される「Sibos」という国際会議がある。

（1）Sibosの概要

Swiftでは、毎年秋にSwiftコミュニティを対象にした「Sibos[1]」（サイボス）という国際会議を開催している。Sibosは、毎年、金融機関やITベンダーなどのSwift関係者が8000～1万人規模で集まる金融界の一大イベントとなっており、金融関係のコンファレンスとしては、世界でも最大規模のものとなっている。

Sibosの開催地は、1年ごとに、EMEA地域（欧州・中東・アフリカ）、米州地域、アジア太平洋地域の3地域での持ち回りとなっており、毎年、異なる地域の都市で開催される。2020～2021年にかけては、コロナ禍のためオンラインでの開催となったが、2022年からは対面での開催に復帰している。ちなみに、2022年にはアムステルダム（EMEA枠）、2023年にはトロント（米州枠）で開催された。

日本においては、2012年に、本邦初となるSibosが大阪で開催された実績がある。また2024年には、中国本土では初[2]となる北京でのSibosが開催予定である（表18-1参照）。

---

1) Sibosは、もともと"SWIFT International Banking Operations Seminar"の略語であったが、最近では、「Sibos」という略語がそのまま会合のブランド名として用いられるようになっている。これには、"Operations Seminar"という名称が、Sibosの幅広い内容にそぐわなくなったことが関係している。
2) これまでも香港においては、数度の開催の実績がある。

表18-1 Sibos の経緯

開催年	開催場所	特徴
1978 年	ブリュッセル	初の Sibos
1982 年	ワシントン	初の欧州外での Sibos
1991 年	香港	初のアジアでの Sibos
2010 年	アムステルダム	参加者が史上第 3 位（当時）の Sibos（参加者 8900 人）
2012 年	大阪	日本での初の Sibos 開催
2019 年	ロンドン	参加者が史上第 1 位の Sibos（参加者 1 万 1500 人）
2020 年	（当初：ボストン）	オンライン開催（初めて）
2021 年	（当初：シンガポール）	オンライン開催（2 回目）
2022 年	アムステルダム	3 年ぶりの対面での開催 （参加者 1 万 100 人：史上第 2 位の規模）
2023 年	トロント	2 年連続での対面（参加者 9300 人）
2024 年	北京	中国本土では初の開催
2025 年	フランクフルト（予定）	

（出所）筆者作成

（2）Sibos の内容

Sibos では、約1週間にわたって、①Swift のサービス・機能の追加・変更についての説明会、②Swift に密接に関連する業界（資金決済、証券決済、外為市場、デリバティブ市場など）の動向に関するプレゼンテーションやディスカッション、③金融機関やIT ベンダーがブースを出展して自社のサービスや製品を紹介する展示会（exhibition）などが、同時進行的に行われる。

2023年のトロント Sibos についてみると、250以上のセッションが設けられ、そこに750人以上のスピーカーが登壇して議論を行った。また、展示会では、民間銀行やIT ベンダーのほか、ECB、Fed などの中央銀行や DTCC、Euroclear などの証券決済機関でもブースを出して、自らの決済システムやサービスについての説明を行った。さらに「イノトライブ」（Innotribe）というセッションでは、近未来の技術（生成AI、貨幣の未来など）についての議論が行われた。こ

のようにSibosは、かなり幅広い内容を扱っており、Swiftおよびそれに関連する業界についての最新動向を知り、情報収集を行ううえでは格好の場となっている。

　また、世界中の主要な銀行が一堂に会する場であるため、セッションと同時並行で、コルレス関係にある銀行同士のミーティングも数多く設定され、対面での関係作りの場としても機能している。さらに、Sibosにおけるディスカッションがもとになって、新しいサービスなどに結び付いた例も少なくない（CLS銀行、送金のトラッキング機能など）。

　金融機関やITベンダーでは、新しいプロジェクトや製品・サービスなどを発表する場としてSibosを選ぶことが多く、例年、Sibos期間中に多くのプレス・リリースが発表され、関係者の注目を集めている。

（3）Sibosへの参加者

　Sibosへの参加者を地域別にみると、例年、Swiftユーザーが多い欧州からの参加者が最も多く、これに米州やアジア太平洋地域が次いでいる。中東やアフリカからの参加者は限定的である。

　参加者を業務分野別にみると、資金決済部門やIT部門などの担当部門が最も多く、これに貿易金融、証券決済、キャッシュ・マネジメントなどの業務部門が次いでいる。また、リスク管理部門、コンプライアンス部門などからの参加者もみられる（図18-1参照）。

　参加者を所属機関別にみると、商業銀行とITベンダーからの参加者が多くなっているほか、フィンテック企業、事業法人などからの参加者も少なくない。また、資金決済や証券決済などの市場インフラの運営者や中央銀行、証券取引所など、公的な機関やインフラ関係者からの出席者もみられる。

　Sibosでは、Swiftの新しいサービスや、規制当局の動き、資金決済、証券決済、外為取引などの最新動向について、その時点での世界的な動きが鳥瞰できるほか、金融関係の新サービスや新製品（ソフトウェアなど）が一堂に会する場となっている。また関係者とのネットワーク作り（networking）の場としても高い評価を受けており、この場での人脈作りを目的に参加する関係者も多

図18-1 Sibos の参加者の内訳（業務分野別）

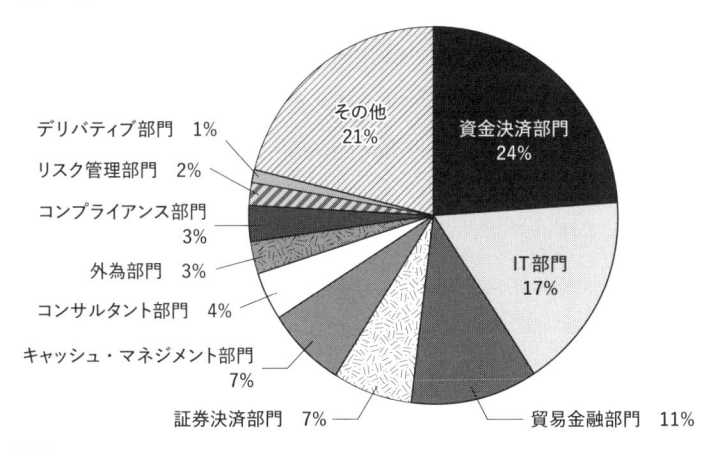

デリバティブ部門　1%

リスク管理部門　2%

コンプライアンス部門　3%

外為部門　3%

コンサルタント部門　4%

キャッシュ・マネジメント部門　7%

証券決済部門　7%

その他　21%

資金決済部門　24%

IT部門　17%

貿易金融部門　11%

（出所）Sibos 2019 London

い。日本からも、実務者レベルのみならず、経営層がSibosに積極的に参加し、世界の最新動向を察知し、それにいち早く対応していくことが望まれる。

3 | コミュニティ内の情報共有の仕組み

Swiftでは、コミュニティ内の情報共有の仕組みとして、①ナレッジセンター、②Swiftスマートなどを設けている。

(1) ナレッジセンター

「ナレッジセンター」（Swift Knowledge Centre）は、Swiftのウェブサイト内にある情報ポータルである。ユーザー・ハンドブック、Swiftの製品やサービスについての解説ドキュメント、説明用ビデオ、関連記事などが提供されている。利用にあたっては、BICなどのユーザー情報を登録し、ユーザー・アカウントを作成したうえで、ログインすることが必要である。

（2） Swiftスマート

「Swiftスマート」（Swift Smart）は、クラウドベースのトレーニング・サービスであり、初級、中級などのレベルごとに800以上のeラーニングのコースが準備されている。各コースには、Swiftの製品やサービスの知識、新任の担当者向けの基礎知識、Swiftの効率的で安全な利用方法、関連する市場の動向、などの内容が含まれる。比較的新しいテーマとしては、ISO 20022への移行対応、Swift GPI、クラウドを使った接続方法、コンプライアンス・サービスなどが含まれる。このサービスには、Swiftのウェブサイト内からアクセスを行うことができる。

4 ｜ わが国におけるSwiftコミュニティの活動

（1） ナショナル・メンバー・グループと
ナショナル・ユーザー・グループ

Swiftの規則（Corporate Rules）では、国ごとに、①Swiftの株式を有するすべての株主（shareholder）によって構成される「ナショナル・メンバー・グループ」と、②各国におけるすべてのSwiftユーザーによって構成される「ナショナル・ユーザー・グループ」を組織するものとされており、各国には、この2つの組織が設立されている。

ナショナル・メンバー・グループには、Swiftの株式を保有している「シェアホルダー会員」のみが入ることができる。一方、ナショナル・ユーザー・グループには、メンバーの海外支店や現地子会社である「サブメンバー」や、株式を有していない「サブメンバー以外のユーザー」も参加することができる。

(2) わが国におけるSwiftコミュニティの活動体制

わが国でも、上記のような規則に基づいて、国内のSwiftコミュニティの活動体制が組織されている（図18-2参照）。

■2つの協議会

まず、Swiftの株主（シェアホルダー会員）を構成員とする「ナショナル・メンバー・グループ協議会」が作られており、Swift年次総会の議案への対応、日本代表のSwift理事候補の決定、参加基準の見直し、などの対応を行っている。

また、株主以外のサブメンバーなども含むすべてのユーザーを構成員とする「ユーザー・グループ協議会」が作られており、収支予算・決算、規約の改正、経費分担基準の改正などについて決議を行っている。2つの協議会には、それ

図18-2 日本スイフト・ユーザー・グループの組織図

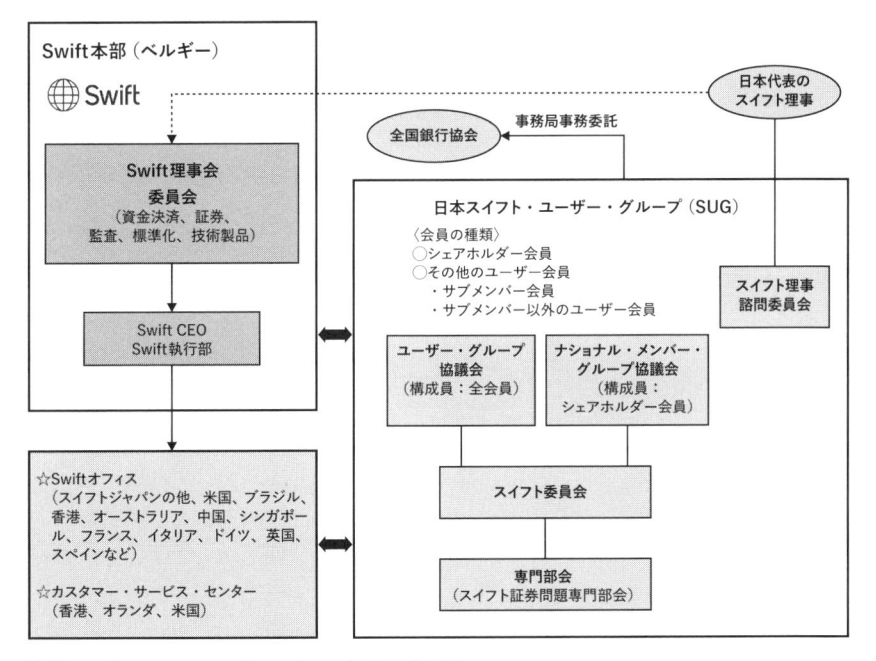

（出所）　日本スイフト・ユーザー・グループのウェブサイト

ぞれ「チェアパーソン」と呼ばれる代表者が置かれており、国内の取りまとめやSwiftとの橋渡し役としての活動を行っている。

■ 日本スイフト・ユーザー・グループ（SUG）

これらの2つの協議会を包含する組織として、「日本スイフト・ユーザー・グループ」（SUGと略称される）が設置されている。

SUGには、シェアホルダー会員（108機関）、サブメンバー会員（59機関）、サブメンバー会員以外のユーザー（21機関）など、合わせて188の機関が参加している（表2-4参照）。

SUGは、会員のSwift事務の改善に資するため、①Swiftに関する情報の収集および会員への周知、②各種講習会およびセミナーの運営、③Swiftのメッセージ標準（standards）などに関する会員の意見の集約およびSwiftへの意見具申、④Swiftからの依頼に対する対応、などを行っている。なお、SUGの事務局機能は、全国銀行協会に委託されており、会員の意見の集約、セミナーの開催などを支援している。

Swift関係の略語リスト

ACK	acknowledgement	
AFC	Audit and Finance Committee	
AGM	Annual General Meeting	
AMH	Alliance Messaging Hub	
ANNA	Association of National Numbering Agencies	
ANSI	American National Standards Institute	
API	Application Programming Interface	
ASB	ANNA Service Bureau	
BAP	Backbone Access Point	
BAV	Beneficiary Account Verification	
BBAN	Basic Bank Account Number	
BCP	Business Continuity Plan	
BIC	Business Identifier Code	
BIS	Bank for International Settlements	
BKE	Bilateral Key Exchange	
BSI	British Standards Institution	
CA	Corporate Action	
CAG	Corporate Advisory Group	
CBDC	Central Bank Digital Currency	
CBPR+	Cross-Border Payments and Reporting Plus	
CCC	Command and Control Center	
CCIP	Cross-Chain Interoperability Protocol	
CGI-MP	Common Global Implementation Market Practice	
CHIPS	Clearing House Interbank Payments System	
CI	Central Institution	
CIPS	Cross-Border Interbank Payment System	
CLS	Continuous Linked Settlement	
CMS	Cash Management System	
COU	Central Operating Unit	
CPMI	Committee on Payments and Market Infrastructures	
CSCF	Customer Security Controls Framework	
CSD	Central Securities Depository	
CSDR	Central Securities Depositories Regulation	

CSP	Customer Security Programme
CTM	Central Trade Matching Platform
CUG	Closed User Group
DFD	Data Field Dictionary
DRP	Disaster Recovery Plan
DTCC	Depository Trust and Clearing Corporation
DVP	Delivery versus Payment
DVR	Daily Validation Reports
EBA	Euro Banking Association
ECB	European Central Bank
ECMS	Eurosystem Collateral Management System
EDIFACT	Electronic Data Interchange For Administration, Commerce and Transport
EG	Executive Group
EMEA	Europe, Middle East and Africa
ERP	Enterprise Resource Planning
ESES	Euroclear Settlement for Euronext-zone Securities
ESMIG	Eurosystem Single Market Infrastructure Gateway
FATF	Financial Action Task Force
FIN	Financial Institution
FNAO	Failure is not an option
FOP	Free of Payment
g4c	GPI for Corporates
G10	Group of Ten
G20	Group of Twenty
GLEIF	Global Legal Entity Identifier Foundation
GNC	Governance and Nomination Committee
GPI	Global Payments Innovation
HLE	High Level Expectations
HRC	Human Resources Committee
HVPS	High Value Payment System
HVPS+	High Value Payment Systems Plus
IAF	Independent Assessment Framework
IBAN	International Bank Account Number
IFT	Interbank File Transfer
IFX	International FX Marketplace
IP-VPN	Internet Protocol-Virtual Private Network

ISAC	Information Sharing and Analysis Centre
ISIN	International Securities Identification Number
ISO	International Organization for Standardization
IXB	Immediate Cross-Border Payments
KYC	Know Your Customer
L2BA	Alliance Lite2 for Business Application
LEI	Legal Entity Identifier
LLR	Lender of Last Resort
LOU	Local Operating Unit
LSM	Liquidity Saving Mechanism
LVPS	Low Value Payment System
MA-CUG	Member-Administered Closed User Group
M-CPE	Managed Customer Premises Equipment
MI	Market Infrastructure
MI-CUG	Market Infrastructure Closed User Group
MIRS	Market Infrastructure Resiliency Service
MoU	Memorandum of Understanding
MT	Message Type
MV-SIPN	Multi-Vendor Secure IP Network
NAK	negative acknowledgement
NBB	National Bank of Belgium
NFIN	Non-financial Institution
NMG	National Member Group
NPP	New Payments Platform
NSP	Network Service Provider
NUG	National User Group
OFAC	Office of Foreign Assets Control
OG	Oversight Group
PIC	Partner Identifier Code
PKI	Public Key Infrastructure
PMPG	Payments Market Practice Group
POP	Points of Presence
PVP	Payment versus Payment
RA	Registration Authority
RMA	Relationship Management Application
RMG	Registration Management Group

RTGS	Real-Time Gross Settlement
RTO	Recovery Time Objective
SAG	Swift Alliance Gateway
SCORE	Standardised Corporate Environment
SDK	Software Development Kit
SDN	Specially Designated Nationals and Blocked Persons
SDX	SIX Digital Exchange
SEG	Standards Evaluation Group
SIP	Shared Infrastructure Programme
SIPN	Secure IP Network
SLA	Service Level Agreement
SMPG	Securities Market Practice Group
SNL	SwiftNet Link
SPFS	Financial Messaging System of the Bank of Russia（ロシア語の略）
SR	Standards Release
STP	Straight Through Processing
SUG	Swift User Group
Swift	Society for Worldwide Interbank Financial Telecommunication
S&R	Settlement and Reconciliation
T2S	TARGET2-Securities
TCP/IP	Transmission Control Protocol/Internet Protocol
TG	Technical Oversight Group
TIC	Trade Initiation and Confirmation
TIPS	TARGET Instant Payment Settlement
TM	Transaction Manager
TMS	Treasury Management System
TPC	Technology and Production Committee
TRCO	Treasury Counterparty
TVP	Trade versus Payment
UETR	Unique End-to-end Transaction Reference
UTI	Unique Transaction Identifier
VPN	Virtual Private Network
W3C	World Wide Web Consortium
XML	eXtensible Markup Language

参考文献

＊Swift関連の資料は膨大な量に上るため、主なもののみにとどめた。

（決済システム関連）

中島真志（2016）『外為決済とCLS銀行』東洋経済新報社

———（2011）*Payment System Technologies and Functions*, IGI Global

———・宿輪純一（2013）『決済システムのすべて（第3版）』東洋経済新報社

———・宿輪純一（2008）『証券決済システムのすべて（第2版）』東洋経済新報社

日本銀行決済機構局（2018）「グローバルな24/7即時送金導入の潮流」決済システムレポート別冊シリーズ、2018年7月

日本銀行決済機構局『決済システムレポート』各年分

（BIS、G20関連）

BIS（2008）"The Interdependencies of Payment and Settlement Systems," June 2008

FSB（2023）"G20 Roadmap for Enhancing Cross-border Payments," February 2023

（Swift全般関連）

中島真志（2009）『SWIFTのすべて』東洋経済新報社

———（2013〜2023）「Sibosのポイント」『SWIFT News』各年版、スイフト・ジャパン

———（2017〜2019）「SWIFT」『FinTech世界年鑑』各年版、日経BP

———（2020）「SWIFT」『デジタル金融未来レポート』日経BP

———（2021〜2023）「SWIFT」『金融DX戦略レポート』各年版、日経BP

———（2022）「SWIFTの全貌」『FinTech Camp』日経FinTech

———（2023）「変革期を迎えるSWIFT」JSOL

スイフト・ジャパン『Swift News』各号

Susan V. Scott and Markos Zachariadis（2014）, *The Society for Worldwide Interbank Financial Telecommunication（SWIFT）*, Routledge

Swift "Annual Report," 各年

——— "By-Laws," June 2020

——— "Corporate Rules," November 2023

——— "Swift in Figures," December 2022

（Swiftのメッセージング・サービスとメッセージ関連）

Swift "Messaging and Standards"

————— "Products and Services"

（標準化関連）

日本銀行決済機構局（2020）「LEI（取引主体識別子）の活用拡大の方向性」『ISOパネル（第1回）』2020年11月

PMPG（2021）"Global Adoption of the LEI in ISO20022 Payment Messages," December 2021

Swift "ISO9362 BIC Implementation : Changes and Impact"

ISO/TC68国内委員会事務局（2015）「ISO20022の概要」2015年3月

————— （2015）「ISO9362—企業識別コード（BIC）に関する国際規格—」2015年6月

（Swiftと証券取引関連）

Swift "UTI: Market Guidelines and Implementation Summary," July 2023

————— "Category 5 – Securities Markets: Message Reference Guide," July 2022

————— "Category5 – Securities Markets: Message Usage Guidelines," July 2022

（事業法人のSwift利用関連）

Deloitte（2021）"SWIFT for Corporate," October 2021

Swift "Embedded SWIFT Connectivity to reach all your banks," March 2018

————— "SWIFT for Corporates : Get Ready for a Truly Global Treasury," March 2018

（市場インフラとSwift関連）

Swift "Market Infrastructure Resiliency Service（MIRS）"

————— "SWIFT and the New Payment Platform"

（国際送金の改善関連）

Financial Stability Board "G20 Roadmap for Enhancing Cross-border Payments," October 2021

（Swiftの情報セキュリティ関連）

中島真志（2016）「バングラデシュ中央銀行の不正送金事件とSWIFTのセキュリティ対策」『金融財政事情』2016年12月19日号

ジェフ・ホワイト（2023）『ラザルス：世界最強の北朝鮮ハッカー・グループ』秋山勝訳、草思社

Swift "Customer Security Programme（CSP）"

————— "Swift Customer Security Controls Framework v2023"

————— "Security Attestation"

（Swiftのコンプライアンス関連）

Swift "Looking for a more robust answer? – Sanction Screening from SWIFT"

——— "Sanctions Testing : Maximise the effectiveness and efficiency of your sanctions environment"

——— "RMA and RMA Plus : managing your correspondent connections"

（Swiftと金融制裁関連）

中島真志（2022）「SWIFTとロシア制裁」証券経済学会での報告、2022年9月

大和総研（2022）「人民元決済システム（CIPS）はSWIFTの代替手段となり得るか」2022年9月

Swift "Swift and sanctions"

（SwiftとCBDC）

潮田玲子（2022）「SWIFTがCBDCシステムとの相互接続実験に成功」『国際通貨研レポート』2022年12月6日

BIS "Multi-CBDC arrangements and the future of cross-border payments," March 2021

Swift "Connecting Digital Islands: CBDCs," October 2022

——— "Connecting Digital Islands : Tokenised Assets," October 2022

——— "Connecting Digital Islands : Swift CBDC sandbox project," March 2023

——— "Connecting Digital Islands : Swift CBDC sandbox project – Phase 2," March 2024

——— "Connecting Blockchains : Overcoming Fragmentation in Tokenised Assets," August 2023

（Swiftオーバーサイト関連）

日本銀行（2013）「日本銀行による金融市場インフラに対するオーバーサイトの基本方針」2013年3月

NBB（2007）"High Level Expectations for the Oversight of SWIFT," June 2007

——— (2017–2022) "Financial Market Infrastructure Report – SWIFT," 各年

Swift "Swift oversight"

（Swiftコミュニティ関連）

Swift "Swift community"

日本スイフトユーザーグループ「日本スイフトユーザーグループ（SUG）概要」

索　引